韩山师范学院创建国家教师教育创新实验区成果

中国好老师专业成长之路

潮州市湘桥区城南小学的实践与探索

主　编◎傅小莺　王贵林
副主编◎方逸绵　郑桂媛

暨南大學出版社
JINAN UNIVERSITY PRESS

中国·广州

图书在版编目（CIP）数据

中国好老师专业成长之路：潮州市湘桥区城南小学的实践与探索/傅小莺，王贵林主编；方逸绵，郑桂媛副主编．—广州：暨南大学出版社，2021.7
ISBN 978－7－5668－3173－6

Ⅰ.①中…　Ⅱ.①傅…②王…③方…④郑…　Ⅲ.①小学—师资培养—研究
Ⅳ.①G625.1

中国版本图书馆 CIP 数据核字（2021）第 110003 号

中国好老师专业成长之路——潮州市湘桥区城南小学的实践与探索
ZHONGGUO HAO LAOSHI ZHUANYE CHENGZHANG ZHI LU——CHAOZHOU SHI XIANGQIAO QU CHENGNAN XIAOXUE DE SHIJIAN YU TANSUO
主　编：傅小莺　王贵林　副主编：方逸绵　郑桂媛

出 版 人：张晋升
策划编辑：武艳飞
责任编辑：黄　斯
责任校对：周海燕　冯月盈　王燕丽
责任印制：周一丹　郑玉婷

出版发行：暨南大学出版社（510630）
电　　话：总编室（8620）85221601
营销部（8620）85225284　85228291　85228292　85226712
传　　真：（8620）85221583（办公室）　85223774（营销部）
网　　址：http://www.jnupress.com
排　　版：广州市天河星辰文化发展部照排中心
印　　刷：深圳市新联美术印刷有限公司
开　　本：787mm×1092mm　1/16
印　　张：20.5
字　　数：450 千
版　　次：2021 年 7 月第 1 版
印　　次：2021 年 7 月第 1 次
定　　价：69.80 元

序

百年大计，教育为本；教育大计，教师为本。《国家中长期教育改革和发展规划纲要》指出：“提升教师素质，努力造就一支师德高尚、业务精湛、结构合理、充满活力的高素质专业化教师队伍。”中共中央国务院《关于全面深化新时代教师队伍建设改革的意见》指出：要“全面提高中小学教师质量，建设一支高素质专业化的教师队伍”；“落实立德树人根本任务，培养德智体美全面发展的社会主义建设者和接班人”。习近平总书记提出了打造一支有理想信念、有道德情操、有扎实学识、有仁爱之心的“四有”好老师队伍。这是新时代对教师队伍建设提出的新要求。

为创建国家教师教育创新实验区，推进教师专业成长，不断创新工作机制，2018 年韩山师范学院与城南小学共建“专家工作室”。“专家工作室”以促进教师的专业发展为核心，以构建高效课堂的研究为抓手，以课题研究为引领，以校本特色课程的研发为契机，按理论与实践相结合、自主与交流相结合、学习与应用相结合、反思与提升相结合的原则，向教师传授先进的教育理念并指导开展实际工作。“专家工作室”促进了学校内涵式发展，让城南小学更好地实现了每一位老师都重要、每一门课程都育人、每一个孩子都健康全面成长的目标。

实际上，城南小学一直积极践行“四有”好老师的培养，积极加入由中国基础教育质量监测协同创新中心发起的全国性“中国好老师”公益行动计划，并成为该计划的基地学校。学校以课题为抓手，积极开展培育“中国好老师”的课题研究及教育教学改革，旨在落实和实践习近平总书记关于“四有”好老师的指示精神，总结立德育人经验，促进教师育人能力的提升，努力提高教育质量，切实促进少年儿童健康成长。学校积极为教师成长搭建平台，注重在行动中研究，在研究中提升，在提升中反思，在反思中成长，按照“四有”好老师的标准，带动全校教师的专业成长。在实践基础上，学校依托“专家工作室”平台，在韩山师范学院教育专家王贵林教授、林浩亮教授等的指导下进行成果凝练，结集成书。这既是参与“中国好老师”公益行动计划的成果，也是全面总结近年来城南小学教师教育的研究成果，同时又是城南小学参与韩山师范学院创建国家教师教育创新实验区的建设成果，希望这些成果能够对其他相关学校的教师专业发展起到一定的借鉴作用。

本书的架构设计、统稿定稿由傅小莺和王贵林负责完成。全书从学校组织制度建设、“中国好老师”课题研究、“中国好老师”专业成长培育、高效课堂的探索及构建、特色校本课程研发及实施、全程育人综合活动、城南红棉讲堂专题活动等方面展示“专家工作室”在学校教育教学、德育科研方面的指导作用，展现城南小学全体教师专业发展、学生健康成长的历程。

王贵林

2020 年 7 月 30 日

目 录
CONTENTS

001 序

第一章 基于制度建设的好老师专业成长

002 城南小学教师专业成长规划
006 城南小学优秀教师评选方案
008 城南小学教师年度考核工作方案
012 城南小学教师外出学习管理制度
015 城南小学“一岗双责”安全管理责任书
018 城南小学“流动红旗”、期末优秀班级及优秀级段评选制度
021 城南小学正副班主任履职清单
025 城南小学各学科任课教师履职清单

第二章 基于课题研究的好老师专业成长

046 “教育现代化背景下‘中国好老师’的培育——以城南小学为实践基地”结题报告
057 “以绘本微课提升小学生英语核心素养之探索与研究”结题报告
063 “教育现代化背景下小学数学课堂合作学习方式的研究”结题报告
072 “教育现代化背景下潮州特色文化进校园的研究”结题报告

第三章 基于教学研究的好老师专业成长

088 培育“中国好老师”，推进教师专业成长

093 多元阅读与自由创作
——我的“语文主题学习”实践案例
098 与“语文主题学习”同行
100 经典诵读与作文新练教学初探
103 “主题”识字更高效
——以二年级下册《识字2 传统节日》为例
106 爱上阅读 感受书香
——“语文主题学习”初探
109 唤醒阅读的种子
——小学一年级“语文主题学习”实验探究
112 让语言与思维在语文阅读教学中同构共生
115 语文课堂四要素
——“语文主题学习”下的课堂探索
118 课后巩固，如何“翻转”
——从小学高年级数学科应用题的日常教学中想到
122 吸睛数学
——寻找数学教学之美
125 浅谈数学核心素养在课堂教学中的落实
128 如何在小学音乐教学中渗透德育教育
131 如何提高小学一年级体育课堂效率

第四章 基于班级管理的好老师专业成长

136 说服教育法在德育工作中的应用
139 信任激励 向善向上
141 让每一位学生都抬起头来走路
143 糖果的力量
145 谈原生家庭教育的重要性
147 是他 是他 还是他
149 家校合力，共铸教育之花
151 班级里的棘手事——座位问题
153 茶道中悟育情 礼仪花儿悄然开
154 谈班级突发事件的处理

155 学会等待　守候花开
157 心理健康辅导案例

第五章　基于研修反思的好老师专业成长

红棉讲堂

160 王贵林教授：教师在反思中成长
161 林浩亮研究员：解密学校文化　构建和谐校园
163 翁锡永督学：以情绪控制作为教师职业春天的第一缕阳光
164 特级教师李卓彬：教育论文的写作
167 省名校长工作室主持人纪胜辉：新时代班主任专业能力提升
169 省名班主任工作室主持人陈少华：做个会讲故事的班主任
171 国家二级心理咨询师许怀国：做情绪的主人
——谈疫情期间的心理调适

研修与反思

173 走进北附学思课堂　聚焦思维品质培养
——记城南小学教师赴北京师范大学厦门海沧附属学校跟岗学习活动
178 研修前行，一路收获
——记城南小学张细铃老师参加国家级骨干教师高级研修项目
小学综合实践活动学科培训活动
181 课堂革命·福田表达
——记深圳“语文主题学习”专场中小学观摩研讨活动
183 研学不止，深植阅读之根
——记城南小学郑桂媛“小学语文主题学习”名师工作室跟岗活动
187 解密南通高品质工作室建设
——记城南小学陈萍老师参加高品质工作室建设之南通样本研习活动
188 学习培训，精彩无限
——记城南小学陈惠玲老师参加粤东西北校地合作项目中小学音乐骨干教师培训活动
189 润泽心灵，提升自我
——记城南小学教师参加第八届广东省中小学班主任工作论坛活动

第六章 好老师专业成长个例篇

194 从问题导向到项目管理
——我的学校治理之路
203 青春，在教苑里积淀
——我的成长历程
209 当好摆渡人，渡己亦渡人
——我的成长历程
212 砥砺学行 厚积薄发
——我的成长历程
218 星星火炬下，青春无悔
——我的成长历程
222 呕心化春雨，倾情撑蓝天
——我的成长历程
228 孜孜不倦，成就更美好的自己
——我的成长历程
234 博学之 审问之 慎思之 明辨之 笃行之
——我的成长历程
239 选择与坚持：班主任成长路上的奔跑
——我的成长历程

第七章 社会影响

《潮州日报》特刊报道

246 不忘初心办教育 百年名校展风采
252 教书育人不忘初心 永不停步再写辉煌
——百年名校城南小学努力办好人民满意学校加快发展纪事
258 一场别开生面的“听党话，跟党走”活动
——记城南小学少工委揭牌、新队员入队仪式暨庆“六一”迎校庆节目表演系列活动
260 红棉花儿开 美中放光彩
——百年名校城南小学用艺术教育这把金钥匙开启学生美育大门，收获累累果实

263 传承潮州传统文化 促进学生个性发展
——城南小学庆“六一”迎校庆系列活动
264 陶艺课，我们的最爱
——走进城南小学陶艺室
269 为了师生生命安全和身心健康
——城南小学复学前举办防疫科普知识系列讲座活动

城南小学公众号报道选登

271 树百年名校 展巾帼英姿
273 “听党话，跟党走”
——湘桥区首个学校少工委揭牌成立啦
275 红棉护畅爱无声，文明实践志愿行
277 我校“红棉护畅”交通劝导志愿服务被授予2018年度潮州市“最佳志愿服务项目”
278 城南小学在“一师一优课、一课一名师”活动获佳绩
280 “一师一优课、一课一名师”活动再传喜讯
281 以课带研，让现代信息技术助力道法课堂
283 弘扬高尚师德，潜心立德树人
——记城南小学2018年度“尊师重教”系列活动获奖教师育人感言
287 不忘初心遵师德 牢记使命育英才
——我校一批教师在市、区教育大会上喜获嘉奖
292 城南小学教师获奖喜讯
294 挥洒汗水，歌声飞扬
——祝贺我校合唱队获得潮州市中小学生庆祝国庆合唱比赛一等奖
295 点赞！热烈庆祝我校李灏宇同学荣获广东省第三届最美南粤少年
296 最美少年心向党，星光熠熠耀城南
299 美文如画，诵读如诗
——我校在潮州市小学生美文诵读比赛活动中获佳绩
301 素质教育传喜讯，城南学子展风采
303 我校荣获2018—2019学年度潮州市中小学生、幼儿健美操啦啦操比赛特等奖
305 星河书画谱新篇，美术组再创佳绩
——我校学子在第十一届“星河杯”潮汕青少年现场书画比赛中获佳绩

306 陶塑锦绣中华·艺献七十华诞
——记城南小学参加第三届广东省中小幼陶艺教育教学成果展示活动
307 我校曾睿同学获第二届中国青少年雕塑大展最佳制作奖
308 居家锻炼强体魄　齐心协力防疫情
——记城南小学“停课不停学，我们有行动”研学活动之体育课
310 格物致知，静待花开
——记城南小学“停课不停学，我们有行动”研学活动之科学课
314 歌声润泽心灵，音符串起课堂
——记城南小学“停课不停学，我们有行动”线上教育之音乐课
315 教师线上巧引导，学生线下收获多
——记城南小学“停课不停学，我们有行动”线上教育之道法课
317 一起守护生命安全
——记城南小学“停课不停学，我们有行动”线上教育之主题教育课

320 后　记

第一章
基于制度建设的好老师专业成长

潮州市湘桥区城南小学加入了由中国基础教育质量监测协同创新中心发起的全国性“中国好老师”公益行动计划，成为该计划的基地学校。2017 年 3 月，学校成立了校本教育科研中心，聘请了韩山师范学院副校长黄景忠教授、韩山师范学院教育科学学院院长王贵林教授作为顾问指导我校的教科研工作。城南小学成为潮州市首个成立校本教育科研中心的基础教育学校。我们同时启动了培育“中国好老师”的课题研究，旨在落实和实践习近平总书记“有理想信念，有道德情操，有扎实学识，有仁爱之心”的“四有”好老师指示精神，促进教师的专业成长，提升教师的育人能力，继续推动教育公平，努力提高教育质量，促进少年儿童健康成长。

俗话说：没有规矩，不成方圆。我们在培育“中国好老师”、推进教师专业成长的进程中，制定了一系列制度，以爱心及良好的教育教学能力是教师必备素质为评价基点，对课堂教学的改革、课堂效果的评价、教师的发展和教师业务素质的考核等各方面做了明确规定，举措透明化和可视化，使每一位教师明确自己的职责、使命和努力的方向。

以下是城南小学培育“中国好老师”、推进教师专业成长的各项相关制度。

城南小学教师专业成长规划

<table>
<tr><th>系列</th><th>成长项目</th><th>项目内容</th><th>项目目的</th><th>成果资料</th></tr>
<tr><td rowspan="4">教师必备职业素养</td><td>专题教研《答卷与年级教学》</td><td>语、数、英教研组所有老师参与答卷；学科级长从答卷情况评析入手，讲解整册书的教学重难点及各年级知识点之间的衔接，为各年级打下扎实基础做好铺垫</td><td>学科教师通过答卷了解整册教材考点分布，明晰试题编排体系，掌握重点教学内容及学科基础技能训练的难点</td><td rowspan="3">1. 制订方案
2. 形成提质报告
3. 各年级各科负责人总结
4. 各年级级长发言文档（统一格式）
5. 学校总报道（附精选照片若干张）
6. 学校建专档</td></tr>
<tr><td>学科教学提质措施</td><td>就期末考试质量，教师、学生、年级情况进行综合分析，提出可行的提质措施</td><td>深入分析存在的问题，科学精准施策，力求实现轻负高质</td></tr>
<tr><td>青年教师阅读汇报</td><td>养成良好读书习惯，为更快更好投入工作夯实基础</td><td>在阅读中获得解决工作中遇到的问题的方法，在阅读中丰盈专业素养</td></tr>
<tr><td>备课与作业批改</td><td>每次由一位主讲人介绍本单元概况和教学重难点、作业设计及具体教学建议；备课组组织开展讨论补充，形成单元教学集备教案</td><td>创设良好的教科研氛围，先自我钻研、凝聚集体智慧，再通过教学实践、教后反思不断优化教学过程；特别是在传帮带中互相促进中青年教师的成长，共同提高教育教学质量</td><td>1. 学年各科组活动安排表（统一格式）
2. 主讲人 PPT 讲稿
3. 备课组每次活动记录和照片若干张
4. 各组全学期报道（附精选照片若干张）
5. 学校建专档</td></tr>
</table>

（续上表）

系列	成长项目	项目内容	项目目的	成果资料
教师必备职业素养	校级公开课	校级领导、全体科组教师及实习生参加听评课，鼓励跨学科听课	构建教师专业成长活动平台，聚焦课堂教学，深化教学研究，更新教育教学观念，争创优质高效课堂	1. 制订方案，附公开课安排表（统一格式）、听课评课记录 2. 各教师心得体会 3. 各组报道（附精选照片若干张） 4. 录像（应经学校审批） 5. 学校建专档
	撰写论文、总结经验	语文组以“语文主题学习”实验为主题，数学组、英语组、美术组、音乐组、体育组同样根据各学期教研主题撰写；班主任以工作坊活动主题为主	重视教育教学理论研究，鼓励教师提出新见解、新观点、新理论和新方法，以理论或新的认识推进学校发展、教师发展和学生发展	1. 各学科级长及组长组织宣读，对原创论文初评；科研中心组织复评，公示获奖名单；推荐参加城南红棉讲堂活动 2. 学校总报道（附精选照片若干张） 3. 学校建专档 4. 推送发表及参加上一级评比
	定期参加跟岗学习	参加“中国好老师”公益行动计划共建学校北京师范大学厦门海沧附属学校开放周活动及其他学校的研修活动	开阔眼界、交流经验、学习方法、提升素养，促进教师专业化成长	1. 方案 2. 听课笔记 3. 心得体会 4. 各组报道及学校总报道（附精选照片若干张） 5. 学校建专档
	学科质量检测	开展学科年段质量分析和教学经验交流分享活动	对教学质量进行有效监控，精准开展减负提质，确保教学质量稳中有升	1. 优秀率、及格率等数据分析 2. 学校建专档
	专题比赛、展览，特色课程探索展示汇报活动	节目会演、学科竞赛、展览；语文组主题学习综合实践活动；庆“六一”迎校庆会演、元旦文艺会演	活跃校园文化生活，提升学生审美素养，促进学生身心全面发展，创建文明校园育人阵地	1. 方案 2. 评奖 3. 各组报道及学校总报道（附精选照片若干张） 4. 学校建专档 5. 参加各类美育活动比赛

（续上表）

系列	成长项目	项目内容	项目目的	成果资料
教师必备职业素养	微课制作大赛	学科教师微课制作比赛	提高教师运用信息技术助力学科教学的能力，创新课堂教学模式，提升教师信息化素养	1. 方案及安排表 2. 学校总报道（附精选照片若干张）；建专档 3. 推送上一级评选
	参加区级以上培训（学科教师及班主任专业能力提升）	学科教师及班主任专业能力提升各项培训活动	加强学科教师及班主任队伍建设，提高班主任及学科教师的专业技能和育人质量	1. 方案 2. 听课笔记 3. 心得体会 4. 各组报道及学校总报道（附精选照片若干张） 5. 学校建专档
	创建书香班级，做书香教师、书香学生	学校图书馆、阅览室面向师生开放，设置班级学生图书角；阅读课作为校本课程列入功课表；开展语文主题学习丛书阅读活动及课外阅读指导；组织学生参加各级各类读书活动	为师生创设良好的学习氛围，以阅读活动提高师生综合素养，发展师生阅读能力，创建学习型校园	1. 制订阅读教学计划 2. 各类师生阅读活动方案 3. 活动报道及建专档
教师职业素养提升	城南红棉讲堂专家讲学	邀请高校教授、教学名家、各领域专家到校举行专题讲座	学习教育教学新理念、新方法，了解各类育人活动新趋势、新动态，促进教师专业成长	1. 方案 2. 学校总报道（附精选照片若干张） 3. 学校建专档
	城南红棉讲堂教师展示	邀请在教学教育论文评比获优质奖的教师登上红棉讲堂宣读论文，展示教育教学成果	搭建教育教学交流平台，切实促进教师对教科研成果的提炼，推广教育教学成功的经验，促进教师专业发展	1. 方案 2. 上交电子文档 3. 学校总报道（附精选照片若干张） 4. 学校建专档

（续上表）

系列	成长项目	项目内容	项目目的	成果资料
教师职业素养提升	课题研究	参与区、市、粤东基础教育及省科研课题	提升学校办学品位，凸显学校办学特色，深化课程教学改革，探索育人途径，促进教师专业成长	1. 相关资料积累（图片、文档等） 2. 学校建立专档 3. 出版专辑
	教师专业发展学校	与韩山师范学院共同研究教学教育中的实际问题；编写学科教学研究著作、校本教材；前沿理论培训，开展课外活动、实践活动、教育见习、实习等	为职前教师及在职教师的专业发展提供良好的实践平台，促进双方教师的专业提高及学生培养质量的提升	
	专家工作室	韩山师范学院与城南小学共建“专家工作室”，指导学校建设学校文化，指导教师开展教育教学改革，指导学校开展第二课堂活动，帮助学校凝练办学思想、总结办学成果等	在专家的引领下，把城南小学打造为国家级教师教育创新实践基地，实现高等教育与基础教育深度融合、深度发展的新模式	

城南小学优秀教师评选方案

第一条 为表彰我校忠于教育事业，在教育理论和教学实践中出类拔萃的优秀教师；侧重表彰甘于奉献、成绩突出的优秀教师；激励广大教师以身立教，为人师表，爱岗敬业，多做贡献；进一步提高我校教育质量，推动教育事业不断发展，促进青少年人才茁壮成长，特设立城南小学“优秀教师”奖。本奖在《城南小学教师年度考核方案》基础上进行评选。

第二条 评选对象：凡从事基础教育工作3年以上（含3年），在教育教学、教书育人等方面有突出贡献的在岗一线教师。

第三条 申报条件：

1. 热爱祖国，遵纪守法，爱岗敬业，为人师表，忠于党的教育事业，全面贯彻党的教育方针。

2. 师德高尚，热爱学生，教书育人，积极实施素质教育，努力促进学生全面发展。

3. 业务强干，教学水平高，教学效果优秀，致力于教育教学改革，求真务实，积极探索，出色履行岗位职责，专业能力得到学校、家长、社会和同行的广泛认可，受学生爱戴，在提高本单位、本地区教育教学质量方面作出突出贡献，在促进区域教育事业科学发展方面发挥重要的示范引领作用。

4. 业绩突出，工作成效显著，锐意改革，开拓创新，在培养人才、提高教育教学质量、学校管理、服务和建设等方面成绩显著，在区域内的公信力和知名度高，影响力突出。

5. “一票否决”制度：①从事有偿家教；②近三年有违反学校考勤制度（早退、迟到、旷工）等情况；③近三年有出现论文查重不合格或学术成果造假行为；④近三年在工作中曾出现安全事故或受到家长投诉并查实。（申报人如存在以上情况之一，一票否决，不予推荐）

第四条 本奖每年评选一次，为获奖教师颁发荣誉证书，并推荐参加区、市优秀教师评选。采取差额推荐评选。被推荐者当年度未被评上的，可在下一年度补充新材料后参加新一届的评审。

第五条 本奖采用“自下而上、差额推荐、学校评审”的办法，由学校校长办公室②校本教育科研中心负责组织并做好本校教师的推荐、评审工作。成立评审小组，负责评审工作。

第六条 评奖坚持“公开公平公正，实事求是，宁缺毋滥”的原则。发现弄虚作假者，撤销奖励并追究有关人员的责任。

第七条　推荐要实事求是，各级要严格把关。推荐材料不按规定时间报送或推荐材料内容不合要求者不予评审。

第八条　推荐与评审具体方法另行制定实施细则。

第九条　本办法由城南小学校长办公室②校本教育科研中心负责解释。本实施细则如有未尽事宜，由校长办公室②校本教育科研中心及时组织讨论并作出决定。

第十条　本办法自公布之日起实施。

城南小学教师年度考核工作方案

一、工作内容

对本学年度中的工作表现及取得的工作成绩进行考核、评价，并为教育局下达的年度考核工作提供依据。考核依据为中共广东省委组织部广东省人力资源和社会保障厅粤人社发【2011】125 号文件《广东省事业单位工作人员考核办法》。由校长办公室①信息中心组织考核。

二、工作时间

每年 6—12 月。分为准备工作、分组述职、考核小组审核、学校班子确定考核结果、上报教育局五个阶段。

三、考核小组负责人、成员及职责

组长：校长（负责全面工作，组织、协调）；

副组长：副校长及考核部门负责人（组织述职、评议）；

成员：行政及教师代表。

各部门负责人需提供评议所需有关佐证资料依据（见附件五），下设考核资料小组（负责年度考核工作相关资料）：

组长：考核部门负责人（负责全面工作）；

成员：考核部门人员（负责考核相关统计资料、会议资料整理）。

四、活动目的或效果

树立城南正气，传递正能量。

五、考核对象

城南小学本学年度任课的全体教师（含临聘教师）。

六、考核工作流程

1. 被考核人认真总结个人本学年度的工作情况，撰写一份个人年度工作总结（不少于300字），从德、能、勤、绩、廉各方面阐述本人工作并自报等次（优秀、合格、基本合格、不合格），按个人情况如实填写《城南小学教师个人评价表》（即《城南小学教师履职清单》，见附件一）及《广东省事业单位工作人员年度考核登记表》（在职教师）或《城南小学临聘教师年度考核登记表》（临聘教师）（见附件二）。

2. 各级进行公开述职、民主评议（含临聘教师），会议由挂级行政主持，级长配合组织，先介绍考核结果的确定（粤人社发【2011】125号文件，见附件三），然后进行个人述职、所有教师无记名投票、记录投票结果及各人自报等次。会后各级根据投票结果及实际情况，推荐出优秀等次候选人（推荐原则见附件四），上报学校考核领导小组，整个会议过程及结果应记录清楚，会后上交选票、会议记录。

3. 考核小组审议并确定考核等次建议。

4. 学校领导班子集体商讨确定考核结果。

5. 在本单位范围内公示考核结果。

6. 将考核最终结果列表存档，作为本年度考核的主要依据。

7. 按每学年上级年度考核有关要求完成各项资料，并上交区教育局。

七、各级推优名额

在编人员：按上级文件规定，原则上优秀等次名额为实际参加考核的在职在编教师人数的15%（四舍五入）。

临聘教师：全体临聘教师在所任教年级进行述职及评议，由该级全体教师进行民主推荐，评为优秀者奖励1个月基本工资。若被评为优秀的临聘教师因任何原因下学期不再聘用，则取消该项奖励。

八、注意事项

1. 所有参与考核教师上交《城南小学教师个人评价表》一份，手写签名；《广东省事业单位工作人员年度考核登记表》或《城南小学临聘教师年度考核登记表》一份，打印或手写均可，并签名。

2. 考核过程要坚持客观公正、民主公开、注重实际表现的原则；无记名投票，严禁拉票行为。

3. 当年所管理班级出现安全事故，教师个人有重大工作失误、违反学校纪律、不遵守学校规章制度、对学校造成负面影响等，在审议时实行一票否决。

4. 各级推荐人选最终由学校评议组审议通过，各级投票推荐结果并非最终结果。

5. 如有隐瞒与年度考核规定相关的个人情况，且与现有评优原则相冲突的，取消其已取得的评优资格。

九、工作总结

考核完成后，由考核工作小组撰写总结。

十、收尾工作

1. 上交教育局所要求的各项资料。

2. 收集有关资料，建立专档。

3. 组织有关人员谈话，并进行表彰。

附件一 《城南小学教师履职清单》（略）

附件二 《广东省事业单位工作人员年度考核登记表》《城南小学临聘教师年度考核登记表》（略）

附件三 粤人社发【2011】125号文件（摘录）

第三章　考核结果的确定

第十二条　年度考核结果分为优秀、合格、基本合格、不合格四个等次。各等次的基本标准是：

（一）优秀：德、能、勤、绩、廉表现突出，全面履行岗位职责、高质量完成聘用合同规定的工作任务，取得显著成绩。

（二）合格：德、能、勤、绩、廉表现较好，能够履行岗位职责、全面完成聘用合同规定的工作任务。

（三）基本合格：德、能、勤、绩、廉表现一般，基本履行岗位职责、基本完成聘用合同规定的工作任务。

（四）不合格：德、能、勤、绩、廉表现较差，不能履行岗位职责、不能完成聘用合同规定的工作任务，或者在工作中因严重失误、失职、贪腐等造成重大损失或者恶劣社会影响。

附件四 城南小学优秀等次候选人推荐原则

1. 五年内有评过优秀者原则上不予推荐；

2. 五年内评过优秀，但有突出表现及重大贡献者，同等条件下可以优先推荐；

3. 当年所管理班级出现安全事故，教师个人有重大失误、违反学校纪律、不遵守学校规章制度、对学校造成负面影响等，不予推荐；

4. 全学年请假时间累计超过 2 周的不予推荐；

5. 调入年限不足 2 年者原则上不予推荐。

附件五 各部门应从档案室借调资料，提供佐证材料（略）

附件六 城南小学近六年年度考核情况（略）

城南小学教师外出学习管理制度

本制度适用于所有外出学习项目。每次外出学习均应依据本制度再制订具体方案。

为进一步落实和践行习近平总书记“有理想信念、有道德情操、有扎实学识、有仁爱之心‘四有’好老师”讲话精神，学习发达地区的先进教学理念，以促进教师专业发展和育人能力提升，进而全方位提高我校教育教学质量，学校校本教育科研中心特制定本制度。

一、成立外出学习活动领导小组（下设工作小组）

校本教育科研中心负责总体部署（大规模的学习活动应做出总体方案）、活动请示及申报、布置学习任务及过程性指导、作品评比、总结学习情况，根据每次学习情况向校长提出可持续发展报告。整理、存档每次外出学习培训活动的完整资料。确定外出学习教师名单，安排调课、代课，教师外出期间所任课程必须先由本人与相关年级、学科的教师协商调课，如有特殊情况无法自调应报教导处统筹安排。调课原则上应在同年级同学科的老师间进行调换，尽量每天要有一节语文或数学、英语课和布置适量的家庭作业。原负责的其他工作任务，如值日、升旗讲话、课间操、午后延长、特色班等，也应提前调换，事后一式一份报教导处审批（应盖章），之后拍照，传送给领队、级长或副级长及教师本人存档。

安全工作、评估中心负责外出学习教师安全、纪律、礼仪教育及事故处理。

财务室负责外出学习资金的预算、合同审查和资金拨付。

带队行政：负责全程做好与相关单位的对接工作，安排好各项学习活动；对外出教师加强安全教育管理，协调处理好学习期间的各种情况，如出现特殊情况无法处理应及时向学校领导汇报。对学习期间申请外出老师做审批。带队行政所负责的学校路线或板块工作应妥善与留守行政做好交代（大规模外出应列表签名）。

每次外出学习设置领队或组长，协助校长及校本教育科研中心与相关单位做一些工作的衔接，负责组织、报道、联络、食宿、离队审批、清点人数、分享等工作。学校根据实际情况指定每次外出学习领队或组长人选。

二、做好外出学习前、后工作

1. 外出学习前带队负责人依据本制度，领导组织所有行政、教师学习，明确职责；应将学习方案上报校本教育科研中心备案（指定专人负责）；对外出学习的教师进行安全、纪律、礼仪教育；学习回来后要上交研修作业及做分享工作，有关部门收集完整资料存档。

2. 做好活动请示及费用预算，大规模外出需报局审批（少量的报教育局备案）。

3. 大规模外出的应在学校法律顾问指导下与有资质单位签订合同，负责外出教师的住宿、交通及购买保险服务。

4. 校本教育科研中心总结活动情况，提出可持续发展报告。

三、外出学习安全、纪律、礼仪要求

1. 外出学习的老师要本着“走出去看、跟先进学”的心态参与学习活动，以提升专业素养为目标，虚心好学，认真做好学习笔记，掌握最新信息。要积极参与交流活动，发表自己的见解，最大限度地提高学习效果。要把学到的先进理念带回来和同事、家人一起分享。

2. 外出学习的老师代表着学校的形象，一切行动听指挥，多考虑集体。要注重形象，仪表端庄，大方得体，举止文明，遵守社会公德，展现城南人的良好风貌。在学习期间自觉约束自己，严格遵守学习单位各项规章制度，学习期间不干私事，按时到达学习地点，不做有损于学习单位和本单位形象的事情。

3. 学习期间一律不得出入娱乐场所等。不得中途或提前离开，不分散活动，不单独外出，如有特殊情况需外出要事先取得领队和副领队的同意，并保证准时归队；要重视人身安全和财物安全，确保平安。离队外出期间的安全和费用自负。

4. 保持愉快心情，和谐相处，谦和为贵，自觉营造良好氛围。要互相关心、团结有爱。

5. 学习活动结束后要立即返校，不得延长时间，耽误工作。

6. 为预防晕车、感冒或其他疾病，请根据个人身体状况自备药物，及时服药。

四、外出学习研修作业要求

为了更好地提高教师的业务水平，加快教师专业化成长，使学习活动达到学有所获、学有所值的目的，特制定教师外出学习研修作业要求：

1. 经校长同意，领队或组长应提前三天提交学习活动方案至校长办公室②

校本教育科研中心处审核。

2. 外出学习培训统一使用学校发放的笔记本记录学习培训全过程，包括听课、评课及其他研修活动的情况，并择其中一页拍照作为电子档上交（正本备查）。

3. 学习结束后上交心得体会一篇，按学校文档格式，上交电子文档，记叙外出学习的收获、思考，尤其是本学科本专业值得借鉴的做法。

4. 每组上交报道稿一篇（word 文档，需图文并茂），总结本次学习的情况和收获，校本教育科研中心评选出优秀作品。

五、外出学习安全应急预案

为提高教师的教学理念和教学技能，开拓教师视野，增长教师教育智慧，促进教师的专业成长，经学校会议讨论决定，为保障教师外出学习活动的安全，特制定本应急预案。

1. 成立领导小组，明确工作职责：

组长负责全面工作。副组长负责外出活动安全、纪律、礼仪教育，与各领队的衔接。全体行政人员担任每批次领队、副领队，负责教师学习期间的安全管理及与本校、学习单位领导的衔接，指导教师做好各项安全防范工作。

2. 突发安全事故应急处理办法：

（1）活动前一天了解天气情况，出发时遇天气有变、对行车安全有影响时，要采取果断措施。

（2）车辆途中出现故障影响安全时必须停车，换车后再出发。

（3）事故的处理：发生事故后，有严重受伤的要即刻打 122、120，并组织急救，视伤情确定先送医院还是先紧急处理后再送医院。安抚教师情绪，检查、询问教师受伤情况，将受伤教师送医院检查、治疗。报告上级领导，做好后续工作。

（4）突发事故的善后处理：成立事故处理小组，负责与家庭、公安、医院、保险公司接洽。出现事故时务必牢记克服自身脾气暴躁、心胸狭隘等缺点，不轻易与他人发生争执，密切配合做好善后工作。领队作书面报告。

3. 组织纪律：

活动期间教师离队外出需三人成行，提出申请后由领队签名同意方可外出，安全问题及费用自负。要有组织纪律观念，严格遵守时间，听从带队领导的统一安排。谦和为贵，对有不良习惯的人，多宽容，对无意中冒犯了自己的人，要多体谅。

城南小学“一岗双责”安全管理责任书

为认真贯彻落实中共中央、国务院及省市区关于安全管理工作的有关规定和中华人民共和国教育部令第23号《中小学幼儿园安全管理办法》《中小学校岗位安全工作指导手册》，加强对中小学幼儿园安全工作的领导，贯彻“谁管理、谁负责”的原则，维护学校正常的教育教学秩序，营造良好的育人环境，预防学校不安全事故的发生，排除安全隐患，切实保障师生生命安全和国家财产安全，维护社会稳定，学校成立安全领导小组，将学校总体安全细化到各线条、部门，每一位部门负责人分管一个安全板块，要求制订详细安全工作计划、安全强化措施，形成一个以分管安全副校长为核心的全方位、立体化的安全管理网络体系，层层分工，层层落实，责任到人。根据《湘桥区教育局关于进一步落实“一岗双责”责任制的通知》精神，经学校研究决定，现与学校各岗位及处室签订“一岗双责”安全管理责任书。其责任内容如下：

一、学校立体化的安全管理网络体系

校长（学校安全第一责任人）→副校长（安全直接责任人），其他副校长按线条管理分工负责，下设校长办公室①信息中心，校长办公室②校本教育科研中心，安全工作、评估中心，学生成长、督导中心，总务体卫处，食宿处。校长办公室②校本教育科研中心→学科组负责语文、数学、英语、艺术、体育、综合；学生成长、督导中心负责年级、班级、班队、督导、卫生；总务体卫处负责财务、设施、体育与卫生、门卫保安、车辆。

二、学校校长是本校安全工作第一责任人，分管安全工作的副校长是本校安全工作直接责任人

责任内容见《教育部办公厅关于印发〈中小学校岗位安全工作指南〉的通知》（教基一厅〔2013〕4号）。

三、学校各处室主要职责

校长办公室①信息中心：负责电教设备、监控、计算机网络等安全管理工

作；学校网站、公众号、报刊等的信息发布，各个微信工作群的安全管理工作，舆情处置工作。

校长办公室②校本教育科研中心：负责教育教学、教研活动、培训考试的安全；负责学校作息时间；对上课教师进行安全管理（如迟到、缺席）；文件档案的安全保管、保密工作；负责学校资料、人事及学生学籍安全管理。

安全工作、评估中心：负责学校安全工作，落实2020年区教育局安全工作要点及教育部《中小学校岗位安全工作指南》，确保学校教育教学工作的顺利开展；制定学校各类大型活动安全应急预案并实施。做好学生意外伤害保险保费的缴纳工作及意外伤害处理、理赔等善后工作；做好值日、值班人员的监督管理工作；建立健全安全管理工作信息资料档案；在节假日寒暑假前进行安全教育及安全护校履职督查。

学生成长、督导中心：负责级长、正副班主任管理，家委会工作，家长学校，红棉护畅队工作，团队工作，学生纠察队，班级及公共地区卫生，期初、期中、期末各类学生会活动等安全工作，学生社会实践活动工作，放假通知等。

总务体卫处：①负责学校建设，采购（包括物业、律师各项购买服务），水、电、电话、网络、消防、监控、器材、场地等相关维护管理工作，各功能室等设备的保养、维护、修缮，办公用品购置，书簿征订，车辆管理等。

②做好校园及周边环境卫生及布置，做好新型冠状病毒肺炎及其他传染病防控工作，确保学校卫生条件达到安全防疫标准；做好卫生健康教育及师生体检工作；为学生外出活动及学生开展相关活动提供医务建议及医疗保障。

③确保落实上级《关于进一步强化学校体育促进学生身心健康全面发展的意见》（国办发〔2016〕27号）的各项工作，做好日常课堂教学、二操、跑操、第二课堂安全管理及场地维护、清洁等工作；负责校舍、设备、消防、防雷和校舍质量监督等安全工作。

食宿处：负责做好食堂日常管理和食品安全；与值管成员及各年级级长配合，确保学生午餐、午休、课后服务的安全管理。

开元分教点：根据学校的安全管理要求，做好分教点教育、教学、安全管理工作。

党支部、工会：负责意识形态、财务安全等工作。

各部门人员必须认真履行各自岗位职责和安全管理职责，全面负责各部门范围内的安全工作。要健全安全预警机制，完善事故预防措施，及时排除安全隐患；认真落实各项安全管理制度和岗位职责，责任到人。

四、班主任是本班安全工作的第一责任人

必须认真学习学校下发的各项工作制度、管理细则、实施方案，具体落实“一岗双责”责任制。班主任要落实好每周安全主题教育课，同时按照有关部门的要求开展专项主题教育。每天要对学生进行自我保护、道路交通、消防、防溺

水、食品安全等各项安全教育；每月对教室的用电、用水等设施进行一次检查并做好相关记录；加强学生各种安全教育，开展“放学前一分钟安全教育”，提醒学生注意交通安全，进行防骗、防各种伤害的教育。学生发生任何意外都要第一时间与家长取得联系，并及时上报学校相关领导。正、副班主任要对学生进行晨、午检测体温工作，检查学生身体状况，及时上报学生出勤情况，发现学生未到校上课或中途（因病、因事）离校，要及时通知家长并办理相关手续。学校开展大型集会或集体活动时，班主任必须对学生安全全面负责。因班主任不到位发生的责任事故，由班主任承担全部责任。

五、任课教师是本节课安全工作的第一责任人

所有任课教师在做好自己本职工作的同时，必须积极主动配合学校、任课班级班主任做好各项安全教育，确保不出现安全事故。实行每节课点名制，发现缺课学生，及时与家长、班主任取得联系，及时调查，解决问题。如果任课教师向班主任及时反映情况，而班主任没有积极配合调查、处理，产生的后果由班主任和任课教师各承担 50% 责任。教师要按时上课，上课时间内不得离开教室，如因上课不及时或擅自离开教室出现责任事故，或者上课期间由于任课教师原因发生的安全事故，则由该教师承担全部责任。教师不得以任何理由安排学生上课期间回家（学生生病必须与家长取得联系，妥善处理后方可），否则，出现的事故由该教师承担全部责任。凡有特殊事情留学生在校的，教师必须自始至终在场，但应提前与家长做好沟通，取得家长支持，如因任课教师不到位出现安全事故，任课教师必须承担全部责任。

六、集会、汽车摩托车停放、上课点名、外出学习、门卫保安勤务人员、上放学特殊情况应急疏散、午餐午休、信息发布、值日、教师上班期间中途离校、教师子女放学后管理等规定按《校内文件集》相应制度执行

七、附件

1.《教育部办公厅关于印发〈中小学校岗位安全工作指南〉的通知》（教基一厅〔2013〕4 号）（另附）。

2. 安全、评估中心履职清单（另附）。

本责任书一式二份，学校、各级各执一份。

城南小学“流动红旗”、期末优秀班级及优秀级段评选制度

自2018—2019学年度第一学期开始，学校开展月间“流动红旗”评比活动，在各班自评、各级“五星级文明班”评比的基础上，以级为单位进行评比，对表现优秀的年级颁发“流动红旗”。2018—2019学年度第二学期增加“优秀班级”“优秀级段”评比，更好发挥年级自管自治在教育教学中的效能。为更好促进良好班风、学风和校风形成，特制定此制度。

一、评比方法

以“公平、民主、公开”为检查评比原则，实行“班自管自治为基础、级检查评比为促进、校督查表彰为加强”管理模式。

（一）班级自管自治，各班常规管理得以落实

各班挑选一名认真负责且责任心强的学生为代表，由学生成长、督导中心统一培训，并进行指导，再由学生代表到班级组建检查队伍，班级自管自治，落实常规检查管理。

（二）级段检查评比，各班争创星级文明班

1. 由年级组建检查评比小组，由级长担任检查组长，具体负责所属级段班级检查。

2. 级段评比应注重公正、严格的原则，坚决杜绝级里轮流授予“星级班”情况，允许每周40%以上班级评分并列，如级段中出现“星级班”轮流则取消该级段本周评优资格，如整个学期40%以上周次出现并列，则取消期末“优秀班级”评优。

3. 每天及时记录违纪现象，将扣分单分发至各班主任进行教育。

4. 根据《星级班常规量化评比表》项目进行检查，对不符合要求的项目进行扣分，每项常规检查扣分不超过1分可得一颗星，并根据学生情况每周小结，每周于“星级班公布栏”公布结果。

5. 每学期各班级根据扣分情况、获奖加分情况评定各级“五星级”及“四

星级”文明班。

6. 星级班评比旨在培养学生良好的文明习惯，规范学生日常行为。对于各班检查中存在的问题，各年级应及时整改。

7. 各级值日教师应对照检查细则，在值日巡查中进行评比记分，检查督促学生日常良好行为习惯养成。

8. 每级应于周五上午放学前统计填写好本周《“星级班”评比登记表》（周五下午的评比分数累计入下周），于周五下午汇总交到学生成长、督导中心。

（三）学校督查表彰

1. 校级督查：

（1）采用综合评比方式进行，由学生成长、督导中心随机抽调行政、级长及各科老师组建检查队伍，并于前一天公布名单及检查内容。（抽调到的老师如检查时间与值日或上课时间有冲突，应自行调换，服从检查安排）

（2）采用每周突击、随机抽查和不定期检查相结合的方法对各级进行评分。

（3）评分时力求公平合理，对不良现象及时纠正并向各级反馈，限时整改，如整改三次仍达不到要求，将进行个别谈话并做好谈话记录。（如出现科任教师管理混乱则对该教师进行个别谈话）

2. 推荐表彰：

被推荐为学校“优秀级段”“优秀班级”及市、区“优秀班集体”“优秀中队”“优秀班主任”“优秀辅导员”需最终经行政会综合审议通过。

（1）月间“流动红旗”评比方法：以级为单位，对六个年级进行评比，根据每天突击检查分数，于每周五累计积分，每月统计一次，并在第五周、第十周、第十四周、第十九周星期一升旗仪式上，由学校行政对分数最高的两个年级授予“流动红旗”。

（2）期末“优秀级段”“优秀班级”的评比方法：

①“优秀级段”：依据各级流动红旗获得的次数及排列名次，综合评定后将前两名推荐为“优秀级段”，如果次数及名次相等，则优先推荐总分扣分少的年级。

②“优秀班级”：依据各周扣分情况全校排序，每学期期末推荐15～20个班级作为“优秀班级”。

（3）市、区“优秀中队”和“优秀班集体”的评选方法：按每学年全校“优秀班级”排名，将每级扣分率排序最低的班级推荐为“优秀班集体”或“优秀中队”。

（4）市、区“优秀班主任”“优秀辅导员”评选方法：根据每学年评选为“优秀班级”的排名情况推荐。（被评为“优秀班主任”，无特殊贡献者，原则上三年内不再推荐参评）

（四）评比附加说明

1. 在学校组织的活动专项检查中，如出现组织不力、纪律混乱或主题不符的情况，每次扣 5 分。

2. 对学校布置的工作，未能及时完成每次扣 5 分。

3. 年级组内师生出现安全事故扣 10 分，并取消该班级本学期期末“优秀班级”评选资格。

4. 各部门开展督查，对出现的问题及时处理，并反馈给级长，作为各级评选“五星级”及“四星级”文明班参考，若问题严重则及时反馈给学生成长、督导中心，作为“流动红旗”“优秀班级”“优秀级段”评选参考。教师个人行为如经历三次整改后效果不佳，由学生成长、督导中心进行谈话，跟进其整改，同时作为各项评优参考。

5. 年级或班级对扣分情况产生异议时，可直接向学生成长、督导中心反映，学生成长、督导中心于一周内向当事班级作出反馈。

二、奖励办法

1. 作为考核评比“优秀班主任”和“优秀辅导员”的依据之一。

2. 作为评选市、区“优秀中队”和“优秀班集体”的依据之一。

3. 各班级如参与学校大型活动，表现出色，可根据活动规模给予 1 ~ 3 分奖励。

4. 期末将年级星级文明班评比结果纳入学校“优秀班级”评比中，每学期期末各级按 30% 的比例评选“五星级”及“四星级”文明班，分别奖励 3 分、1 分。

5. 被评为“优秀级段”及“优秀班级”的，挂级行政、正副班主任及任教的科任老师均可在评职称中加分。（奖励的分值的确定需由学生成长、督导中心会同相关部门确定）

本文件最终解释权归学生成长、督导中心。

城南小学正副班主任履职清单

班集体建设是学校校风建设的一个重要部分，班集体要建设得好，班主任尤为重要，因此学校特制定城南小学正副班主任履职清单，使班集体建设在校风建设中发挥作用。

表 1－1　城南小学班主任履职清单

项目	评定内容	分值	自评	终评
思想认识	1. 班主任能密切联系科任教师，合作教育教学工作，各项工作能提前商议	5 分		
	2. 能服从学校工作安排，对布置任务不推诿，准时按质完成	5 分		
组织能力	3. 组织学生参加集会、大课间活动（包括跑操），并能准时带队参加，学生纪律良好	5 分		
	4. 组织学生社会实践活动、专题活动能按要求事先做好规划，活动效果好	5 分		
	5. 能按学校安排，协助午餐、午休管理，做好学生纪律、卫生管理工作	5 分		
	6. 早读、午写、上课准时到位，班级纪律良好，放学按时排队，并带队出校门	5 分		
	7. 组织做好各学习月主题教育活动及假期实践活动，有文字资料及照片或视频记录	5 分		
	8. 组建班级志愿队伍，开展学雷锋活动和有班级特色的校内外志愿服务	5 分		
班级管理	9. 做好班集体建设，所任教班级各项检查中扣分率低	5 分		
	10. 做好班级安全管理，制定相应安全管理措施，带队参与安全演练有秩序，符合规定时间，如遇到特殊天气，能及时按学校调控，配合疏散，班级无安全事故	5 分		
	11. 有班级文化特色，黑板报、展板能根据学校主题来布置，陈旧图案、脱落小报能及时更新；图书角图书充足、整齐，绿化角植物充裕，做好植物养护	5 分		

（续上表）

项目	评定内容	分值	自评	终评
班级管理	12. 抓好日常的班级卫生管理工作，认真推行“无垃圾桶绿色环保”行动，落实“两扫”，大扫除跟班管理，学生保洁习惯及班级卫生情况良好	5 分		
	13. 学生课间活动文明，有良好的礼仪习惯，遇到师长能主动问好	5 分		
	14. 对待学生公正、民主，对学生耐心教育，不辱骂、体罚学生	5 分		
	15. 积极完成家长会，能根据班级实际组建校外监督小组，加强与家长交流，做好家访工作，做好家委会组建，能发挥家委会作用	5 分		
家校协助	16. 做好班级微信群建设工作，重视家长反馈的情况，及时联系家长，无家校纠纷	5 分		
	17. 做好红棉护畅队建设，跟岗管理，指导家长按时上岗，履行职责	5 分		
	18. 对所有物品收发做好登记造册工作，准确率高	5 分		
日常工作	19. 各类表格、档案资料认真填写，不随意复制，学籍、素质教育报告书根据学生实际填写，评价准确，字迹端正，所有资料能按学校要求做好排版、建档工作	5 分		
	20. 认真总结班级管理经验，每学期撰写工作案例、论文一篇以上	5 分		
总分		100 分		

________班班主任：________　　级长及挂级行政签名：____________

备注

1. 班主任履职评定共 20 项，每项 5 分，每项不达标不得分。

2. 采取自评、终评。评定时要求依据事实，公平公正，不弄虚作假。评定累计 60 ~ 79 分为合格等次，80 ~ 89 分为良好等次，90 分以上为优秀等次。

3. 评定等次为不合格者将进行诫勉谈话及按相关制度处理。

表 1－2　城南小学副班主任履职清单

项目	评定内容	分值	自评	终评
思想认识	1. 能配合班主任完成班级管理工作，各项工作能提前商议	5 分		
	2. 能服从学校工作安排，对布置任务不推诿，准时按质完成	15 分		
组织能力	3. 学生参加集会、大课间活动（包括跑操）能准时到位，协助班主任带队参加	5 分		
	4. 配合班主任带队参加社会实践活动、专题活动能准时到位，组织管理学生纪律	5 分		
	5. 能按学校安排，协助午餐、午休管理，做好学生纪律、卫生管理工作	5 分		
	6. 早读、午写、上课准时到位，班级纪律良好，放学按时排队，并带队出校门	5 分		
	7. 配合做好各学习月主题教育活动及假期实践活动，活动过程协助拍摄照片	5 分		
班级管理	8. 配合做好班级安全管理，带队参与安全演练有序，符合规定时间，如遇到特殊天气，能及时按学校调控，配合疏散，班级无安全事故	10 分		
	9. 配合完成班级文化建设，协助布置黑板报、展板，整理教室环境	5 分		
	10. 大扫除跟班管理，准时到位	5 分		
	11. 对待学生公正、民主，对学生耐心教育，不辱骂、体罚学生	5 分		
家校协助	12. 配合完成家长会签到、资料整理，及时联系，无家校纠纷	10 分		
	13. 协助做好红棉护畅队建设，跟岗管理，指导家长按时上岗，履行职责	5 分		
日常工作	14. 配合完成各项资料，认真、细致、不马虎应付，字迹端正	10 分		
	15. 认真总结班级管理经验，每学期撰写工作案例、论文一篇以上	5 分		
总分		100 分		

________班副班主任：__________　　　　级长及挂级行政签名：______________

备注

1. 副班主任履职评定共15项，每项不达标不得分。

2. 采取自评、终评。评定时要求依据事实，公平公正，不弄虚作假。评定累计60~79分为合格等次，80~89分为良好等次，90分以上为优秀等次。

3. 评定等次为不合格者将进行诫勉谈话及按相关制度处理。

城南小学各学科任课教师履职清单

为全面贯彻落实习近平新时代中国特色社会主义思想，全面落实全国教育大会精神，进一步优化我校教学教研工作，规范学校教学常规管理，提高教学质量，特制定学校各学科任课教师履职清单。

表 1－3 城南小学道法学科任课教师履职清单

项目	评定内容	分值	自评	他评	终评
师德师风	1. 能团结级组教师，及时贯彻落实学校各项工作	4 分			
	2. 能认真学习《教师法》《中小学教师职业道德规范》等教育法规和文件，提高自身的法律意识和道德水平，依法治教	4 分			
	3. 服从学校工作安排，对布置任务不推诿，准时按质完成；协助学科负责人做好各类教育教学工作	4 分			
教学常规	4. 严格执行教学计划，坚持按课表上课	4 分			
	5. 能认真落实学校《课堂教学安全管理条例》，按时上下课，不迟到、不早退，中途不离开教室；到班后做好上课点名工作，对缺课学生跟进情况并及时与班主任联系，维持好课堂秩序	4 分			
	6. 每课需按学校要求撰写教案，期末装订上交	4 分			
教研科研专业成长	7. 每学期参加科组教研活动不少于 4 次，做好活动记录	4 分			
	8. 认真组织学生观看各类学法教育宣传片并开展心得交流分享活动；能对学生开展中华文化传统教育、节日教育、感恩教育等一系列意识形态教育活动	10 分			
	9. 能进行课堂听课交流，每学期听课不少于 10 节（学科不限，任课不到三年的教师不少于 20 节），听课要有详细记录和评课意见，要建档存案	10 分			

（续上表）

项目	评定内容	分值	自评	他评	终评
教研科研专业成长	10. 能参与开展“四个一”、校性公开课等活动；组织开展学生思想道德建设教育活动、社会主义核心价值观等专题教育活动，培育和发展学生的特长与能力；能积极参加校内外各项赛事，辅导学生参加各类竞赛活动	10 分			
	11. 能根据学生行为表现和学科学习情况给予学期综合操行评定等次	5 分			
	12. 能参加学校年度教师专业成长规划各板块活动，踊跃参与跟岗学习、课题研究、书香校园创建等一系列活动	6 分			
上课	13. 严格执行课堂教学常规，使用普通话教学，板书工整，衣着端庄，教态大方	5 分			
	14. 能熟练、科学、有效地运用信息技术辅助教学	5 分			
	15. 在教学过程中，塑造民主、平等的新型师生关系，营造和谐、互动的课堂教学氛围	5 分			
课后	16. 引导学生积极参加社会公益活动，培育学生做合格小公民的意识	4 分			
	17. 组织学生观看国家道德楷模、感动中国十大人物等系列优秀人物专题报道	4 分			
日常工作	18. 收缴资料及时，所有资料能按学校要求做好排版、建档工作	4 分			
	19. 办公室环境整洁，教研组固定资产和教具、学具管理到位，爱护公物	4 分			
加分说明	1. 期末撰写的教育教学论文、案例等获学校奖励，三等奖加 0.5 分，二等奖加 1 分，一等奖加 1.5 分（区、市、省、国家级上递一个等次） 2. 在公开发行的学术刊物上发表教育教学论文，区级 1 分，市级 2 分，省级 3 分，国家级 4 分 3. 参与立项课题，区级 1 分，市级及以上 2 分 4. 参加校级以上比赛的可加分，校级 0.5 分，区级 1 分，市级 2 分，省级 3 分，国家级 4 分 5. 获得荣誉称号，区级 1 分，市级 2 分，省级 3 分，国家级 4 分 6. 其他认为可加分的项目 (加分项目须提供详细列表并在学校存档记录)				

（续上表）

项目	评定内容	分值	自评	他评	终评
对非专业教师的要求：在教学中、活动中坚持立德树人，落实课程教学目标；每学期参加科组教研活动不少于4次，每周科组内做好备课教研活动，每学期每人至少撰写一个精品教案，期末年级汇总整册教案上交					
总分		100分			

被考核人签名：________　学科：__________　主管领导签名：________

备注

1. 有规定活动次数的项目，按活动次数计分。

2. 采取自评、他评、终评。评定时要求依据事实，公平公正，不弄虚作假。评定累计60～79分为合格等次，80～89分为良好等次，90分以上为优秀等次。

3. 该评价表以学期为单位，期末进行评价，评定结果作为学期工作评价的依据。

表1－4　城南小学语文学科任课教师履职清单

项目	评定内容	分值	自评	他评	终评
师德师风	1. 能团结级组教师，贯彻落实学校各项工作	4分			
	2. 能认真学习《教师法》《中小学教师职业道德规范》等教育法规和文件，提高自身的法律意识和道德水平，依法治教	4分			
	3. 服从学校工作安排，对布置任务不推诿，准时按质完成；协助学科级长做好各类教育教学工作	4分			
教学常规	4. 严格执行教学计划，坚持按课表上课	4分			
	5. 能认真落实学校《课堂教学安全管理条例》，按时上下课，不迟到、不早退，中途不离开教室；到班后做好上课点名工作，对缺课学生跟进情况并及时与班主任联系，维持好课堂秩序	4分			
	6. 能认真组织好学科教学活动，开展早读、午写和课后服务等组织管理工作	4分			

（续上表）

项目	评定内容	分值	自评	他评	终评
教研科研专业成长	7. 每学期参加科组教研活动不少于 4 次，认真做好活动记录	4 分			
	8. 认真参与集体备课活动（至少担任一次主题发言人），每学期不少于 10 次（每次 1 分）	10 分			
	9. 能进行课堂听课交流，每学期听课不少于 10 节（学科不限，任课不到三年的教师不少于 20 节），听课要有详细记录和评课意见，要建档存案	10 分			
	10. 能参与开展“四个一”、校性公开课等活动；组织开展本学科作文等特长兴趣活动、语文主题学习阅读等专题活动，培育和发展学生的特长与能力；能积极参加校内外各项赛事，辅导学生参加各类竞赛活动	10 分			
	11. 能严格控制本学科的考试次数；做好单元、期中、期末的质量检测，并根据测试情况认真总结，调整教学方法，不断提高教学质量	5 分			
	12. 能参加学校年度教师专业成长规划各板块活动，踊跃参与跟岗学习、课题研究、书香校园创建等一系列活动	6 分			
上课	13. 严格执行课堂教学常规，使用普通话教学，板书工整，衣着端庄，教态大方	5 分			
	14. 能熟练、科学、有效地运用信息技术辅助教学	5 分			
	15. 在教学过程中，塑造民主、平等的新型师生关系，营造和谐、互动的课堂教学氛围	5 分			
课后	16. 作业布置要立足于精心设计、增强实效，提倡分层布置作业；对学生作业做到“三及时”，作业检查达标（及格 2 分，良好 3 分，优秀 4 分）	4 分			
	17. 要进行“二次备课”，按学校要求写好教案，教案检查达到良好以上	4 分			
日常工作	18. 收缴资料及时，所有资料能按学校要求做好排版、建档工作	4 分			
	19. 办公室环境整洁，教研组固定资产和教具、学具管理到位，爱护公物	4 分			

（续上表）

项目	评定内容	分值	自评	他评	终评
加分说明	1. 期末撰写的教育教学论文、案例等获学校奖励，三等奖加0.5分，二等奖加1分，一等奖加1.5分（区、市、省、国家级上递一个等次） 2. 在公开发行的学术刊物上发表教育教学论文，区级1分，市级2分，省级3分，国家级4分 3. 参与立项课题，区级1分，市级及以上2分 4. 参加校级以上比赛的可加分，校级0.5分，区级1分，市级2分，省级3分，国家级4分 5. 获得荣誉称号，区级1分，市级2分，省级3分，国家级4分 6. 其他认为可加分的项目 （加分项目须提供详细列表并在学校存档记录）				
总分		100分			

被考核人签名：________　学科：________　主管领导签名：________

备注

1. 有规定活动次数的项目，按活动次数计分。

2. 采取自评、他评、终评。评定时要求依据事实，公平公正，不弄虚作假。评定累计60～79分为合格等次，80～89分为良好等次，90分以上为优秀等次。

3. 该评价表以学期为单位，期末进行评价，评定结果作为学期工作评价的依据。

表1－5　城南小学数学学科任课教师履职清单

项目	评定内容	分值	自评	他评	终评
师德师风	1. 能团结级组教师，贯彻落实学校各项工作	4分			
	2. 能认真学习《教师法》《中小学教师职业道德规范》等教育法规和文件，提高自身的法律意识和道德水平，依法治教；协助学科级长做好各类教育教学工作	4分			
	3. 服从学校工作安排，对布置任务不推诿，准时按质完成	4分			

（续上表）

项目	评定内容	分值	自评	他评	终评
教学常规	4. 严格执行教学计划，坚持按课表上课	4分			
	5. 能认真落实学校《课堂教学安全管理条例》，按时上下课，不迟到、不早退，中途不离开教室；到班后做好上课点名工作，对缺课学生跟进情况并及时与班主任联系，维持好课堂秩序	4分			
	6. 能准时参加各种教研活动、备课组活动、早读、午写和课后服务等	4分			
教研科研专业成长	7. 每学期参加科组教研活动不少于4次，认真做好活动记录	4分			
	8. 认真参与集体备课活动（至少担任一次主题发言人），每学期不少于10次（每次1分）	10分			
	9. 能进行课堂听课交流，每学期听课不少于10节（学科不限，任课不到三年的教师不少于20节），听课要有详细记录和评课意见，要建档存案	10分			
	10. 能参与开展“四个一”、校性公开课等活动；组织开展本学科奥数等特长兴趣活动、趣味数学等专题活动，培育和发展学生的特长与能力；能积极参加校内外各项赛事，辅导学生参加各类竞赛活动	10分			
	11. 能严格控制本学科的考试次数；做好单元、期中、期末的质量检测，并根据测试情况认真总结，调整教学方法，不断提高教学质量	5分			
	12. 能参加学校年度教师专业成长规划各板块活动，踊跃参与跟岗学习、课题研究、书香校园创建等一系列活动	6分			
上课	13. 严格执行课堂教学常规，使用普通话教学，板书工整，衣着端庄，教态大方	5分			
	14. 能熟练、科学、有效地运用信息技术辅助教学	5分			
	15. 在教学过程中，塑造民主、平等的新型师生关系，营造和谐、互动的课堂教学氛围	5分			
课后	16. 作业布置要立足于精心设计、增强实效，提倡分层布置作业；对学生作业做到“三及时”，作业检查达标（及格2分，良好3分，优秀4分）	4分			
	17. 要进行“二次备课”，按学校要求写好教案，教案检查达到良好以上	4分			

（续上表）

项目	评定内容	分值	自评	他评	终评
日常工作	18. 收缴资料及时，所有资料能按学校要求做好排版、建档工作	4分			
	19. 办公室环境整洁，教研组固定资产和教具、学具管理到位，爱护公物	4分			
加分说明	1. 期末撰写的教育教学论文、案例等获学校奖励．三等奖加0.5分，二等奖加1分，一等奖加1.5分（区、市、省、国家级上递一个等次） 2. 在公开发行的学术刊物上发表教育教学论文，区级1分，市级2分，省级3分，国家级4分 3. 参与立项课题，区级1分，市级及以上2分 4. 参加校级以上比赛的可加分，校级0.5分，区级1分，市级2分，省级3分，国家级4分 5. 获得荣誉称号，区级1分，市级2分，省级3分，国家级4分。 6. 其他认为可加分的项目 （加分项目须提供详细列表并在学校存档记录）				
总分		100分			

被考核人签名：________　　学科：__________　　主管领导签名：__________

备注

1. 有规定活动次数的项目，按活动次数计分。

2. 采取自评、他评、终评。评定时要求依据事实，公平公正，不弄虚作假。评定累计60～79分为合格等次，80～89分为良好等次，90分以上为优秀等次。

3. 该评价表以学期为单位，期末进行评价，评定结果作为学期工作评价的依据。

表 1-6　城南小学英语学科任课教师履职清单

项目	评定内容	分值	自评	他评	终评
师德师风	1. 能团结级组教师，贯彻落实学校各项工作	4 分			
	2. 能认真学习《教师法》《中小学教师职业道德规范》等教育法规和文件，提高自身的法律意识和道德水平，依法治教	4 分			
	3. 服从学校工作安排，对布置任务不推诿，准时按质完成；协助学科级长做好各类教育教学工作	4 分			
教学常规	4. 严格执行教学计划，坚持按课表上课	4 分			
	5. 能认真落实学校《课堂教学安全管理条例》，按时上下课，不迟到、不早退，中途不离开教室；到班后做好上课点名工作，对缺课学生跟进情况并及时与班主任联系，维持好课堂秩序	4 分			
	6. 能准时参加各种教研活动、备课组活动、早读、午写和课后服务等	4 分			
教研科研专业成长	7. 每学期参加科组教研活动不少于 4 次，认真做好活动记录	4 分			
	8. 认真参与集体备课活动（至少担任一次主题发言人），每学期不少于 10 次（每次 1 分）	10 分			
	9. 能进行课堂听课交流，每学期听课不少于 10 节（学科不限，任课不到三年的教师不少于 20 节），听课要有详细记录和评课意见，要建档存案	10 分			
	10. 能参与开展“四个一”、校性公开课等活动；组织开展本学科英语绘本阅读等特长兴趣活动、英语单词听记等专题活动，培育和发展学生的特长与能力；能积极参加校内外各项赛事，辅导学生参加各类竞赛活动	10 分			
	11. 能严格控制本学科的考试次数；做好单元、期中、期末的质量检测，并根据测试情况认真总结，调整教学方法，不断提高教学质量	5 分			
	12. 能参加学校年度教师专业成长规划各板块活动，踊跃参与跟岗学习、课题研究、书香校园创建等一系列活动	6 分			
上课	13. 严格执行课堂教学常规，使用普通话教学，板书工整，衣着端庄，教态大方	5 分			
	14. 能熟练、科学、有效地运用信息技术辅助教学	5 分			

（续上表）

项目	评定内容	分值	自评	他评	终评
上课	15. 在教学过程中，塑造民主、平等的新型师生关系，营造和谐、互动的课堂教学氛围	5分			
课后	16. 作业布置要立足于精心设计、增强实效，提倡分层布置作业；对学生作业做到“三及时”，作业检查达标（及格2分，良好3分，优秀4分）	4分			
	17. 要进行“二次备课”，按学校要求写好教案，教案检查达到良好以上	4分			
日常工作	18. 收缴资料及时，所有资料能按学校要求做好排版、建档工作	4分			
	19. 办公室环境整洁，教研组固定资产和教具、学具管理到位，爱护公物	4分			
加分说明	1. 期末撰写的教育教学论文、案例等获学校奖励，三等奖加0.5分，二等奖加1分，一等奖加1.5分（区、市、省、国家级上递一个等次） 2. 在公开发行的学术刊物上发表教育教学论文，区级1分，市级2分，省级3分，国家级4分 3. 参与立项课题，区级1分，市级及以上2分 4. 参加校级以上比赛的可加分，校级0.5分，区级1分，市级2分，省级3分，国家级4分 5. 获得荣誉称号，区级1分，市级2分，省级3分，国家级4分 6. 其他认为可加分的项目 （加分项目须提供详细列表并在学校存档记录）				
总分		100分			

被考核人签名：________ 学科：__________ 主管领导签名：__________

备注

1. 有规定活动次数的项目，按活动次数计分。

2. 采取自评、他评、终评。评定时要求依据事实，公平公正，不弄虚作假。评定累计60～79分为合格等次，80～89分为良好等次，90分以上为优秀等次。

3. 该评价表以学期为单位，期末进行评价，评定结果作为学期工作评价的依据。

表 1－7　城南小学音乐学科任课教师履职清单

项目	评定内容	分值	自评	他评	终评
师德师风	1. 能团结级组教师，贯彻落实学校各项工作	4 分			
	2. 能认真学习《教师法》《中小学教师职业道德规范》等教育法规和文件，提高自身的法律意识和道德水平，依法治教	4 分			
	3. 服从学校工作安排，对布置任务不推诿，准时按质完成；协助学科负责人做好各类教育教学工作	4 分			
教学常规	4. 严格执行教学计划，坚持按课表上课；使用功能室要认真保管好音乐器材，摆放整齐、有序，保持器材清洁，做好使用登记，使用后清洁卫生	4 分			
	5. 能认真落实学校《课堂教学安全管理条例》，按时上下课，不迟到、不早退，中途不离开教室；到班后做好上课点名工作，对缺课学生跟进情况并及时与班主任联系，维持好课堂秩序	4 分			
	6. 积极配合学校布置的各种任务，认真组织校内外艺术演出、比赛，乐意接受组织、编排各类文艺节目等临时性任务	4 分			
教研科研专业成长	7. 在教学中、活动中坚持立德树人，落实课程教学目标，并根据音乐学科的特点，采取多种有效手段，使学生在基本知识和基本技能等方面得到充分提高	4 分			
	8. 认真参与集体备课活动（至少担任一次主题发言人），每学期不少于 10 次（每次 1 分）	10 分			
	9. 能进行课堂听课交流，每学期听课不少于 10 节（学科不限，任课不到三年的教师不少于 20 节），听课要有详细记录和评课意见，要建档存案	10 分			
	10. 能参与开展“四个一”、校性公开课等活动；将合唱作为固定特色项目，在每节课上实施；组织开展本学科合唱等特长兴趣活动、文艺会演等专题活动，培育和发展学生的特长与能力；能积极参加校内外各项赛事，辅导学生参加各类竞赛活动	10 分			
	11. 能严格执行本学科的考试评价制度；做好期末的音乐科质量检测，并根据测试情况认真总结，调整教学方法，不断提高教学质量	5 分			
	12. 能参加学校年度教师专业成长规划各板块活动，踊跃参与跟岗学习、课题研究、书香校园创建等一系列活动	6 分			

（续上表）

项目	评定内容	分值	自评	他评	终评
上课	13. 严格执行课堂教学常规，使用普通话教学，板书工整，衣着端庄，教态大方	5 分			
	14. 能熟练、科学、有效地运用信息技术辅助教学	5 分			
	15. 在教学过程中，塑造民主、平等的新型师生关系，营造和谐、互动的课堂教学氛围	5 分			
课后	16. 音乐作业做到：及时指导、及时完成、及时批阅和登记，注重优秀学生作品的演示，组织多种形式的展演活动	4 分			
	17. 采用多样评价方式评价学生音乐作品，重视学生的自我评价，注重对学生参加音乐活动表现状况的评价及学生对音乐基本技能掌握情况的评价	4 分			
日常工作	18. 收缴资料及时，所有资料能按学校要求做好排版、建档工作	4 分			
	19. 办公室环境整洁，教研组固定资产和教具、学具管理到位，爱护公物	4 分			
加分说明	1. 期末撰写的教育教学论文、案例等获学校奖励，三等奖加 0.5 分，二等奖加 1 分，一等奖加 1.5 分（区、市、省、国家级上递一个等次） 2. 在公开发行的学术刊物上发表教育教学论文，区级 1 分，市级 2 分，省级 3 分，国家级 4 分 3. 参与立项课题，区级 1 分，市级及以上 2 分 4. 参加校级以上比赛的可加分，校级 0.5 分，区级 1 分，市级 2 分，省级 3 分，国家级 4 分 5. 获得荣誉称号，区级 1 分，市级 2 分，省级 3 分，国家级 4 分 6. 其他认为可加分的项目 （加分项目须提供详细列表并在学校存档记录）				
对非专业教师的要求：在教学中、活动中坚持立德树人，落实课程教学目标；协助音乐组教师组织好校内外艺术演出、比赛					
总分		100 分			

被考核人签名：________　　学科：__________　　主管领导签名：__________

备注

1. 有规定活动次数的项目，按活动次数计分。

2. 采取自评、他评、终评。评定时要求依据事实，公平公正，不弄虚作假。评定累计60~79分为合格等次，80~89分为良好等次，90分以上为优秀等次。

3. 该评价表以学期为单位，期末进行评价，评定结果作为学期工作评价的依据。

表1-8 城南小学体育学科任课教师履职清单

项目	评定内容	分值	自评	他评	终评
师德师风	1. 能团结级组教师，及时贯彻落实学校各项工作	4分			
	2. 能认真学习《教师法》《中小学教师职业道德规范》等教育法规和文件，提高自身的法律意识和道德水平，依法治教	4分			
	3. 服从学校工作安排，对布置任务不推诿，准时按质完成；协助学科负责人做好各类教育教学工作	4分			
教学常规	4. 严格执行教学计划，坚持按课表上课；课前、课后及升旗仪式等活动整理场地；体育室、器材室应定期整理，每位老师每节课应落实好使用过的器材，应督促学生将器材摆放整齐并检查	6分			
	5. 能认真落实学校《课堂教学安全管理条例》，按时上下课，不迟到、不早退，中途不离开教室；到班后做好上课点名工作，对缺课学生跟进情况并及时与班主任联系，维持好课堂秩序，对学生的纪律、安全负责任	10分			
	6. 每天负责好当天的跑操任务，确保学生每天体育锻炼不少于1小时；每学期完成国标各项目的测试并将数据上报国家数据库	4分			
教研科研专业成长	7. 认真参与集体备课活动（至少担任一次主题发言人），每学期不少于10次（每次1分）	10分			
	8. 每位老师每学期认真备足16课时教案（及格2分，良好3分，优秀4分）	4分			

（续上表）

项目	评定内容	分值	自评	他评	终评
教研科研专业成长	9. 能进行课堂听课交流，每学期听课不少于 10 节（学科不限，任课不到三年的教师不少于 20 节），听课要有详细记录和评课意见，要建档存案	10 分			
	10. 能参与开展“四个一”、校性公开课等活动；组织开展本学科体育足球、武术等特长兴趣活动和学校师生运动会等专题活动，培育和发展学生的特长与能力；能积极参加校内外各项赛事，辅导学生参加各类竞赛活动	10 分			
	11. 能严格执行本学科的考试评价制度；做好期末的体育科质量检测，并根据测试情况认真总结，调整教学方法，不断提高教学质量	3 分			
	12. 能参加学校年度教师专业成长规划各板块活动，踊跃参与跟岗学习、课题研究、书香校园创建等一系列活动	3 分			
上课	13. 严格执行课堂教学常规，使用普通话教学，穿运动服和运动鞋	4 分			
	14. 能熟练、科学、有效地运用信息技术辅助教学，熟练操作各类体育器材	4 分			
	15. 在教学过程中，塑造民主、平等的新型师生关系，营造和谐、互动的课堂教学氛围	4 分			
课后	16. 体育项目检测做到：及时指导、及时完成、及时批阅和登记，注重优秀学生运动技巧的展示	4 分			
	17. 采用多样评价方式指导学生开展居家体育锻炼活动，引导学生观看体育赛事活动，培育学生养成终身运动的习惯	4 分			
日常工作	18. 收缴资料及时，所有资料能按学校要求做好排版、建档工作	4 分			
	19. 办公室环境整洁，教研组固定资产和教具、学具管理到位，爱护公物	4 分			
加分说明	1. 期末撰写的教育教学论文、案例等获学校奖励，三等奖加 0.5 分，二等奖加 1 分，一等奖加 1.5 分（区、市、省、国家级上递一个等次）				

（续上表）

项目	评定内容	分值	自评	他评	终评
加分说明	2. 在公开发行的学术刊物上发表教育教学论文，区级1分，市级2分，省级3分，国家级4分 3. 参与立项课题，区级1分，市级及以上2分 4. 参加校级以上比赛的可加分，校级0.5分，区级1分，市级2分，省级3分，国家级4分 5. 获得荣誉称号，区级1分，市级2分，省级3分，国家级4分 6. 其他认为可加分的项目 （加分项目须提供详细列表并在学校存档记录）				
对非专业教师的要求：由于学校有些体育课是由非专业的教师上课，现在学生有国标测试任务，所以需要教师们的配合。现规定，体育课由其他学科教师上的，此教师必须带学生到操场上课，具体上课内容可以咨询本班体育教师上了什么内容，进行延伸练习。比如：一年级体育课内容为50米跑，其他教师在咨询体育教师后，可以组织学生多跳、多跑的练习，主要目的是提高学生的身体素质。（非专业教师带学生室外运动每节课运动时间不少于20分钟，采用国标模式，在教室里、双语楼下、连廊厅、大门前空地、内操场等地方进行运动）					
总分		100分			

被考核人签名：________ 学科：__________ 主管领导签名：__________

备注

备注：

1. 有规定活动次数的项目，按活动次数计分。

2. 采取自评、他评、终评。评定时要求依据事实，公平公正，不弄虚作假。评定累计60～79分为合格等次，80～89分为良好等次，90分以上为优秀等次。

3. 该评价表以学期为单位，期末进行评价，评定结果作为学期工作评价的依据。

表1－9　城南小学美术学科任课教师履职清单

项目	评定内容	分值	自评	他评	终评
师德师风	1. 能团结级组教师，及时贯彻落实学校各项工作目标	4分			
	2. 能认真学习《教师法》《中小学教师职业道德规范》等教育法规和文件，提高自身的法律意识和道德水平，依法治教	4分			
	3. 服从学校工作安排，对布置任务不推诿，准时按质完成；协助学科负责人做好各类教育教学工作	4分			
教学常规	4. 严格执行教学计划，坚持按课表上课	4分			
	5. 能认真落实学校《课堂教学安全管理条例》，按时上下课，不迟到、不早退，中途不离开教室；到班后做好上课点名工作，对缺课学生跟进情况并及时与班主任联系，维持好课堂秩序	4分			
	6. 积极为学校做好宣传工作，负责做好学校日常环境所需的书画布置及保管工作；出好学校黑板报，负责艺术节校级美术展览及活动	4分			
教研科研专业成长	7. 努力学习《美术学科课程标准》，掌握各个年级的要求，突出美术教学的特点：想想、看看、做做、画画、玩玩；设计一级一特色的校本美术课程，完成校本课程编辑、上交资料；继续推进陶艺项目，努力做出新业绩	4分			
	8. 认真参与集体备课活动（至少担任一次主题发言人），每学期不少于10次（每次1分）	10分			
	9. 能认真完成教师教案和学生作业的批改；每位老师每学期认真备足16课时教案	10分			
	10. 能进行课堂听课交流，每学期听课不少于10节（学科不限，任课不到三年的教师不少于20节），听课要有详细记录和评课意见，要建档存案	10分			
	11. 能参与开展“四个一”、校性公开课等活动；组织开展本学科美术特长兴趣活动、美术优秀作品展览等专题活动，培育和发展学生的特长与能力；能积极参加校内外各项赛事，辅导学生参加各类竞赛活动	8分			

（续上表）

项目	评定内容	分值	自评	他评	终评
教研科研专业成长	12. 能严格执行本学科的考试评价制度；做好期末的美术科质量检测，并根据测试情况认真总结，调整教学方法，不断提高教学质量	4分			
	13. 能参加学校年度教师专业成长规划各板块活动，踊跃参与跟岗学习、课题研究、书香校园创建等一系列活动	4分			
上课	14. 严格执行课堂教学常规，使用普通话教学，板书工整，衣着端庄，教态大方；注意精讲多练的原则，提高学生作业完成效率，能熟练、科学、有效地运用信息技术辅助教学	4分			
	15. 采用多种教学手段，将图片、投影、实物模型等运用到美术课堂中，力图渗透多学科，培养学生的视觉空间及想象力、创造力和其他智能的发展，使学生审美与智能双增	5分			
	16. 对学生的作品以及参加美术活动的情况及时给予评价，评价语言要专业精准	5分			
课后	17. 美术作业做到：及时指导、及时完成、及时批阅和登记，注重优秀学生作品的保存，定期展示学生的优秀作品	4分			
	18. 采用多样评价方式评价学生美术作品，重视学生的自我评价，注重对学生参加美术活动表现状况的评价及学生对美术基础知识掌握情况的评价	4分			
日常工作	19. 收缴资料及时，所有资料能按学校要求做好排版、建档工作	2分			
	20、办公室环境整洁，教研组固定资产和教具、学具管理到位，爱护公物	2分			
加分说明	1. 期末撰写的教育教学论文、案例等获学校奖励，三等奖加0.5分，二等奖加1分，一等奖加1.5分（区、市、省、国家级上递一个等次） 2. 在公开发行的学术刊物上发表教育教学论文，区级1分，市级2分，省级3分，国家级4分 3. 参与立项课题，区级1分，市级及以上2分 4. 参加校级以上比赛的可加分，校级0.5分，区级1分，市级2分，省级3分，国家级4分				

（续上表）

项目	评定内容	分值	自评	他评	终评
加分说明	5. 获得荣誉称号，区级1分，市级2分，省级3分，国家级4分 6. 其他认为可加分的项目 （加分项目须提供详细列表并在学校存档记录）				
对非专业教师的要求：在教学中、活动中坚持立德树人，落实课程教学目标；协助美术组教师做好校内外美术展览布置工作及各项校性美术活动					
总分		100分			

被考核人签名：________ 学科：________ 主管领导签名：________

备注

1. 有规定活动次数的项目，按活动次数计分。

2. 采取自评、他评、终评。评定时要求依据事实，公平公正，不弄虚作假。评定累计60~79分为合格等次，80~89分为良好等次，90分以上为优秀等次。

3. 该评价表以学期为单位，期末进行评价，评定结果作为学期工作评价的依据。

表1-10 城南小学科学学科任课教师履职清单

项目	评定内容	分值	自评	他评	终评
师德师风	1. 能团结级组教师，及时贯彻落实学校各项工作目标	4分			
	2. 能认真学习《教师法》《中小学教师职业道德规范》等教育法规和文件，提高教师的法律意识和道德水平，依法治教	4分			
	3. 服从学校工作安排，对布置任务不推诿，准时安质完成；协助学科负责人做好各类教育教学工作	4分			

（续上表）

项目	评定内容	分值	自评	他评	终评
教学常规	4. 严格执行教学计划，坚持按课表上课	4 分			
	5. 能认真落实学校《课堂教学安全管理条例》，按时上下课，不迟到、不早退，中途不离开教室；到班后做好上课点名工作，对缺课学生跟进情况并及时与班主任联系，维持好课堂秩序	4 分			
	6. 按教材内容制订教学计划，按学校要求认真备课，准备好相关的教学资源或实验	4 分			
教研科研专业成长	7. 上课注重对知识点的讲解，解答学生疑问，及时纠正学生常识性错误	4 分			
	8. 教学方式多样，能引起学生浓厚兴趣，培养学生科学素养	4 分			
	9. 注意发掘学生亮点，及时引导，形成小发明、小创造	6 分			
	10. 能进行课堂听课交流，每学期听课不少于 10 节（学科不限，任课不到三年的教师不少于 20 节），听课要有详细记录和评课意见，要建档存案	10 分			
	11. 能参与开展“四个一”、校性公开课等活动；组织开展本学科科创等特长兴趣活动和小制作、小创造等专题活动，培育和发展学生的特长与能力；能积极参加校内外各项赛事，辅导学生参加各类竞赛活动	10 分			
	12. 能严格执行本学科的考试评价制度；做好期末的科学科质量检测，并根据测试情况认真总结，调整教学方法，不断提高教学质量	5 分			
	13. 能参加学校年度教师专业成长规划各板块活动，踊跃参与跟岗学习、课题研究、书香校园创建等一系列活动	6 分			
	14. 严格执行课堂教学常规，使用普通话教学，板书工整，衣着端庄，教态大方	5 分			
上课	15. 能熟练、科学、有效地运用信息技术辅助教学	5 分			
	16. 在教学过程中，塑造民主、平等的新型师生关系，营造和谐、互动的课堂教学氛围	5 分			
课后	17. 要培育学生亲近自然、探索自然的意识，引导学生观察各类自然现象，指导学生观看有意义的科学实验或专题节目	4 分			
	18. 要进行“二次备课”，按学校要求写好教案，教案检查达到良好以上	4 分			

（续上表）

项目	评定内容	分值	自评	他评	终评
日常工作	19. 收缴资料及时，所有资料能按学校要求做好排版、建档工作	4分			
	20. 办公室环境整洁，教研组固定资产和教具、学具管理到位，爱护公物	4分			
加分说明	1. 期末撰写的教育教学论文、案例等获学校奖励．三等奖加0.5分，二等奖加1分，一等奖加1.5分（区、市、省、国家级上递一个等次） 2. 在公开发行的学术刊物上发表教育教学论文．区级1分，市级2分，省级3分，国家级4分 3. 参与立项课题，区级1分，市级及以上2分 4. 参加校级以上比赛的可加分，校级0.5分，区级1分，市级2分，省级3分，国家级4分 5. 获得荣誉称号，区级1分，市级2分，省级3分，国家级4分 6. 其他认为可加分的项目 （加分项目须提供详细列表并在学校存档记录）				
对非专业教师的要求：①课前认真备课，充分理解教材内容，了解课程的重点、难点，有疑问及时查阅有关资料。②准备好相关的教学资源，善用信息技术辅助教学。③教学方式多样，能引起学生浓厚兴趣，培养学生科学素养					
总分		100分			

被考核人签名：________ 学科：__________ 主管领导签名：__________

备注

1. 有规定活动次数的项目，按活动次数计分。

2. 采取自评、他评、终评。评定时要求依据事实，公平公正，不弄虚作假。评定累计60～79分为合格等次，80～89分为良好等次，90分以上为优秀等次。

3. 该评价表以学期为单位，期末进行评价，评定结果作为学期工作评价的依据。

第二章

基于课题研究的好老师专业成长

科研能力是学校综合能力的集中体现，是教师发展的关键，是教师专业发展的重要体现，更是教师职业生涯发展的关键所在。

近年来，学校申报的四个区级课题顺利结题。其中潮州市教育科学“十三五”规划课题“教育现代化背景下‘中国好老师’的培育研究——以城南小学为实践基地”课题成果荣获潮州市教育教学优秀成果、粤东基础教育研究成果优秀奖。

老师们以课题为抓手，把每一节课、每一个活动都当成一次科研活动来对待，扎实地培养和发展学生各学科的核心素养，不断提升自己的专业技术能力，努力成长为学生心目中的好老师。

以下是我校 4 个区级课题的结题报告。

“教育现代化背景下‘中国好老师’的培育——以城南小学为实践基地”结题报告

我校申报的研究课题“教育现代化背景下‘中国好老师’的培育——以城南小学为实践基地”经广东省教育科学规划领导小组办公室批准，2018 年 5 月通过立项，课题编号 2018YQJK348。自立项以来，我们积极做好各项准备和研究工作，在学校校本教育科研中心顾问韩山师范学院副校长黄景忠教授和韩山师范学院教育科学学院院长王贵林教授的指导下，全体课题组成员按照课题计划认真开展研究，完成了预期的目标。

一、课题的提出

（一）研究的目的和意义

本课题是在潮州教育发展从“教育强市”过渡到创建“教育现代化先进市”的大背景下，结合中国基础教育质量监测协同创新中心发起的全国性“中国好老师”公益行动计划，以“中国好老师”公益行动计划基地学校——城南小学为实践基地，借助教育现代化的技术平台，开展如何培育“中国好老师”的研究，旨在落实和践行习近平总书记“有理想信念，有道德情操，有扎实学识，有仁爱之心”的“四有”好老师讲话精神，总结立德育人经验，促进教师育人能力的提升，继续推动教育公平，努力提高教育质量，切实促进少年儿童健康成长。

（二）研究的现状

“中国好老师”公益行动计划发起于 2014 年 12 月，关于该主题的研究在 2016 年正式在全国铺开，目前处于实践行动的研究阶段，实践成果异彩纷呈，但理论总结还未见大规模呈现。

“中国好老师”公益行动计划对当前德育现状的分析是这样的：“立德树人是教育的根本任务，完成好这一根本任务，提升广大教师教书育人能力、增强学校育人功能是关键。但当前部分地区与学校在基础教育中仍旧重智育、轻德育，重教书、轻育人，对提升广大教师育人能力重视不够，学校整体育人功能亟须提高。与此同时，全国很多教师和学校育人举措科学，经验丰富有效，但这些举措和经验由于种种原因未能得到充分挖掘、提炼与分享传播，作出突出育人成效的教师和学校也未获得广泛的宣传与表彰，导致这些教师和学校的榜样作用不能很好发挥，他们的育人积极性也未能得到有效激励。"

（三）研究的切入点

我们十分认可育人经验缺乏总结和推广这一结论，但对于学校“重智育、轻德育，重教书、轻育人”的判断有不同的看法。我们认为德育在学校教育中占有重要的地位。我们认为教书育人是每位教师最基本的职责，德育是学校教育的重要组成部分，是党和国家教育方针、路线、政策的基本内核。德育的弱化问题应归因于德育的机械化分工，过细的分工使德育教育产生了很大的误区：机械地以为德育是思想品德老师的事，机械地以为德育是班主任的事，机械地以为德育是少先队的事，机械地以为德育与学科教学无关。这种分工细化的机械式德育实际上限制了德育教育的发展空间，弱化了德育教育的功能。我们认为好的教育植根于好的课堂教学过程。德育与课堂教学、学科教学须臾不可离，育人必须依托常规的课堂教学才能有效落实。德育不单是少先队的事，也不单是思想品德课的事，更不单是班会课的事，德育是每一位学科教师义不容辞的事。

我们研究的愿景是依托学科教学构建中国好老师培育途径和模式。中国好老师，必须是一个好的学科教师，必须是一个在学科教学的过程中懂得渗透德育教育的老师。

因此，抓住学科教学进行德育渗透，做好学科本职工作，就是一个师德好、德育工作好的老师是本课题的切入点。本课题研究的目的是希望通过参与“中国好老师”行动计划实践活动，探索研究德育教育回归于本源，回归于每一位教师的教育行为的途径与方法。

二、课题研究过程的具体做法

本课题研究实验时间为两年，在实验过程中我们充分感受到“中国好老师”的培育研究实验给学校带来了巨大的变化，对于教师专业素养的提升有很大的促进作用，尤其是对学校的教育教学工作产生了积极且巨大的影响。现就课题实验工作进行总结。

（一）准备阶段（2017 年 7—11 月）

在此期间，课题组聘请高校专家进行课题开题专项培训。在学校校本教育科研中心顾问黄景忠教授和王贵林教授的指导下，课题组成员认真研读了《“中国好老师”行动计划》内容，明确行动的目的和意义，确立了研究方向，搜集和学习了大量与教师专业成长有关的理论资料。我们以“落实立德树人根本任务，遵循教育规律和教师成长发展规律，培养高素质教师队伍，形成教师人人尽展其才，好教师不断涌现的良好局面”作为课题研究的最终目标。我们树立大德育观，谨记人人都是德育工作者，努力变学科教学为学科教育。我们明确地提出教师提升专业素养，构建高效课堂教学模式，学校形成求真务实的教科研氛围，就是教师对德育工作的贡献，就是德育在学科教学进行渗透的最佳结果。我们着力于这种创新德育方式，引导广大教师以德立身、以德立学、以德施教、以德育德，学做“四有”好老师，建设一支高素质专业化的教师队伍。基于这样的认识，我们着手展开课题的研究。

（二）实施阶段（2017年11月至2018年9月）

1. 加强过程管理，重视理论学习

前期阶段课题组在傅校长的带领下一共开展了25场阅读和工作心得体会分享会，后期阶段课题组成员分散到各级各科组进行辐射性示范引领。每场次负责老师都认真准备好分享的内容，以视频、音频、美篇、PPT、图文报道等形式与课题组成员进行交流，内容涵盖学校管理、教学技能、人生哲理、生活百科等等。《榜样的力量是无穷的》《班主任：上好开学第一课》《不做“名师”做“明师”》《不拼的人生，哪来真功夫》《教育的意义》等内容形式新颖、观点鲜明。郑菲老师为我们介绍明师的追求：追求个性特长发展，追求综合素质提高，追求文化人格优化和明日之“学生发展”与“教师成就”。唐永嘉老师所分享的《教育的意义》里，郑重其事地引出教育的意义：第一层面，通过获取知识，能够提高个人修为，增加我们对生活的感受力，从而认知自己，并不断提高自己；第二层面，为天地立心，为生民立命，为往圣继绝学，为万世开太平。

每一次的分享交流，充实的内容和富有启示的观点都令大家受益匪浅。轮值人员记录、整理、编辑活动内容，认真做好活动报道。

2. 编制调查问卷，进行调查研究

我们选择650个样本进行调查，了解学生对好老师的定义，并根据调查结果分析目前学校教师在教育教学工作中的现状、存在的问题及我们应努力的方向。从问卷调查当中得到的反馈是：当前教育随着信息技术的迅猛发展发生了极大的改变，教育教学的形式面临着更大的挑战，改变了教师的教学育人方式和学生的学习方式，对教师的专业素养提出了更高的要求。经过统计分析，发现学生对于教师专业知识的要求多一些，他们认为老师是以教授知识为主要责任，所以教师的知识量很重要，孩子们希望教师在课堂以及课外多拓展一些课外知识，可见教师在课堂上对于知识的拓展不够，这是孩子们的需要。大部分孩子希望能更加亲近老师，这样能促进师生感情，从而促进教育教学工作的春风化雨。好老师关系到一代代人的健康成长，学校课题研究为教师的专业发展提供了良好的契机，同时学生、家长和全社会的期望也使教师肩负着沉重的工作压力和精神负担。教师只有不断更新自己的教育观念，改变自己的教育教学行为，建构顺应课程改革环境的心智模式，才能够具备学生心目中好教师的特质。

3. 跟岗学习，在研修中成长

习近平总书记在北京师范大学发表重要讲话，要求我们争做“有理想信念”

"有道德情操""有扎实学识""有仁爱之心"的"四有"好老师。

作为"中国好老师"公益行动计划基地学校，为落实"中国好老师"公益行动计划中"互通互助"行动计划，我们以提高教育质量为宗旨，促进学校"互通互助"，共同成长。2018 年 6 月学校首次组织近百名教师分三批到北京师范大学厦门海沧附属学校，开启了忙碌、充实的研修活动。老师们的学习活动异彩纷呈，语、数、英公开课，美术微讲座，戏曲公开课，京鹭讲坛，校长论坛·来宾沙龙，课间活动，学生书画展，社团活动，常规课听课，岗位交流……日程满满当当，我们满载而归。在北京师范大学厦门海沧附属学校跟岗学习期间，老师们分科组参加了公开课听评课活动。北京师范大学厦门海沧附属学校授课教师的讲解声情并茂、细致入微。他们教学基本功扎实、学科专业知识渊博，采用激励式的教学方法。尤其是课堂上老师平等地对待每一个学生的态度令我们印象深刻。城南小学的老师们认真地做好课堂听课笔记，并与北京师范大学厦门海沧附属学校的老师们一起交流探讨。老师们还参与到海沧附属学校学科教研组活动中，和他们一起学习、讨论、分享。数学组老师参加了海沧附属学校数学教研组活动——教学技能比赛《命题与析题》和厦门市教研室组织的《姚剑强名师工作室读书交流活动》。老师们还参加了海沧附属学校独具特色的活动京鹭讲坛以及校长论坛·来宾沙龙等活动，认真倾听海沧附属学校老师分享的外出培训收获和国际学校校长畅谈办学成果。跟岗学习的日子，老师们的日程安排得很满，"学习—思考—运用"，一本本听课笔记，一篇篇心得体会留下了我们海沧附属学校之行的印记。此次为学校教师首次大规模跟岗学习活动，老师们见识了海沧附属学校合作办学、经费包干、用人自主、分配均酬的先进办学模式，了解了他们先进的教育理念和科学的课程体系："每一个学生都重要，每一门课程都育人"，尤其是他们多元化的教学模式和科学化的内部管理方法给我们留下了至深的印象。海沧附属学校老师们良好的教研氛围和高度敬业的精神值得我们学习，我们都受益匪浅。此外，我们组织课题组成员到潮阳华斯达国际学校、澄海实验学校学习交流。潮阳之行让我们见识了民办教育雄厚的办学实力，也学习了国际教育集团先进的办学理念。澄海实验学校之行使我们见识了该校的特色办学成果。

在"好老师"队伍的梯队建设上，我们尤其重视高水平教师队伍的培育。我们坚持"走出去，带回来"，一个人参加培训，一个团队受益。我们每一位外出参加培训的老师都肩负重任，回校后举行校内专场讲座，介绍自己参加培训的过程与收获，传达最新的教育教学理念，分享学习的成果。两年来，我们共组织骨干教师外出培训高达一百多场。

（三）深入研究阶段（2018 年 9 月至 2019 年 4 月）

1. 以"城南红棉大讲堂"专家讲座为引领，树立"好老师"的信念

好老师需要树立终身学习的理念，站在知识发展的前沿。我们邀请高校专家及潮州教育名家进校园，举办"城南红棉大讲堂"专题讲座 14 场。《以情绪控制作为教师职业春天的第一缕阳光》《超越经验：教师在反思中成长》是潮州市教育局督导室原主任翁锡永和韩山师范学院王贵林教授为我们上的“开学第一课”。韩山师范学院李静副教授为学校语文组全体教师做《学校美育与课程开发：兼论语文美育》的专题讲座。韩山师范学院数学与统计学院欧慧谋老师为我们做《义务教育课程标准·小学数学（2011 版）案例式解读》的专题讲座。为提高我校科学教师的教学能力，寻求突破教学瓶颈的途径，韩山师范学院省培小学科学负责人黄俊生副教授为我校科学科教师做《小学科学的教与学》的专题讲座及《如何制作微课》的讲座。为提升我校英语教师的专业素养，韩山师范学院外国语学院副院长林洁华副教授给全体英语老师做《重视英语教学中的语音教学》专题讲座；林教授主要从语音教学的重要性、英语语音、如何正确拼读英语的元音和辅音三方面展开。我们邀请了江苏省特级教师强震球、北京市朝阳区教研员李文会为我们的数学科组分别做《“理解”视域下的生命课堂》和《打造厚重课堂　培养学科素养》的数学科专题讲座。韩山师范学院赵松元教授为我们做《古诗词教学的策略》专题讲座。潮州市教育局教研室柯秀红老师为我们的英语科组带来了《小学英语阅读能力》专题讲座。一场场精彩的讲座引人入胜，老师们受益良多。新的教学观念、新的育人趋势对我们提出了新的要求，老师们深刻地认识到葆有对教育教学工作的极大热忱、努力提升专业素养的重要性。

2. 以课堂教学为主阵地，推动“好老师”的内涵建设

好老师的专业成长离不开课堂教学这个大舞台。我校承办了 2017 年粤东基础教育语文学科群和 2018 年数学学科群“名师工作坊”专场活动。汕头、揭阳、潮州三市（县区）教研室和学科中心组成员及各校骨干教师、城南小学学科教师、韩山师范学院卓师班学生等近 200 人共同开展教学研讨。深圳市教科院教研中心副主任、教育部国培计划特聘专家赵志祥，江苏省著名特级教师强震球、北京市数学骨干教师王化伦、北京市朝阳区教研员李文会受邀前来，通过同课异构、讲座交流等形式开展教研活动。我校在该活动中发挥了重要作用，我校教师以积极进取的心态和专家开展同课异构活动展示教学风采，开课教师的精彩表现获得粤东片区教学行家们的一致好评。“名师工作坊”活动带动了区域间学科教学的互动协作和教师的专业发展，同时也促进学校教育教学理论与学科教学的深度融合，是对我校教师进行了一次深度的课堂教学技能培训，为学校的发展带来了深刻的启迪。此外，教师参加了湘桥区 2018 年小学语文青年教师观摩课比赛、湘桥区 2018 年小学数学青年教师观摩课比赛、湘桥区中小学“语文主题学习”实验观摩研讨会（城南小学专场活动）、佛山市顺德区田湘军老师展示小学英语会话课同课异构活动等一系列重大活动的上课、听课、评课，他们的教育教学技能及专业素养得到展示，在高规格的活动中表现出彩。

学校全面开展“青蓝”工程建设，“高效教学”公开课、新任教师展示课、推门听课，课堂教学练兵三线并行推动教师专业成长。课题实施研究两年来，我们开展的校级公开课有 56 节，新任教师展示课 54 节，推门听课 170 节，课程涵盖学校所有学科。我们采用“（教师）上课—（教师）说课—（专家、同行）

评课”的方式进行。研讨活动以点带面，点燃老师们参与教学研究的热情，我们以开放、平和的心态共同探讨教学热点、难点问题，真正落实有效性教学，努力朝着构建高效课堂道路迈进。例如：自学校启动“语文主题学习”实验以来，在傅小莺校长的带领下全体语文教师积极参与单元整合备课、丛书阅读和一米阅读学习等教学实践活动。我们在现有的条件下，针对不同学段学生的年龄特点，深入钻研教材和丛书，大胆开展“语文主题学习”实践活动，探索各类课型的教学模式。我们在全区率先开展主题学习单元预习课、组文阅读课、读写结合课、略读指导课的研讨。多层次、高频率、大面积的听评课活动有效地提高了学校的课堂教学质量，一大批教师在课堂教学展示活动中迅速成长。新任教师的课堂把控能力日益增进，骨干教师的示范引领作用充分发挥出来。

薪火相传，我们倾力于培养“未来教师”。两年来，城南小学接待来自韩山师范学院和潮州师范学院的实习生、见习生高达400人次。为了更好地将实习培训工作落到实处，在傅校长的领导下，校本教育科研中心认真制订实习、见习方案，在任务繁重、师资紧张的前提下，仍为每位实习生（见习生）分别安排了一位实习（见习）指导老师，这些实习（见习）指导老师都是学校的教学骨干，有着丰富的教学经验，教学工作认真负责有方法。对于实习（见习）的“准老师”们，学校也按在职老师的标准，从考勤、上课等各个方面对他们进行严格要求。实习活动的第一阶段，即开始的前两周，指导老师主要为实习生（见习生）上示范课，让他们走进课堂，熟悉本册教材内容，学习科任老师的课堂教学和教学机智；实习生（见习生）做好听课记录，课后与任课老师探讨，深入了解课堂教学的要求和过程，学习如何备课、备学生，为接下来的上课做准备。实习生（见习生）还多次全员参加校性公开课和粤东数学“名师工作坊”的听课、评课活动。评课时，指导老师鼓励他们大胆说出自己对本节课的见解，让他们初步学会听课、评课、品课，进而融会贯通、学以致用。实习活动的第二阶段，指导老师手把手指导实习老师琢磨教材、写教案、做课件，每一节课的教案都是改了又改，直到符合班级情况为止。让实习老师在上课前进行说课、试讲，课后细心帮助实习老师评课，并针对课堂上出现的不足提出意见，以确保在下一次的教学中能扬长避短，不出现同样的问题。实习活动不单学“教书”，更要学“育人”。在实习班主任工作中，指导老师要求实习老师积极跟班管理，从早读、午写到课间和课后活动等，走进学生的学习生活，了解每一位学生的优缺点，因材施教，体验班主任工作的琐碎和幸福。实习老师们也在深入接触中深切体会一线教师的艰辛不易与成就感。在各位指导老师的精心指导下，实习老师的表现得到学校老师们的称赞，得到学生的敬爱和家长的好评，同时也得到师范带队老师的表扬。我们的指导老师为实习老师们树立了良好的师德榜样，毫无保留地将自己所学传授给这些教育事业未来的接班人。薪火相传助力，让好老师的崇高使命传承下去。

3. 以探索多元课程为平台，展示“好老师”的亮丽风采

在深入开展课题研究的同时，学校通过开设多元课程丰富校园文化生活，让学生和老师展示风采。习近平总书记指出“要全面加强和改进学校美育，坚持以美育人、以文化人，提高学生审美和人文素养”。陶艺课、合唱课、潮汕讲古课、美术手工课、特色跑操等一系列美育课程开发了学生的多元智能，较好地传承传统文化；创客班、航模班等科创课程培育了学生的科学思维。各门课程均由专业技能出色的教师（课题组成员）担任教学工作，设计教学活动方案并按计划授课。我们充分意识到，要让每一位学生受益，就应当提高艺术课堂的教学实效，即“在全体参与中发展特色，在全面普及中彰显成果”。我们举行了班际合唱比赛，全校三千多名学生个个登台亮相，展示新时期少年儿童的良好精神风貌。学生美术作品展让校园弥漫着浓郁的艺术气息，一件件独具特色的作品无不彰显着小作者们独有的艺术创造力。陶艺现场比赛及拍卖活动，学生们在陶土的世界里揉入自己的创意，塑造出一件件栩栩如生的作品。丰富多彩的校园生活让学生们深爱着我们的校园、课堂、老师。更大的舞台是 2018 年 5 月 26 日举行的题为“坚定文化自信　坚持立德树人”的庆“六一”迎校庆系列活动。我们的特色课程展示为大家带来一次亲子深度互动体验，家长与孩子们一起走入我们的非遗文化课堂、潮汕文化展示课堂、科创课堂、美术课堂等。多元课程使孩子们在常规课程学习之余，走进了另一番快乐学习的天地。他们的多元智能在特色课程活动中得到了充分的展示，个人的潜能在老师们的悉心引导下得到极大的发挥，特色教学成果丰硕。陶艺、潮汕文化等作为传统文化列入学校特色教育项目之中受到家长们的高度评价。广东省前副省长蓝佛安和潮州市委常委赵红到我校检查工作时，在学校陶艺室兴趣盎然地欣赏我校师生创作的陶艺作品，他们都对我校开设这门乡土文化特色课程表示赞赏。

4. 以论文或经验总结推广为契机，汇集“好老师”宝贵经验

教育教学实践的探索与研究最终要通过一些成功的做法、体会、认识或教训，进一步上升到一定的理论高度，使之形成条理化的理论性成果进一步推广。我们在“好老师”的培育研究过程中且行且思。我们各学科的老师从自己日积月累的教学经验中记录、思考、分析、总结出规律，经过文字表述成为教育经验总结。各科组开展学科经验总结、论文宣读活动，民主评选出最佳教学论文或经验总结。我们在“城南红棉大讲堂”中开展优秀论文宣读活动，分享学科最优秀的教育教学成果。

（四）总结鉴定阶段（2019 年 4—7 月）

课题组认真做好课题实施情况资料整理，汇编成果，深入总结，提炼观点，撰写结题报告，迎接结题工作。我们将此结题工作作为“好老师”行动的再深化研究的起点。

三、课题研究的主要成效及收获

两年来，在对本课题的深入研究中，课题组成员带领全体教职工全力实施校本教科研活动、提升教师教育教学能力、培育学生核心素养，构建独具城南特色的培育“中国好老师”的模式，将百年名校城南小学打造成培育“中国好老师”的摇篮。

（一）“跟岗研修”+“专家讲堂”，双线并行培育“中国好老师”

在培育“中国好老师”的进程中，我们探索出了“跟岗研修”+“专家讲堂”的双线模式。每一学期，我们各学科的老师分批参加北京师范大学厦门海沧附属学校开放周跟岗研修活动。跟岗研修使得老师们有机会观摩学习海沧附属学校最新的教学理念、课堂模态，同时与来自全国各地的老师们共学共研。“他山之石，可以攻玉。”每次跟岗研修回来，老师们都能做到学以致用，将研修学习所得在自己的育人过程中展现。“春风化雨，润物无声”，在“学习+运用”的研修模式下，老师们得到一次又一次提升，迅速成长。我们的教师跟岗研修笔记还以专辑的形式在《湘桥教育》2018年第3期上发表，供全区教师学习借鉴。

“城南红棉大讲堂”活动则以校本培训的形式，开启高校专家进小学校园的新风。我们与韩山师范学院共建“专家工作室”，每学期根据不同的专题邀请韩山师范学院相应学科的教授莅临“城南红棉大讲堂”为老师们开讲，老师们仿佛重回校园的学习时光，认真聆听教授们带来的最新学术动态和理念。我们紧跟教育发展的趋势，不断更新育人观念，努力提升专业素养；我们创新工作机制，拓展教师培训途径，“城南红棉大讲堂”成为湘桥区教师校本培训模式的范例。

（二）以课带研提升教艺，真抓实干培育“中国好老师”

课题实施研究两年来，学校通过“青蓝”工程建设——“高效教学”公开课、新任教师展示课、推门听课等课堂教学大练兵活动推动教师的专业成长。学校各科教研组建立健全听课、评课制度，以专题研讨的形式对每一节课进行科学的评价。高效教学课堂研讨活动成了我校教师专业成长规划中的重要板块。各科教师在听课—上课—评课—研讨的过程中基本掌握了学科核心素养的培育理念，通过对课堂教学的实践与研究，能认真学习、领会“好老师”的内涵，积极转变教学模式，与时俱进构建高效课堂。在课题实践探索中，郑桂媛、陈金洪、张细铃、陈玉、陈萍、袁夏婕、郑佳佳、唐永嘉、刘小红、黄丽芬、陈爽、杨琳烁、翁奕霞等一大批教坛新秀脱颖而出，成为教师队伍中的中坚力量。“青蓝”互相促进，良性循环形成学科课堂教学连动机制。

（三）借力多方平台，激活动力，培育“中国好老师”

我们积极创新教师培训模式，先后成立湘桥区“语文主题学习”郑桂媛名师工作室（年级工作坊）、陈少华省名班主任工作坊。我们本着让工作室（工作坊）成为“研究的平台、成长的阶梯、辐射的中心”的宗旨，扩大名师、名班主任效应，形成优秀的学科教师（班主任）团队，创建学习型组织，开展多层次、多形式、有质量的工作室（工作坊）学习、研修、实践活动，坚持理论和实践相结合，以课题研究为统领，以示范引领为特征，在交流与碰撞中求进步，行走在学科教师（班主任）专业化发展道路上。郑桂媛名师工作室（工作坊）自成立以来，郑桂媛老师带领语文科组全体老师积极探索语文主题学习实验各类课型的教学，全力推行学生语文主题丛书课内外海量阅读活动，多次参加“送课下乡”“课例展示交流”活动。我们的语文主题学习实验活动得到了区局领导的赞赏，在区内同行中获得好评，产生了积极而深远的影响。

欧阳钿老师负责主持的陈少华省名班主任工作坊，在短短的一年内带领工作坊的成员们开展了主题班会研学活动、心理健康主题微班会课研讨活动、防疫健康微班会课活动、家长课堂主题活动。一系列丰富多彩的活动极大地拓展了育人途径，丰富了育人形式。班主任在参与活动中得到了迅速的成长，班主任的专业技能在活动中得到培育提升，老师们走在了班主任专业化成长的阳光大道上。陈少华省名班主任工作坊团队成员积极参与工作坊的各类活动，在专题讲座、校际交流等活动中展现我校班主任工作建设的成果，赢得广泛的赞誉。

名师工作室（工作坊）平台成为教师职后研修的重要途径之一，教师专业理念的持续发展、教师职业技能的持续提升在此得到保障。

（四）研发设置特色课程，教学相长培育“中国好老师”

为促进学生个性发展、教师专业发展、学校特色形成，在课题实验的过程中，我们通过开设多元校本课程丰富校园文化生活，凸显办学特色。美术手工课、陶艺课、潮汕文化系列课、科创课等课程，在校外专家的帮助指导下设计了独具特色的课程内容及教学方案。在参与课程开发的过程中，老师们不断完善自身的知识结构，丰富知识及累积实践。我们开发设计出了城南小学陶艺课校本教材、城南小学美术手工课校本教材、古诗与写作教学校本教材等，在教学实践中老师们增强了参与意识、研究意识、合作意识。以师生发展需求为中心的丰富多彩的课程和活动，为师生们提供了多样的学习和成长路径，促进师生全面而个性地发展。

（五）推动学校内涵式发展，打造一支全程育人的“中国好老师”队伍

经过两年来的辛勤付出、扎实工作，我们培养了一支爱岗敬业、能写善教的骨干教师队伍。他们在学校的各类各项教育教学活动中发挥着重要的作用，做出极大的贡献。他们在各级的观摩课、录像课、优质课比赛中，在各级的论文评比、教学评比中，在各级各类教学研讨活动中都崭露头角。例如：2017 年 8 月，蔡燕华、郑菲老师荣获 2017 年广东省优秀微课评比活动三等奖；2017 年 10 月，陈萍、翁奕霞、陈爽老师参加潮州市青年教师说课比赛分别夺得特等奖、一等奖；2017 年 12 月，陈萍老师荣获首届广东省中小学青年教师教学能力大赛（小学英语组）三等奖；郑桂媛老师参加 2018 年潮州市小学语文阅读教学观摩比赛获得区、市一等奖；陈雪香主任荣获第二届广东省中小幼儿陶艺教育教学成果展示活动优秀指导教师荣誉称号，学校获优秀组织奖；林雪青老师荣获第 33 届广

东省青少年科技创新大赛三等奖。我们的师生在各级赛事中都取得了较好的成绩。“好老师”们用自身的行动培育出一代代优秀的学子，让百年城南老校再焕异彩。傅小莺校长荣获广东省教育厅颁发的“书香校长”称号；庄溯澜副主任被评为广东省优秀少先队辅导员，入围2018年“感动潮州市十大最美教师”；庄鸣主任被评为广东省优秀社会指导员；陈萍老师成为广东省柯秀红名教师工作室入室成员；郑桂媛被评为潮州市优秀教师；蓝钿等4位老师被评为湘桥区优秀班主任；蔡洁等6位老师被评为湘桥区教书育人优秀教师。两年来，师生共获得国家级奖项4个，省级奖项47个，市级奖项130个，区级奖项220个。

课题在实践过程中能落实立德树人的根本任务，培育了一支高素质、专业化、创新型的教师队伍，学校的办学质量得到全面提升，成绩斐然，得到上级领导、广大家长的大力支持与高度评价，在社会上享有良好口碑，百年名校百尺竿头更上一层楼。权威性报刊《湘桥教育》《潮州日报》和广东少儿频道、潮州电视台及粤东基础教育、潮州教育、湘桥教育等新媒体对学校突出的办学业绩进行了报道。

四、课题研究的反思和展望

“好老师”的培育是教育发展永恒的话题，教师的全面发展决定了学校的办学质量。我们在两年来的探索中取得了很多成果，实实在在地推动了学校师资队伍的建设。

（一）课题研究反思

随着基础教育课程改革的实施，部编教材的使用及语文主题学习实验的深入展开，我们必将要把“好老师”的培育研究引向深入。对此，我们进行了深刻的反思：

（1）走“好老师”的培育与“立德树人”的教育目标相结合之路是教育发展的必由之路。“好老师”的培育不仅仅体现在学科专业技能的提升上，更要注重对学生展开社会主义核心价值观的教育、生命教育和民族精神的教育，不断丰富教育的内涵，形成崭新的个性教育。

（2）科学的理论指导必须深入落实。开展本课题研究的都是教学一线的教师，采用行动研究法，关注的领域有局限性，而不是理论的建构，教师们普遍缺乏系统、严密的科学理论指导。所以在以后的课题研究中，我们的课题组核心成员要加强教育科研理论的学习和进修，从学习型教师向科研型教师转变，借助理性思维的力量，更有效、更科学地展开课题研究实践工作。

（二）研究展望

我们将从不足之处再寻找新的研究切入点，探索更为可行的科学的育人方法。

本课题研究没有终点，研究的点滴成果是我们一笔宝贵的财富。它激励我们，在党的十九大精神引领下，在习近平新时代重要讲话精神指导下，将全国教育工作会议精神贯彻落实，继续在“中国好老师”征途上迈进，更多发掘各学科教书育人典型，总结先进经验，传播育人事迹，力争实现百年名校每一位老师都是好老师，让德育教育回归本源、回归每一位教师日常教育教学行为的美好愿景！

（本文为广东省教育科学规划课题，课题编号为：2018YQJK348；课题主持人为广东省潮州市湘桥区城南小学傅小莺）

"以绘本微课提升小学生英语核心素养之探索与研究"结题报告

一、国内外绘本教学研究概况

绘本属外来语，是从日本引进的，它是以绘画为主，并附以少量文字的读物。绘本诞生于十七世纪的欧洲。进入二十世纪三十年代，绘本的主流传向美国，迎来了绘本图书黄金时代。到五六十年代，绘本开始在韩国、日本兴起。到了七十年代，台湾也掀起绘本阅读的热潮。跨进二十一世纪，绘本阅读已经成为全球儿童阅读的时尚。台湾著名少儿英语教育专家张湘君教授在她编著的《英文绘本创意教学》（2004 年）中指出："阅读绘本有助于儿童的语言发展，那些大量接触绘本的儿童拥有良好的语言能力。"[1]英语绘本是培养学生英文素养不可或缺的资源。因此，英语绘本教学成了大城市和一些优质资源地区的"专利"。

开展英语绘本教学必须有合适的绘本资源。俗话说：巧妇难为无米之炊。没有合适的绘本就得不到有效的绘本阅读。目前，像潮州这样的小城市很难买到原版的英文绘本。各大知名网站虽然都有一定数量的英语绘本读物，可惜大多包装精美，价格昂贵。凡此种种，孩子们想要拥有绘本、阅读绘本有诸多难题。随着互联网技术的发展，绘本的展现形式在不断进化。如何把这些网络绘本的资源为我所用，进行有效利用与整合，成为我们提升学生英语核心素养新的教学手段，这是我一直进行探索与研究的重要课题。

目前，一些大城市开展英文绘本教学可谓如火如荼，但大多数局限于课内研究。据不完全调查，在经济比较落后、英语基础教育比较薄弱的潮州，目前似乎尚未出现英语绘本教学课内外研究的先例。本人在开展绘本教学的基础上，进一步开展绘本微课的课外实验，旨在通过研究以填补这方面的空白。

二、研究的目的与意义

（一）研究目的

通过部分学生课外绘本微课学习，培养学生的阅读兴趣和阅读能力，让学生在持续的自主阅读实践中获得知识与能力，促进情感的发展，从而提升语言能力、文化品格、思维品质和学习能力等学科核心素养。同时，促使英语绘本教学从课内走向课外，从学校走进家庭，以点带面，以微信群辐射带动所执教班级更多学生参与。

（二）研究意义

通过这项研究，探索利用课外时间进行“互联网+”绘本微课的学习方法，深化绘本教学的研究；积累高效制作微课的经验，为今后进一步研究翻转课堂奠定基础；为经济相对落后地区和设备相对落后的学校如何利用绘本进行教学提供范例。面对当前潮州尚未开展英语绘本教学方面的研究，面对一些大城市的英文绘本教学大多数局限课内研究，教育期刊与教育网站尚未出现利用微课进行课外实验这些客观现实，本实验旨在填补绘本微课与互联网结合的课外研究的空白。

三、研究方法与运作

（一）研究方法

本研究采用质性的研究方法，用实证研究的手段来展开实验。主要研究方法有行动研究、课例研究和经验总结。

（二）研究运作

1. 实验参与者的选择

绘本教学已经以一种常态存在我任教的班级。基于学校临时调动功课安排，我在学年过半之后重新接手3个五年级的班级。由于执教的班级基础薄弱，为了既不影响正常教学进度，又使绘本实验得以继续，在没有摸底的情况下，我根据学生上课的积极性与课间交流，以自愿参加的形式让学生自由报名，然后随机抽取40名喜欢绘本微课学习的学生，组成实验群体与研究对象。每周五准时发送我自己制作的多种形式的绘本微课到微信群，让学生选择喜欢的微课形式在家自学，完成 Reading Report。

2. 实验内容的选择

对于小学生来说，由于知识储存量有限，教师在为学生选择英文绘本读物的时候，不仅要考虑到学生的语言能力和心理年龄，还要考虑学生能从绘本中得到什么。要善于捕捉绘本教学画面，考虑以下三个方面：

（1）服务课标的英语绘本。

每学月根据短期教学目标、进度与相关节日确定这个学月要与学生分享的绘本。比如本学期五年级下册学习表示月份的英语课时，我特地找来 *Chicken Soup with Rice* 拓宽学生对月份的认知与阅读视野。临近复活节，我会选择 *Spot's First Easter*，万圣节利用 *Happy Halloween*，圣诞节采用 *The Christmas Story*，母亲节则用 *Does a Kangaroo Have a Mother*, *Too*，与学生分享。我在不同节日选用相关绘本与学生分享，激发学生的学习兴趣，提升学生的文化素养。

（2）句式重复的英语绘本。

学生能根据故事中不断重复的句子，自然习得句型，进而运用于生活交际中。如 *There Was An Old Lady Who Swallowed A Fly*，这个绘本中每一页都重复“There was an old lady who swallowed a …I don't know why she swallow the …Perhaps she'll die”这个句型，学生读着读着一下子就掌握了，还复习了绘本里面出现的动物词语。*Five Little Monkeys Jumping on the Bed*；*Silly Sally*；*Brown Bear*, *Brown Bear*, *What Do You See* 等，都属于这一类型的绘本。学生在吟唱中自然习得语言，提高语言能力。

（3）耳熟能详的英语绘本。

很多孩子都是在一些经典的儿童故事的陪伴中成长的，如果让孩子们阅读一些他们非常熟悉的绘本的英语版本，如 *Litter Red Riding Hood*、*The Very Hungry Caterpillar*、*Seven Blind Mice*、*The Giving Tree* 等，孩子们会非常感兴趣，他们会很想知道英语是如何表达这些内容的，即使这些绘本的难度超越他们的认知水平也没关系，他们可以根据绘图与情节来猜测与探索其意思。这是提升学生思维与学习能力的好方式。[2]

为了拓宽英文绘本的阅读空间，我同时向学生推荐一些国外优秀的英语绘本阅读网站，引导学生在线阅读。这些网站资源丰富，有些还有动画版，有助于学生理解故事。

3. 实验微课的分层制作

由于实验学生是随机抽样组成的，他们的词汇量各不相同，语言的接受能力也各不相同，因此制作绘本微课教学视频的时候，经常是一个绘本同时制作 2 ~ 3 种不同形式的版本。如 *Five Little Monkeys Jumping on the Bed*；*Brown Bear*, *Brown Bear*, *What Do You See*；*Go Away Mr. Wolf*；*Silly Sally*；*Does a Kangaroo Have a Mother*, *Too* 等，很多绘本都分别以讲故事与唱歌两种形式的微课来呈现。又如 *The Very Hungry Caterpillar*, *Joseph Had A Little Overcoat*, *Silly Sally*, *Silly Billy* 这类稍有难度的绘本，录制了 3 个版本：中英结合讲故事、用英语讲故事、边讲故事边提问题。有些绘本甚至通过微课教孩子做自己的创意小绘本、小手工等来加以拓展。通过分层引导，让不同层次的学生收看到适合自己认知水平的绘本微课，力求达到最好的效果。

4. **实验运作过程**

(1) 教师方面。

每学月根据短期教学目标、进度与相关节日确定这个学月要与学生分享的绘本。每周一至周五利用闲暇时间上网寻找合适的绘本资源，制作 PPT，并利用电脑或者手机的录屏工具，制作绘本微课（录屏工具有 Bandicam、超级录屏、优酷录屏、小影等软件）。

由于绘本微课的容量大，直接发送到微信群，家长打开费时且占用太多的手机空间，所以我先将微课上传到视频网站，然后再将绘本微课视频链接及绘本电子书发送到微信实验群，让不同层次的学生各自选择喜欢且适合自己版本的绘本微课在家自学，完成 Reading Report。

(2) 家长方面。

家长们需要配合的是打开微信，关注我的视频账号，直接打开微课视频让孩子完成阅读实验。大多数家长非常支持这个实验，但开始时还有部分家长持怀疑的态度。例如在受邀的学生中有一名成绩不错的男孩，其家长拒绝加入；另一位同行同专业的家长，态度冷淡，若非孩子特别喜欢，她并不愿意参加实验，然而我第一次在微信群说明实验目的与群规之后，这位家长陪同孩子一起看完我制作的绘本微课，态度发生了360 度的转变，主动与我交流探讨，并积极配合。

在实验过程中，不同素质的家长对实验的配合度不同。个别教师家庭或有一定英语基础的家长，会陪伴孩子阅读，鼓励并指导孩子阅读，认真完成阅读记录，内化对绘本的理解。但大多数家长只是准时打开微信让孩子自己阅读。也有个别家长经常忘记给孩子打开微课阅读绘本，倒是孩子主动提醒家长。

(3) 学生方面。

每周五我会利用十分钟在课堂呈现电子绘本。学生对于周末的绘本微课都很期待。学生根据自己的能力，选择自己喜欢并适合自己的绘本微课在家自学。程度差的孩子一般会从最容易的版本入手，最后学习带问题的绘本微课；程度好的则会直接挑战带问题的绘本微课。这样，不同层次的学生都能收看到适合自己认知水平的绘本微课，然后再完成 Reading Report。在 Reading Report 中，我大胆地采用画思维导图的形式记录英文绘本。虽然在平时阅读课，我也经常用思维导图帮助孩子建构对文本的认识，也指导他们去画思维导图，但他们通过自学绘本微课并完成阅读记录表中“My mind map of the picture book”的确是很大的挑战。我一直很犹豫，想把要求放到最低，在第一次上传微课的时候我就向家长说明：“记录表里的思维导图，孩子能做就做，画不好没关系，做不出来也没关系，只需要记录下他们喜欢的句子就好了。我们的目的是让孩子体验阅读，培养阅读兴趣，保持阅读习惯，持续阅读，提高阅读能力，慢慢进步，慢慢有小收获就够了。”刚开始，很多孩子的思维导图都做得比较粗糙，以模仿居多。然而出乎意料的是，在没有辅导的情况下，经过一段时间，有一部分孩子仍然坚持认真完成思维导图，并且画出来的思维导图超出我的想象。

四、研究结果与发现

实验证明，英文绘本有着画面优美、句型反复、语言押韵、寓意丰富等特点，加上微课不同形式的呈现，能有效刺激学生的视觉、听觉，并激发其学习积极性，有效地提高学生的英语核心素养，具体表现如下：

（一）绘本微课有效地提高了学生的语言能力

英语学习需要充足的语境与情景，英文绘本本身就是一个语境充足的故事与文本，为学生提供了一个个整体的语言运用实例，加上微课各种形式的呈现与引导，明显提升了学生英语听、说、读、看、写的基本能力。

每本英文绘本，我都在网上搜索优质的原版音频发送给学生收听，经过一段时间，这些学生的语音、语感有明显进步，并且在课堂上更乐于表达，成绩慢慢有所提升。记得第一次分发单元测试卷，有一位同学高兴得跳起来，告诉我，他这次考 94 分是历史最高分，以前都是在 70 ~ 80 分徘徊。另一位同学也说之前很长一段时间英语成绩处于 30 ~ 40 分之间，这次终于与不及格告别了。根据“一起作业”里的绘本阅读的答题数据显示，对比第一周，孩子们的成绩有明显提升，平均提升 20% ~ 30%。

由于绘本微课选取的英文绘本都是适合儿童阅读、句型反复、语言押韵的名家作品，学生在阅读中无意间不断重复输入，有时在课堂上会有意无意地自然输出。如描述四季的时候，学生不再只是用“I like summer, because I can go swimming.”而是会用“It's a lovely day for a swim!”这个句子就是取自英文微课 *Go Away Mr. Wolf* 里狼先生说的一句话。再如在教学“PEP Unit 5 Whose dog is it? B Let's talk”时，我问道：“Can Chenjie take Mimi to the park?”课本的标准答案是“Of course.”但是有个学生脱口而出：“No, he was still hungry.”这个句子就是来自《好饿的毛毛虫》中重复出现的“On… day, he ate through …But he was still hungry.”由此可见绘本微课确实能有效地提高学生的语言能力。

（二）绘本微课有效地提升了学生的文化品格

在英语绘本微课制作时，我注重将相应的文化知识同步贯穿在绘本微课教学中，引导学生加深对英语文化的理解和认识。如复活节那个周末，我先通过微课介绍 Easter（复活节）的由来、象征物与相关活动，再通过绘本 *Spot's First Easter* 让孩子感受寻找被 Easter Bunny（复活节兔子）藏起来的 Easter Eggs（复活节彩蛋）是复活节的传统活动，我还在微课中向学生介绍如何制作彩蛋。学生跃跃欲试，纷纷在复活节当天画起了彩蛋，玩起了滚彩蛋、藏彩蛋的游戏。

（三）绘本微课有效地发展了学生的思维品质

英语绘本中形象的图片、生动的故事情境，符合孩子思维发展的特点，有利于他们对故事内容和语言的理解与内化。绘本微课的阅读记录表中“My mind map of the picture book”，有助于学生在头脑中构建故事内容。在分析故事和评价故事的过程中，学生们锻炼了逻辑思维，发展了思维品质。经过一段时间的英语微课学习与 Reading Report 中画思维导图的训练，很多孩子能简洁明了地用思维导图提炼绘本故事的框架，展示绘本的主要内容。因为有内化绘本的训练，那些积极画思维导图的孩子在课堂上复述环节的表现要优于其他同学。因为他们有清晰的思维链条，复述时清晰又有条理。

（四）绘本微课有效地培养了学生的学习能力

实验群里不少家长反映以前孩子学习英语就是读读课本、背背单词，现在能主动到我推荐的网站上去看英语动画，听有声故事书，学习能力大大提高。很多家长都表示，在实验的带动下，孩子越来越喜欢英语。一位同学的妈妈发视频告诉我：“黄老师，孩子说想要学英语老师做一回直播，录绘本微课。”打开视频一看，这位同学正拿着一本苏斯博士的绘本念念有词地讲故事。还有一位家长留言：“今年省心多了，以前给他买绘本，他嫌弃不肯读。自从有了英语绘本微课，孩子主动了不少，阅读量也增加了。”部分学生还在自己的微信朋友圈晒自己的阅读笔记，互相学习。很多学生主动拓宽阅读空间，在英语绘本阅读网站上在线阅读，观看有声绘本与原版动画，积极参加我在网上开通的“为原版动漫趣配音”打卡训练。

五、研究结论

实验证明，开设英文绘本微课确实能帮助学生将兴趣转化为稳定、持久的学习动力。绘本微课是活化小学英语教学形态的新模式，是实现落后地区英语教学从课内走向课外、从学校走向家庭，有效提高小学生英语核心素养的新途径。然而搜索有效的绘本资源并制作微课，需要教师花费大量的时间与精力，如何创作高效的绘本微课、提高绘本微课的水准，这值得我们小学英语教师去探索。

参考文献

[1] 张湘君．英文绘本创意教学．台北：维京国际，2004.
[2] 虞婷．小学英语教学中如何开展绘本阅读．会昌小学刘彩云工作室，2014.

（本文为广东教育学会第五届教育科研规划小课题，课题编号为：GDXKT114333；课题主持人为广东省潮州市湘桥区城南小学黄美珊）

“教育现代化背景下小学数学课堂合作学习方式的研究”结题报告

一、课题提出

（一）课题研究的背景

1. 时代发展的需要

当今社会正处于知识经济时代，各行各业的竞争日趋激烈，团队精神在竞争中显得越来越重要，对个人来说，能力是有限的，很多工作需要团队合作才能完成。因此，合作在今天具有越来越重要的作用。因此我们提出“教育现代化背景下小学数学课堂合作学习方式的研究”这个课题。“合作学习”在基础教育课程改革中具有不可代替的作用，真正体现了以人为本的教育思想。

2. 人的发展的需要

学会认知、学会做事、学会共同生活、学会生存是现代人一生发展的四大支柱。其中学会共同生活是当今教育中的重大问题之一。教育的使命之一是教育学生懂得人类的多样性，以及所有人之间具有相似性又相互依存，为实现共同目标而努力。“合作学习”是锻炼小学生“与他人一起生活”能力的重要途径。

3. 落实新课程标准的需要

小学数学课程标准指出：“有效的数学学习活动不能单纯地依赖模仿与记忆，动手实践、自主探索与合作交流是学生学习数学的重要方式”；“教师应激发学生的学习积极性，向学生提供充分从事数学活动的机会，帮助他们在自主探索和合作交流的过程中真正理解和掌握基本的数学知识与技能、数学思想和方法，获得广泛的数学活动经验。”可见，合作学习有助于提高学生学习的积极性，有助于学生对数学知识的理解与掌握。

4. 课堂教学的需要

由于传统教育思想和教学观念的影响，当前不少课堂教学还是在老师的精心设计下循规蹈矩、按老师苦心孤诣的“套路”运行，学生亦步亦趋，主体地位无以体现。为此，我们在实施新课程标准的过程中．在学校总课题“教育现代化背景下‘中国好老师’的培育研究”的理念下，提出教育现代背景下小学数学课堂合作学习方式的课堂教学模式及操作策略：我们要求教师摆正位置，构建新型师生关系；激发学生的学习主动性；发挥小组之间的相互学习作用；多给学生上台展示的机会，力争把课堂还给学生，使学生乐于表达、敢于交流、善于思考，使我们的课堂真正成为师生互动、生生合作探究、轻松快乐的学堂，使传统意义上的教师“教”和学生“学”不断让位于师生互教互学，彼此形成一个真正的“学习共同体”；使我们的老师成为具有“爱心、平常心、宽容心”的“中国好老师”；把数学学习过程中的发现、探究、猜想、质疑等认知活动突显出来，把学生的生命活力和丰富的个性在活动中表现出来，使我们的学生成为充满想象力和创造力的接班人。

（二）国内外相关研究综述

着眼于国内外教学理论研究倾向，反转课堂、微课、合作互动等教学理念在20 世纪 50 年代初就有专家开始研究，它体现了时代“以人为本、和谐共生”的人文思想，具有较深刻的现实意义，并且目前在教学层面的研究尚少，有着很大的研究空间。《中国教师报》的翁祖乐在《课堂教学要营造情境教学氛围》一文中说，我们在学习生活中都会有这样的感受：当情绪轻松、心情愉快时，思维灵活，记忆迅速，想象丰富，头脑显得特别清醒；而当情绪不好时，思维迟钝，记忆力减退，想象力贫乏，头脑似乎混浊不清。情境教学实验研究推广计划能调动学生的学习情绪，培养学生学习数学的兴趣，使学生主动参与教学过程。

（三）课题研究的意义和价值

1. 理论意义

（1）以建构主义学习理论为意义：建构主义基本观点提倡在教师指导下的以学生为中心的学习，这是促进学生主动地组建认知结构的教学法；是建立在把学习看作是一个主动的过程，主动地去观察、思考、探索，通过自己的努力来获取意义，从而形成认知结构的心理学理论基础。

（2）互动教育主义认为：有意义的学习是通过人际互动产生的。教学是一种沟通和合作的活动，没有沟通的教学不是教学。美国学者波依尔认为，学校应当是教师和学生这两类主体“交互作用”形成的“学习共同体”，他倡导合作文化，每一个成员要有更多的合作与关怀，人人参与，平等对话，真诚沟通，彼此信赖，发展合作精神，激发道德勇气，共享经验知识，实现自我超越。

2. 实践价值

（1）突破传统课堂教学狭义的教材观，实现文本与人本的有效交融，体现了新课程理念关注学生的主体体验和生活积累。

（2）突破了传统“传授或灌输”等单一的教学法，探索互动理念下，在教师主导下以生为本的新型教学法——合作交流学习方式。

（3）突破传统课堂唯师独尊的师生关系，把课堂交给学生，学会尊重、倾听、欣赏学生，营造平等合作、自主、和谐的师生氛围，培养出一批具有“爱心、平常心、宽容心”的中国好老师。

二、课题的界定

合作学习是目前世界上许多国家普遍采用的一种富有创意的教学理论与方略，由于其实效显著，被人们誉为近十几年最重要和最成功的教学改革。各国的合作学习在其具体形式和名称上不甚一致。如欧美国家叫“合作学习”，苏联叫“合作教育”。综合来看，合作学习就是以合作学习小组为基本形式，系统利用教学中动态因素之间的互动，促进学生的学习，以团体的成绩为评价标准，共同达成教学目标的教学活动。合作是指两个或两个以上的学生或群体，为了达到共同的目的而在行动上相互配合的过程。合作学习是在班级授课制背景上的一种教学方式，即在承认课堂教学为基本教学组织形式的前提下，教师以学生学习小组为重要的教学组织手段，通过指导小组成员展开合作，发挥群体的积极功能，提高个体的学习动力和能力，达到特定的教学任务的目的。小组合作学习改变了在传统集体教学师生单维交流中，教师垄断了整体课堂的信息源而学生处于十分被动的局面，学生的主动性、创造性也因此得以充分发挥。

三、课题的理论依据

1. 建构主义理论

建构主义理论认为人类的理性是社会集体的产物，学习不能以个体的人为基础，强调学习伙伴的重要性，提倡合作学习模式。这是因为：

(1) 学习者之间的交流、争议、意义综合等有助于学习者建构起新的、更深层次的理解。

(2) 在合作学习中，学习者通过交流、讨论、合作，他们的想法、解决问题的思路都被明确化和外显化，学习者可以更好地对自己的理解和思维过程进行监控。

(3) 在学习者为解决每个问题而进行的交流中，他们要达成对问题的共同理解，建构更完整的表象特征，这是解决问题的关键。建构主义的合作学习理论与维果斯基对社会性交往的重视，与学生的“最近发展区”思想是一致的。

2. 动机激发理论

动机激发理论认为，激发动机的最有效手段是在课堂教学中建立一种“利益共同体”。合作学习就创设了这样一种情境，促使每个成员在小组合作学习中作出自己最大努力，积极主动地学习、探讨知识，以促进课堂、班级共同体的整体发展。

3. 新课程理念

数学课程标准指出：“学生是数学的主人，教师是数学学习的组织者、引导者与合作者。”数学教学是数学活动的教学，是“师生互动，共同发展”的过程。师生双方相互作用、互相影响构成了一个学习的共同体，教师在这个共同体中是“平等中的首席”。数学教师不再是知识“拥有者”和学习“指导者”，而是拥有先进教育理念、懂得现代教育技术、善于学习、善于合作的“探究者”。新课程理念关注学生的发展，重视学生数学学习的历程，强调学习方式的多样化。合作学习就是要使学生有自己的认识，看到那些与自己不同的理解，看到事物另外的侧面。而通过合作与讨论，可以使学生相互了解彼此的见解，看到自己抓住了哪些，又漏掉了哪些，真正实现课标所提出的：“人人都能获得良好的数学教育；不同的人在数学上得到不同的发展。”合作学习小组的每个人都符合新课标理念要求，这种合作行为促进了学习的广泛迁移，使每个人都获得了不同的发展。

四、研究内容

通过现代化信息技术的支持，使用多媒体、课件、微课等对合作交流学习方式与原有学习方式下学生学习效果之间的比较、分析，弄清学习方式对学生学习效果的影响程度，探索在现代化的信息技术背景下的小学数学教学中如何将信息技术与合作交流学习方式合理整合的课堂教学模式及其操作策略。

按照“合作交流学习、探究学习”的教育理论，建立科学的数学学习方式，激发学生内在的学习兴趣，逐步培养学生学习的自主性、主动性和创造性，使之不仅“要学习”，而且“会学习”，养成良好的学习习惯，为其终身学习奠定坚实的基础。同时在这个过程中发展学生健全的人格，使学生的个性得到充分的发展。

五、研究目标

本课题的研究目标有三个：

（1）意图通过本课题的研究，使得每一位参加研究的教师转变教育教学观念，自觉改变教学方式，注重师生、生生交往，积极运用小组合作的方式改进教学，促进学生全面、和谐地发展。

（2）通过实施小学数学中的合作学习，着重培养学生数学交流、探究发现、尊重他人、学会倾听的好习惯，通过展开伙伴式的分工与合作，将个体数学思考与小组集体思考紧密结合，形成“数学学习共同体”，从而提高小学生数学学习效率，把培养集体主义精神和健康和谐的人格个性结合起来；通过本课题的研究，发现和梳理苏教版教材编排的思路和特点，找到可能采取小组合作学习教学方式的结合点，以便充分发挥教材潜在的教学效能。

（3）通过本课题的研究，持续发展我校校本教科研特色，强化校本教科研机制，建立教科研队伍，开辟数学学科课改新的兴奋点、生长点，促进我校师资的专业研修和专业发展。

六、研究方法

1. 文献调查法

使用现代教育网络搜索，快速查找、获取所需要的文献资料。平时注意积累和搜集各种文献资料，养成习惯，持之以恒。

2. 跟踪调研法

设计调查问卷，对本校教师的教育现状进行分析，方便课题组老师根据具体情况，有针对性地进行实验研究。

3. 教学研究法

本课题研究试图运用国内外一些教育理论来解释和解决教材教法问题，广搜博采，为教师提供大量经验。

4. 案例分析法、经验总结法

新一轮课改提出“教师即研究者”“反思的实践者”等概念。教师应当拥有教学研究的能力，应当努力成为一名“研究型教师”。

七、课题研究的步骤及过程

（一）目标统一，内容细化

课题组讨论制订课题研究方案，并请专家给予指导，完善课题研究方案，制订具体实施计划。经过讨论和研究，制定详细的课题研究目标等，由专人负责，做到“目标统一、内容细化、相互协作、共同研究”。

（二）实施研究，不断总结

在全面进行课题研究过程中，定期组织课题组成员学习有关小组合作学习的文章，定期组织召开课题组成员会议，交流有关实施研究情况和问题，并组织课堂教学中学生合作学习观摩活动。每学期举行一次总结，在总结中，推广成功做法，解决存在的问题，重新完善方案。课题组成员每人都要做好总结，并撰写专题教学论文。

整个活动中，参加课题研究人员都能积极参与研讨，自觉学习《小学数学教学》杂志上和网上有关小学数学课堂合作学习方式的文章，参与课堂教学实践活动，撰写组织合作学习体会，总结存在的问题。在课堂教学实践中，我们根据研究的重点，主要抓几个方面——选择恰当合作时机进行合作学习、合作小组编排、小组合作时教师角色的扮演等，研究对学生学习品质、情感态度与价值观的提高有什么影响。我们注意到教师传统教学模式对我们开展课堂合作学习的影响，注意到了小组合作学习中小组的编排对学生学习的影响，注意到了一些小组合作学习的开展成为学生无结论的口头交流，对出现的各种情况我们进行了反复思考，方法不断改进，工作不断尝试。通过研究，我们重点在小组编排、方法训练、意识培养、合作时机、教师角色等方面进行尝试。

八、研究结果与成效

1. 培养了学生的合作意识

小组合作学习有利于教学的多边互助，使每个学生都获得平等参与的机会。让学生学会合作是素质教育的一项重要任务，合作意识是现代人必须具备的基本素质，合作将是未来社会的主流，而合作学习是培养学生合作意识的重要方式。

2. 培养了学生的集体观念

合作小组的异质性决定了学生在共同活动中必须做到互相帮助、互相监督，其中的每个成员都要对其他成员的学习负责，体现出人人为我、我为人人的意识，这可以使学生在交往中产生心理相容，建立和谐的人际关系，从而对集体的形成和巩固产生积极的影响。例如在上交作业时，规定每个小组只交一份共同完成的作业。在共同完成这一份作业时，学生需要共同讨论、辩驳、向专家请教，取长补短，集中小组成员的智慧。由于讨论与作业同步进行，每个人可随时提出问题，小组成员可以及时地解决，带动小组成员共同完成作业，从而达到预期的学习目标。通过集体完成作业，培养了学生的集体意识，加强了相互之间"荣辱与共"的关系。

3. 培养了学生的创新能力

应试教育忽视了对学生创新能力的培养，偏重知识的学习，这与当前知识经济时代注重人的创新能力格格不入，因而素质教育就要加强培养学生的创新能力。在相互教学中，能够发展学生的潜能，提高学生自我监控等方面的能力。运用讨论法，可帮助学生进行诸如类推、深层了解和解释正反面的争论、预测情境等较具深层思考意义的活动，同时可提高学生的语言表达和综合能力。

4. 培养了学生多渠道获取信息的能力

传统教学中，教科书和教案成为学生获取信息的主要来源，这种状况使学生知识面狭窄，易对教材产生依赖心理，不能适应信息社会的"知识爆炸"局面。因而，通过合作学习，引导学生通过各种渠道获取信息。在小组合作学习中，学生围绕一个主题，广泛查阅书籍，进行电脑及专家咨询，去博物馆、实验室等，拓宽了知识来源，同时也培养了学生对各种信息进行选择、加工的能力。

5. 培养了学生的竞争意识

高科技时代是人才竞争的时代，没有竞争，时代不会向前发展。虽然合作学习强调学生间的合作，但不排斥培养学生的竞争意识。只是课堂合作学习中体现的竞争取代了学生为了获得承认而进行的竞争。因为只有学生具备较深层次的集体主义观念，竞争成功的可能性才更大。经常的、合理的评价，可使学生的竞争意识不断得到增强。在合作学习中，具体的评价可在三个层面上进行：小组评价、组内成员评价、组间同等水平的学生评价。这三个层面的定期评价，能激发各组奋勇争先，形成组间明争暗赛的竞争局面，增强学生个人进取向上的竞争意识，也使每个学生都有竞争对象，有追赶的目标，使学生始终处于竞争状态中。合作和竞争是一种客观存在的社会现象。合作学习主张“组内合作，组际竞争”，合作是以优良人品作为前提的，互相信任、互相尊重、相互谦让、相互欣赏是其主要的精神品质。合作学习中的竞争是外向的，一般有两种情况：一是学生个体之间的学习竞争，这种竞争大多是分层次进行的。由于个体素质的差异，优生之间、优差生之间都可以出现竞争的现象，形成一种竞争进步的态势，并在竞争中锻炼其品格，磨炼其意志，培养其人品。二是组与组之间的学习竞争，这种竞争能强化小组结构，促进小组成员之间的合作，促进学生之间的互动，使学生更认真、更投入地参与学习活动。教师在组织学习时，要防止学生中出现互相拆台的不良现象，注意从正面引导，组织学生进行公平的竞争，在竞争中建立良好的合作学习关系，使合作学习形成一种“合作—竞争—合作”的良性循环，使竞争成为促进学习的手段。

6. 培养了新型的师生关系

小组合作学习增加了个体与个体、个体与小组、小组与小组、学生与老师之间的交流机会，学生获得的表现机会要比传统的教学方法多得多。在合作学习中，师生间的关系不再是教师一味传授、学生只管倾听的传统模式，而是师生间平等交流与互动的新模式。教师更多的是充当顾问和指导者，在合作学习中教师的活动与学生的活动及学生之间的活动有机地融为一体，提供了师生互动的新形式，有助于提高学生的积极性，师生间平等对话与交流，真正体现教学的民主。

7. 小组合作学习有利于照顾个体差异，使每个学生获得成功的体验

小组合作学习是集体教学和个别指导的有机结合，将学生的个体差异作为一种积极的教育资源加以利用，做到让优等生“吃得好”，中等生“吃得饱”，后进生“吃得了”，这有利于学生个性的发展，使每一个学生都体验到成功的喜悦。

8. 提高了教师的理论水平

我校教师在进行课堂合作学习课题研究中撰写了多篇论文、案例，都获得了总课题组的好评和奖励，还有几位教师所执的数学课分别获得省、市等不同级别的优秀课堂称号。

附录　取得的成果

郑佳佳老师的数学录像课参加第三届全国小学数学（人教版）课堂教学录像课评比获一等奖。

蔡泽老师的论文《用好奇的眼光去探索数学奥秘》参加 2017 年潮州市小学数学教学论文比赛获一等奖。

黄丽芬老师的论文《小学数学课堂教学“预构”环节设计探索》获潮州市湘桥区 2017 年教育教学科研论文评比一等奖；丁舜燕老师的论文《关注细节，提高数学课堂教学的有效性》、刘小红老师的论文《燃“算”情，传“算”理，引“算”路》获潮州市湘桥区 2017 年教育教学科研论文评比二等奖。

黄丽芬老师的微课《乘法的初步认识》、唐永嘉老师的微课《分数除法解决问题（二)》获 2017 年潮州市湘桥区微课比赛一等奖；刘小红老师的微课获 2017 年潮州市湘桥区微课比赛二等奖；陈冰老师的微课获 2017 年潮州市湘桥区微课比赛三等奖。

刘小红老师的说课获 2017 年潮州市小学数学说课比赛一等奖；郑学坚老师的说课获 2017 年潮州市湘桥区小学数学说课比赛二等奖。

苏奕璇老师撰写论文《小学数学小组合作学习有效性的探究》；陈锦屏老师撰写论文《点燃估算教学的火种》；黄晓兰老师撰写论文《如何让学生自主地学习》《浅谈合作学习在数学教学中的应用》；张小金老师撰写论文《浅谈如何提高学习数学的兴趣》；郑佳佳老师撰写论文《从〈平行四边形的面积〉一课，谈如何激发学生的数学学习兴趣》；唐永嘉老师撰写论文《关注身边多操作，激发兴趣为课堂》；张淑云老师撰写论文《孩子们真的在计算教学中学数学吗》；周佛容老师撰写论文《如何利用课堂导入激发学生的学习兴趣》；蔡丽霞老师撰写论文《浅谈情境创设后小组合作学习的呈现形式》；陈佳丽老师撰写论文《浅谈提高小学生数学课堂学习兴趣的方法探究》；黄丽芬老师的论文《浅谈数学核心素养在课堂教学中的落实》、刘小红老师的论文《思维碰撞，知识共长——记小学数学课堂合作学习的浅探》获湘桥区城南小学红棉讲堂论文评比一等奖。

刘小红老师的论文《小学生偏激行为的引导教育探析》《浅谈在数学课堂合作中发展学生的思维》发表在《广东教学》。

林烨柔老师的论文《浅谈如何在小学数学中培养学生的综合实践能力》、陈英老师的论文《浅谈如何在小学数学教学中渗透感恩教育》、唐永嘉老师的论文《彰显老师个性，形成独树一帜的教学风格》发表在《湘桥教育》。

2017 年 5 月蔡泽老师为全体老师做了《如何发挥教师的主导作用——小学数学几何图形的教学探讨》的专题讲座。

2017 年 10 月蔡泽老师为全体老师做了《计算课教学目标的确定——小学数学计算课的教学探讨》的专题讲座。

蔡泽老师的课例《较复杂的小数乘法》被评为潮州市 2017 年“一师一优课、一课一名师”活动优课。

唐永嘉老师的课例《整理和复习》被评为潮州市 2018 年“一师一优课、一课一名师”活动优课。

郑佳佳老师的课例《长方体和正方体的体积》被评为广东省 2018 年“一师一优课、一课一名师”活动优课。周佛容老师制作微课《乘法分配律》。

2017 年 10—11 月城南小学举行了“高效教学”校级公开课研讨活动。蔡泽老师为全体老师展示了五年级上册《较复杂的小数乘法》一课，黄丽芬老师展示了二年级《乘法的初步认识》一课，唐永嘉老师展示了《分数除法》

一课，刘小红老师展示了《万以内数的加法》一课，黄晓兰老师展示了《三位数乘两位数》一课。

2018 年 4 月 2 日郑佳佳老师展示了四年级下册《乘法分配律》一课。2018 年 10 月郑佳佳老师在粤东基础教育数学学科群“名师工作坊”活动中开观摩课《平行四边形的面积》。2019 年 3—4 月城南小学举行了“高效课堂”校级公开研讨活动。苏奕璇老师展示了《圆的面积》一课，黄晓兰老师展示了《两位数加一位数、整十数》一课，黄丽芬老师展示了《位置与方向》一课，何洁丹老师展示了《有余数的除法》一课，张淑云老师展示了《反比例的意义》一课，周佛容老师展示了《分数的意义》一课，张小金老师展示了《有余数的除法》一课，陈锦屏老师展示了《分数的基本性质》一课。公开课过后老师们认真进行研讨，通过各种形式发表自己的见解和学习感想。

（本文为潮州市湘桥区 2017 年度教育科研课题，课题编号为：湘教科 2017048；课题主持人为广东省潮州市湘桥区城南小学蔡泽）

“教育现代化背景下潮州特色文化进校园的研究”结题报告

立德树人是教育的根本任务，《教育部关于全面深化课程改革落实立德树人根本任务的意见》中指出要“依据学生发展核心素养体系，要增强思想性，有机融入社会主义核心价值观的基本内容和要求，全面传承中华优秀传统文化，弘扬社会主义法治精神，充分体现民族特点，培养学生树立远大理想和崇高追求，形成正确的世界观、人生观、价值观”。本课题旨在通过对教育现代化和潮州特色文化的研究，探讨如何运用现代先进的教育思想和科学技术，把潮州特色文化请进校园，合理开发和利用传统文化教育资源，整体规划，协同推进，更好地传承地方特色文化，丰富校园文化，通过对本土特色文化的重塑与创新，吸纳、融合时代精神，主动支撑与有效滋养立德树人这一目标，全面提升新时代学生核心素养。

一、课题研究的背景及意义

党的十八大以来，以习近平同志为核心的党中央，洞悉国际国内文化发展总态势，继中国特色社会主义的道路自信、理论自信和制度自信之后再次提出了文化自信。在建党95周年庆祝大会上，习近平总书记进一步强调“文化自信，是更基础、更广泛、更深厚的自信”，文化自信思想的提出具有重要理论意义和现实意义。文化自信对中华优秀传统文化的传承具有深远意义，在优秀传统文化的传承过程中，教育是一种极为重要的传播路径。将我国传统文化深入贯彻到教学过程中，从不同学科和领域展开多样化的传统文化渗透，可以不断增强学生对优秀传统文化的热爱和信心。因此，充分发挥教育的力量，将优秀传统文化有目的、有计划地向学生推进，将传统文化的传播与具体的教育相互结合起来，增强其在学生群体中的影响力是可行的。

潮州市湘桥区正处于进行教育现代化先进区创建的大好时机，办学条件显著改善，教育功能逐步提升。面对这难得的契机，我们越来越深刻地认识到，如果能挖掘出本土优秀传统文化的理想信念、价值取向、基本精神和育人方式中蕴含的立德树人宝贵智慧，坚持文化自信，打造本乡本土特色教育教学，将极大地推动学校今后的可持续发展。

城南小学作为百年老校，如何在原有教育质量的基础上，以教育现代化为抓手，体现个性，彰显地方特色，是我们需要探讨的问题。本课题探索教育现代化背景下潮州特色文化走进校园的途径和具体操作方式，为我校和各地的教育现代化提供实践范例，对于地方特色文化教育如何与教育现代化结合具有指导意义。

二、课题研究的意义和价值

1. 理论意义

本课题主要研究的是校园特色文化建设，着重研究在教育现代化背景下，各校物质层面的文化建设都已经初步成形的情况下如何形成自己的特色，以及特色文化建设对学校师生精神追求的影响。通过潮州文化特色学校文化的建设，对传承中华文化、形成我校的潮味教育特色进行系统的构建与规划，促使我校的特色文化建设站上更高的高度，一直传承下去。它必将对潮汕文化的传承模式以及潮州本地区学校的文化建设有重要的指导意义。

（1）文化传播的窗口。潮州特色文化反映潮州悠久、浓厚的历史文化底蕴。从潮州音乐、潮州歌谣、潮州民间艺术等入手，可进一步了解潮州的地方特色和文化，有利于传播潮州文化，是促进建设“文化潮州”的重要举措，也是当前广东“文化强省”“经济强省”战略的具体体现，是传播中华优秀文化的重要途径。

（2）文化传承的桥梁。深入挖掘潮州特色文化，使优秀的潮州文化在校园里传承，提升潮州文化的内涵，使学生们树立起文化自信，更好地架设起传播中华优秀文化的桥梁。

2. 实践价值

（1）提升素养的阶梯：优秀传统文化是中华民族的魂，是中国人的根。受应试教育惯性的作用，学生漠视优秀传统文化，而经济全球化的浪潮又使得西方文化对我国社会特别是青少年的影响愈来愈大，学生优秀传统文化素养每况愈下。本课题力图通过改进优秀传统文化教育模式，探索优秀传统文化教育的新路，从而有效提高学生优秀传统文化素养，促进学生综合素养的提高。

（2）培育老师的平台：通过深入开展研究活动，培养出一批爱潮州文化、懂潮州文化，愿意为潮州文化的传承发展作出贡献的好老师，让潮州文化世代相传。

（3）构建学校特色文化：通过研究，开发乡土文化资源，深化学校教育改革，推进素质教育的发展，形成学校的办学特色。

三、课题任务

正所谓“一方水土养一方人”，一个人的成长，与其所处的环境、所接受的文化有相当密切的关系。改革开放以来，人们的思想观念受到了巨大的冲击。潮州文化具有浓厚的历史文化底蕴，是极其宝贵的教育资源，具有强大的教育正能量，值得去挖掘和利用。本课题的根本任务是使得潮州优秀传统文化教育与社会主义核心价值、中小学思想品德教育、中小学生良好行为习惯养成教育及积极向上富有特色的学校文化相统一、融合；探求新时代潮州文化新的教学模式，探索优秀传统文化的教育新途径；让学生切身感受潮州的优秀文化，了解中国传统文化的内容及表现形式，并根据自己的兴趣爱好学习相关的传统文化，激发爱国爱乡情感，并且成为潮州文化的继承者和传播者。

通过课题的深入研究，促使教师不断地汲取养分，加深自身的传统文化功底，真正成为有文化、有涵养的教师；形成浓厚的教科研气氛，逐渐提升教师的理论研究水平，成为学者型教师；研究成果形成专题系列论文，有阶段论文和总结报告；整理出与课题配套的校本教材，从而形成自己的特色。

四、课题的理论依据

目前，国内外校园文化建设过于注重物质建设而缺乏精神建设，缺少相应的评价标准，缺乏自身特色等。

国内外对于校园文化建设、潮汕特色文化的研究多见于论文，其中不乏较为成功的个案研究。国内关于校园文化建设的论著和观点主要有：孙鹤娟撰写的《学校文化管理》一书中明确提到："在这幅新式学校管理模式的展开式中，有一个核心概念，那就是一个大写的、醒目的'人'字。"在学校文化管理中，由于凸显了"人"的概念，学校才回归了被异化了的功能——成为培育人的地方而不是生产任何标准件的车间；由于关注了"人"的主体性，学校才回归了被异化了的目的——为了人的全面、自由发展而不是任何其他功利追求；由于张扬了精神立校，学校才回归了被异化了的管理本质——人不仅是学校管理的形式更是学校管理的本质。成尚荣先生多年来致力于儿童教育研究，其主编的《儿童教育的文化视角》《儿童立场》等著作收录了大量关于校园文化建设的典型案例，在对这些案例进行分析的基础上，阐明道理、探求规律。《儿童立场》从理论与实践、儿童本身与教师视角，阐释了作者的儿童立场，即儿童研究是教育研究的母题，是教育的基本立场。这些书籍对校园文化理念与实践做了比较深入、全面、系统的研究。

潮州文化学术界对潮州特色文化的研究亦日渐成熟，为我们将它作为课程资源来开发提供了坚实的基础。国学大师饶宗颐发表著名的《潮州学在中国文化史上的重要性——何以要建立"潮州学"》，竖起"潮州学"研究的大旗，得到海内外众多学者的支持和响应。在这篇文章中，饶宗颐认为，"潮州文化若干特殊现象，已不仅是地方性那样简单，事实上已是吾国文化史上的重要环节与项目"。近年来，音乐人对潮州音乐的收集研究工作正在不断深入。2004 年，收入"岭南文库"的《潮州音乐》（陈天国、苏妙筝著，广东人民出版社出版）一书的出版，是潮州音乐理论研究的又一重要成果；陈平原、林伦伦、黄挺主编的《潮汕文化读本》重建了"乡土记忆"，该读本乡土气息浓厚、趣味性强，非常适合引进校园供少年儿童学习。当前正在全面铺开的新一轮课程改革实践为我们的课题研究提供了广阔的平台和难得的机遇。新课程的实施理念以及新的课程标准也为我们课题的研究提供了坚实的理论依据。互联网的飞速发展及国内外关于课程资源的理论都将成为我们课题研究的重要基础。

五、课题研究目标及内容

本课题研究目标及内容是：

（1）全面归纳、总结教育现代化的主要思想观念、内容、方法与手段。

（2）将潮州特色文化进行分类梳理，找出与校园文化的契合点。

（3）探讨本土文化进校园的途径和方法。

（4）结合我校自身特点，通过在我校开展潮州特色文化教育的个案，总结经验，为本地区各学校如何在教育现代化背景下实施本土文化教育提供参考。

六、主要观点及可能的创新之处

1. 主要观点

（1）乡土文化资源拥有着深厚的历史积淀和显著的地方特色，对于本土居民有着深刻的影响和熏陶。乡土文化资源是多样的、开放的，它包括各种有形和无形资源。开发乡土文化资源，要“重视利用儿童自身的兴趣、经验和活动中的发现、体验作为活动资源”。

（2）我们选择“教育现代化背景下潮州特色文化进校园研究”这一课题，主要基于家乡的独有资源，包括潮州音乐、潮州歌谣、潮州讲古、潮州风俗、人物励志、历史积淀等十分丰富的乡土文化资源。通过乡土文化资源的开发，加强其在各学科教学中、学校各种活动中的渗透，激发学生探究欲望，提高学生学习能力，陶冶学生的情操，丰富学生的情感，从而深化素质教育的内涵。

（3）学习动机理论。动机理论认为，小学生存在着各自不同的发展水平与特点，但又蕴藏着巨大的潜力，如果能够通过开发乡土文化资源，让他们在丰富的生活实际中得到熏陶和感染，就能够调动他们的学习积极性。

2. 可能的创新之处

（1）研究视角新：前人的研究大多局限于校内的教育改革，我校将此课题的研究拓展到社区、家庭，通过开发和利用乡土文化资源来深化素质教育。潮文化有着厚重丰实的历史，得天独厚的文化资源包括潮州音乐、潮州歌谣、潮州民间艺术等，尤其是源远流长的“红头船”精神、“工夫茶”文化等，都是其他研究课题难以触及的。通过课题的开展去深入挖掘潮州特色文化，传播潮州文化，为传播中华优秀文化起到桥梁作用。

（2）研究思路新：通过调查挖掘乡土文化资源，掌握第一手素材；与此同时搜集文献，组织理论学习，由感性认识上升到理性认识；然后确立课题，设计研究方案；再组织实施课题研究，由理论到实践，在此基础上搜集资料总结课题，由实践上升到理论；最后进行推广，接受实践的检验。

（3）研究目标新：我们的课题研究面向地方文化，地方文化的教育优势突出表现在地理环境的区域性、教育内容的广泛性和教育主题的多样性上。地方文化的巨大教育能量首先来自本土文化的地方性，教师对它有一种天然的亲切感，是其他教育资源所不具有的；在开发利用潮文化过程中，通过有目的地引导师生共同参与搜集、整理地方文化资源，利用搜集成果开展校内外教育活动，让地方文化潜移默化地影响教师，增加师生的文化积淀，陶冶情操。通过研究，深化我校的素质教育，也可以为同类地区深化素质教育的研究提供参考和借鉴。

（4）研究平台新：随着新媒体异军突起，智能手机广泛普及，新媒体平台如雨后春笋，课题组借助学校公众号平台，开设首个以传播潮文化为主要内容的《童声潮音》栏目，开创了传统文化传播途径的新局面。

七、课题研究方法与过程

（一）课题研究方法

课题主要研究方法有：研究文献及音像资料、问卷调查、实地采风、课堂试验、作品移植、改编与创新。

（二）课题研究过程

1. 第一阶段：课题准备阶段（2017 年 3—6 月）

（1）拟定课题方案，确定课题组成员。

（2）学习有关理论，抓好技能培训，对课题组成员实行分层次培训。

（3）讨论课题开展的一些具体工作。

（4）做好资源收集、分类工作。

（5）制订研究方案，组织论证。

（6）召开课题讨论会，邀请专家作理论指导。

（7）完成“课题实施方案”的论证和撰写。

（8）完成开题报告。

（9）召开课题研究开题会。

在课题准备阶段，课题组成员采用问卷法对学生学情进行调查，通过调查后的数据分析搜集课题探索方向的信息；运用文献研究法到图书馆查阅史料记载，同时利用学校图书馆和网络资源，对课题需要的重要文献进行搜集、检索。

2. 第二阶段：实践探索阶段（2017 年 7—12 月）

（1）请专家对参与研究的教师进行辅导。

（2）根据研究方案，启动课题研究。

（3）定期召开研讨会，总结交流经验。

（4）及时收集研究信息，注意调控，不断完善操作过程。

（5）实践《教育现代化背景下潮州特色俗谚语歌谣走进校园》。

3. 第三阶段：深入研究实施阶段（2018 年 1—12 月）

（1）完成案例《好老师，好课堂——教育现代化背景下潮州特色艺术走进美术课堂》。

（2）完成案例《好老师，好课堂——教育现代化背景下潮州特色文化融入班级文化建设》。

（3）完成实践记录《教育现代化背景下潮州特色文化融入学校团队、年级文化建设》。

（4）课题组每月开展一次交流会议。

（5）组织教师座谈交流，就前期工作中的具体问题进行探讨，形成中期课题研究报告。

这一阶段我们主要做了以下研究工作：

（1）在理论学习中更新教育观念。

我们采用了集体学习和分散学习相结合的方法，通过上网、学习专著、阅读教育教学类刊物，学习有关问题转化的教育教学理论，写好教育随笔，积累教育智慧，用以指导自己的教学行为。通过学习，努力从理论层面上引导教师对实验课题产生背景、科学依据、教育思想、实践价值进行全面把握，实现教育思想、教育观念的转变。

（2）潮州特色文化走进课堂，面向全体学生。

每位参加课题的老师利用自身专业特长，收集材料，让潮州特色文化走进课堂。各研究人员都形成自己的特色：翁奕霞老师擅长利用体育游戏进行歌谣的推广，让学生对体育的兴趣大大提高，也改变了学生对体育游戏的观念。文意纹老师把潮州的“茶”文化融入班级管理中，让学生们在茶道中悟育情，让礼仪之花悄然绽放。刘小红老师在教学童谣的同时，适时地渗透思想情感教育，让潮人优秀传统美德服务于班级建设。庄溯澜老师则在团队主题教育中对潮州特色文化进行挖掘，开展特色主题活动，激发学生学习的兴趣，引导学生积累材料。陈雪香老师在四年级的课程中推广陶艺课，每周安排两节课，以手捏成型为主，让学生们初步感受泥性，掌握团、搓、压、捏等基本技法，体验玩泥造型的乐趣；初步掌握陶艺技能后，陶艺课则以每周连堂课的形式，让学生了解陶艺制作的基本技能，紧密联系学生的生活，由简单到复杂，让学生充分享受陶艺创作的快乐，发展能力、张扬个性。

（3）推优培优，突出个性，促进研究。

除了在课堂上面向全体学生教授潮州特色文化之外，老师还把对潮汕特色文化有浓厚兴趣的学生集聚在特长班，以兴趣小组和课外活动的形式进行培优。如陶艺实验老师陈雪香每周四下午开设陶艺特长班，潮州童谣实验老师庄溯澜、幸敏利每周二下午开设潮州童谣特长班，特邀请了潮州艺人洪小帅老师面向各级学生开设潮语讲古班。每学期上课都安排具体的内容和详细的计划，为喜欢潮汕文化的孩子们搭建活动平台，以潮汕优秀传统文化引领他们健康成长。学生在这里除了更深入学习潮汕特色文化，还能享受潮汕特色文化带来的快乐，他们学唱了一首首潮汕童谣、学会了一个个潮语故事、制作出一件件精美的陶艺作品，其乐无穷。

（4）开展文化实践活动。

我们的课题研究的最终目的是将之应用于实际，而实践无疑是最好的试验田，不仅可以检验我们的研究成果，更是激发学生兴趣、提高课题效果的不二选择。①我们有计划地组织学生寻找潮州的美。让学生深入自己的社区、家庭开展民俗文化采风活动，真切领略民俗风土人情，亲身感受这些久传不衰的特色文化的魅力，激发他们热爱家乡、热爱祖国的思想感情。②创设宣传氛围，在红领巾广播站开设《千年潮韵》栏目，传播潮汕文化，包括潮州童谣、潮汕俗谚、潮汕名人等。③在学校公众号创立《童声潮音》栏目，对潮汕文化进行推广。

（5）开展研讨，课堂延伸共享资源。

开展个案研究法，以某一成功的案例为切入点，共同研究、采集优势、取长补短。如在“优秀传统节日在身边”活动中，让队员们走进传统文化民俗馆、工艺街等地，感受民族文化的魅力，利用假期时间，写春联、贴福字、剪纸、做花灯、猜灯谜、唱传统童谣等，了解传统习俗；在春节，与家人一起办年货，让学生了解潮州特有的春节美食，动手做家乡特色饭菜，感受劳动给自己带来的成功与快乐，培养学生“学会思考、学会动手、学会创新、学会合作”的品质，将生活教育的理念从课堂延伸到课外，从教室延伸到社区。以“学习十九大，童眼看发展”为主题，组织学生利用手中的相机拍摄家乡，并阅读大量的文献资料和图片感受家乡发展巨变，并让学生献计献策，师生共同设计开发家乡旅游方案。通过一系列活动，师生对传统文化产生了兴趣。

（6）带领学生走出课堂，登上舞台。

课题组的老师利用演出机会组织学生登上舞台，提高了学生对传统文化的认识，推动了传统文化的传播。潮州童谣班的同学排练节目参加学校组织的文艺会演，2018 年 12 月 9 日参加了韩山师范学院潮州师范分院建校六十周年“峥嵘六秩 · 岁月如歌”校庆晚会演出，美妙的童声合唱演绎了原创潮汕传统童谣，礼赞潮汕先贤拼搏奋斗的“红头船”精神，打开了潮汕童谣由传统的亲缘传播到校园传播的新局面。曾睿是《童声潮音》栏目的小广播员，他的讲古节目播出后受到了校内、校外很多人的关注，2019 年 3 月他参加了广东广播电视台《岭南方言童谣》纪录片拍摄；潮州讲古班学员曾品在由韩山师范学院潮州师范分院主办的《潮汕文化读本》赠书仪式暨陈平原、林伦伦公益讲座活动仪式上，表演了潮语讲古《仙佛造桥》，得到了与会人员的高度赞扬。

（7）“非遗进校园”活动向下一代展示潮州历史文化的魅力。

为弘扬潮州优秀传统文化，让青少年学生进一步了解潮汕地区颇具特色的非遗项目，提高各个非遗项目的知名度与美誉度，使潮州非遗文化得到更好的保护、传承与发展，在湘桥区文化馆的大力支持下，我们把本市潮汕文化非遗传承人请进校园，有高级工艺美术师、潮州市技工学校潮绣课程特聘教师刘瑞玲，工艺美术师、国家级非物质文化遗产项目“潮州花灯”市级传承人黄韬，广东省工艺美术大师、“潮州麦秆剪贴画”市级代表性传承人和省级代表性传承人林利飞，高级工艺美术师、“潮州麦秆剪贴画”市级代表性传承人刘桂荣，工艺美术师、“潮州麦秆剪贴画”市级代表性传承人李两丰，工艺美术师、“潮州麦秆剪贴画”区级代表性传承人石敬潮，剪纸艺术家庄喜娇老师及潮州著名糖画艺人王寿权，开展了丰富多彩的非遗课程亲子体验活动。每个教室座无虚席，孩子们和家长一起参加体验活动，对于学校举办这样的活动，家长和孩子们纷纷表示赞赏，希望这样的活动能真正走进课堂！这样的活动增进了家长和孩子们对潮汕传统文化的了解，让传统文化在下一代的心中扎根。

4. 第四阶段：总结鉴定阶段（2019 年 1—5 月）

（1）完成论文集《好老师，好课堂——教育现代化背景下潮州特色文化进校园研究论文集》。

（2）汇集材料，整理分析研究结果，撰写研究报告。

（3）申请结题，举办研究成果展览。

（4）召开验收鉴定会，对课题研究进行评审验收。

（5）完成总课题结题报告。

八、研究成果

（一）课题研究使学校各方面都得到了提升

1. 在小课题研究中提升文化自信

在课题开展过程中，教师们不仅学会了科学的研究方法，更重要的是通过对本土优秀文化传统的了解，提高了对本土文化的认同，增强了文化自信，增强了对本土文化的热爱，也丰富了感性认识，提升了自身科学和人文素养。学生通过参观考察传统工艺基地，参与传统民俗活动，学习潮州文化，学做传统手艺，表演传统文化节目等，在富有兴趣的社会综合实践活动中，学到课本上学不到的东西。每次实践活动后，课题组的老师及时为学生安排成果展示，让他们获得荣誉感、自豪感和价值体验，让他们用自己所学获得小小的成功感，积累经验提升自我。在课题组老师的引领下，学生知乡情、明乡愁、懂乡音、感乡恩，进而了解家乡、热爱家乡，增强建设家乡的责任感和主人翁精神。

2. 拓宽了学校教育广度，学生的综合能力得到培养

（1）改变了传统教育方式，让生活教育融入课题，激发了学生学习的兴趣。

面对传统的课堂——一成不变的课堂形式、老师滔滔不绝的讲解——学生往往感到厌烦。通过不断的探索实践，我们深深地认识到，传统文化来源于生活、更扎根于生活，“生活即教育，教育是从生活中来，从生活中展开”。我们必须树立大教育观，更新教育资源观，让教育跨越学校围墙，为学生创设更为开放的学习空间，让学生在自主、开放的氛围中，构建健全的人格，得到全面发展。

几年来，课题组庄溯澜老师充分挖掘乡土资源，把少先队体验活动与乡土资源有效整合，利用寒暑假开展特色主题实践活动，激发学生了解家乡、认识家乡，引导学生积累材料；让学生到社会、到社区、到家庭中开展活动，充分发挥家长资源，亲子携手寻访潮州名人，以家乡名人为榜样，追寻家乡名人成功之路；拍摄《洋船到》潮汕童谣 MTV，感受潮人的“红头船”精神；实地走访拍摄潮州市容市貌今昔对比，向长辈了解经济变化，体会改革开放 40 年给家乡带来的新面貌；利用假期品潮州美食、尝潮州名茶、听潮州名曲、学潮州工艺，体会潮州民俗风情。在一点一滴的体验活动中，孩子们改变了学习态度，变得积极主动，表现出极大的学习兴趣。

（2）以生为本的综合实践活动，极大提高了学生的学习能力。

综合实践活动，将课堂放到社会生活中，学生学习的不再是死板的知识，而是鲜活的能力。例如连樱慧同学参加省“南粤红领巾主播新声音”活动主持拍摄了《潮州湘子桥》，获得“广东省校园红领巾广播站优秀广播员”称号；在准备红领巾广播站《千年潮韵》栏目时，学生要对每次播放的潮文化内容进行了解选择，在节目采访活动过程中，要学会编写科学的采访提纲，最后还要把了解到的信息进行整理，并写出采访报告进行播报。这样，一个每周都要播放的校园栏目使学生听、说、写的能力都得到了提高，切实增强了学生的综合能力与素养。

3. 改变了传统教育观念，锻造了科研型教师队伍

（1）科研见成果。

课题从开发到实施，每一步都凝聚着课题组每位老师的心血，它不仅培养了学生们的综合实践能力，也是对每一位教师的重大考验，一个课题从提出到实施也是一支能力很强的教师队伍逐渐形成的过程。斯腾豪斯提出“教师即研究者”。只有进行教育教学的研究，本课题组才能使我们教师的工作更具科学性。经过几年的课题研究，教师改变了传统教育观念，激起了教科研的热情，涌现了一批教科研骨干，促进了教师专业化发展。课题组老师完成市级研讨课 2 个、省市优课 1 个、教学设计 7 个、校本教材 1 册，以及论文 6 篇——庄溯澜《关于潮州音乐进校园的思考》、陈雪香《陶艺——我们的特色课程》、刘小红《潮音潮韵，智趣班级》、文意纹《茶道中悟育情，礼仪花儿悄然开》、翁奕霞《潮汕民间游戏的特点、作用及其重要性》、幸敏利《童声潮韵　唱响乡情——浅谈潮汕童谣走进校园特色课程的实践》。

文意纹和刘小红老师把潮文化与班级文化建设相结合，把潮州工夫茶茶道中“先尊后卑，先老后少；先客后主，司炉最末”的礼仪融入课堂教学，让孩子们在泡茶、饮茶文化学习中洗涤灵魂，深谙礼仪之道。翁奕霞老师在课题研究的过程中发现：潮汕民间游戏具有很多优点，能很好地激发少年儿童的兴趣，吸引少年儿童主动参与，同时，开展民间体育游戏有独特的价值，是其他游戏不可比拟的。她把潮汕民间游戏与体育教学巧妙结合，从而更好地促进少年儿童全面发展。2018 年 4 月翁奕霞老师课题实践课例《基本身体活动：跳跃与游戏——模仿动物跳与游戏》被评为广东省、潮州市教育系统 2016—2017 年度“一师一优课，一课一名师”活动“优课”。庄溯澜老师了解到潮州音乐有近千年的历史，是中国三大古乐之一，其中还保留有宫廷音乐的元素，它是多元音乐文化的融合，风格特色千媚百态，可以称得上是民族音乐的“活化石”。庄老师立足于本土文化、立足于学校实际，树立“民族音乐观”，以教育现代化为抓手，体现个性，彰显地方特色，把潮州特色艺术请进校园，丰富校园文化，引导学生学习潮州音乐的历史和文化内涵，激发学生对潮州音乐文化的自豪感。2018 年 11 月庄溯澜老师撰写的《关于潮州音乐进校园的思考》获得潮州市中小学音乐、美术教学论文比赛小学组三等奖。

幸敏利老师在《童声潮韵　唱响乡情——浅谈潮汕童谣走进校园特色课程的实践》一文中提到潮汕童谣是潮汕文化的最佳载体，是流淌在潮汕人身上的血液；作为潮汕文化的一部分，潮汕童谣历史悠久，保留了大量的古代词语和音韵，对古汉语研究具有重要的价值；潮汕童谣具有口头性、民间性、歌谣性，能充分表现地方特色文化的内涵。潮汕童谣还表现了潮汕人民的生活实况及地方民间风俗习惯，充满方言的趣味性和乡土性；要让潮汕童谣发扬传承下去，就要从新一代抓起，将童谣融入学校音乐特色课程中，让学生通过接触、了解和学习，感受、体验并热爱潮汕童谣，从而传承、传播和弘扬本土优秀传统文化。

（2）课程显特色。

课题组陈雪香老师探索道路开发陶艺校本课程，为形成多元化的潮文化校本教材体系提供了宝贵经验和借鉴。该课程在挖掘乡土文化资源、开发校本课程的实践中，本着以校为本、以人为本、以生为本的理念，让课程充分引起学生的兴趣，满足不同阶段学生的发展需求。“陶艺制作”校本课程基本框架清楚，根据学生年龄特点，分段安排教学，逐步探索出一条适合乡情、校情、学情的校本课程开发之路。

4. 探讨出本土文化进校园的途径和方法，构建学校特色文化，引领“潮文化”入校园

（1）创新文化传播途径。

在教育现代化背景下，课题组的老师探索出构建优秀传统文化与新媒体接轨的“新媒体教育平台”，实现了传统文化教育的创新之路。近几年，随着新媒体异军突起，智能手机广泛普及，人们了解新闻和资讯的途径，从传统的广播、电视、报纸杂志迅速向新媒体转移。在新媒体竞争环境下，人人都是新闻的传播者、见证者和接受者。课题组借助学校微信公众号，开设首个传播潮文化的栏目《童声潮音》，将文字、图片、声音、视频等信息加以综合，使信息传播更形象更直观，这就为传播优秀文化提供了非常便捷的空间和渠道，极大地增强了文化的传播力和影响力。栏目开办以来，其覆盖面、传播力、影响力很大，开创了新局面，达到了新高度。利用新媒体信息传播的优势，构建优秀传统文化与新媒体接轨的“新媒体教育平台”，这为实现传统文化教育的创新之路提供了典范。

（2）搭建友谊的桥梁。

近两年，为了让前来交流学习的香港师生更好地了解我校的办学情况，更近距离感受传统文化，学校不仅邀请香港学生参观了陶艺制作，还安排他们进入课堂观课并参与体验。2019 年 4 月，课题组的幸敏利老师为前来课堂观课体验的香港学生上了潮州童谣课《潮州八景好风流》。课上，香港师生沉浸在潮州传统歌谣的独特文化魅力中，不到二十分钟，就学会了用潮州方言吟诵歌谣《潮州八景好风流》，他们还体验了潮州儿童成人礼的必备用品——红屐桃。香港老师对学校立足于传统文化的继承推广大为赞赏，表示值得借鉴学习。陶艺特长班学生把精心制作的陶艺小壁挂送给香港同学。可以说，传统文化架起了文化传承的桥梁，为潮港两校师生搭建了一个展示和交流传统文化的平台，更是一个加深了解、增进友谊的平台。

（3）构建区域课题交流平台，引领“潮文化”入校园。

为贯彻落实 2018 年广东省政府工作报告提出的“加强广府、潮汕、客家等岭南优秀传统文化和非物质文化遗产传承发展，推动优秀传统文化进校园、进课堂”的精神，近年来，课题组以《潮汕文化读本》为载体，深入开展潮汕文化进课堂活动。通过“走出去，请进来”的方法，进一步完善共营互惠的教学研究制度，拓展互惠的内涵，积极主动、坦诚无私地公开自己的教学与思想。在学校领导的支持下，课题组积极组织每周一下午的科研活动，课题组的老师还积极参加潮州市各所学校的《潮汕文化读本》课堂教学观摩、学习、参观活动，老师们到韩山师范学院参加讲座，参加郡城义仓的研讨会，听电视台主任江煜老师用潮汕方言诵读潮汕古诗词，到绵德小学、庵埠小学、区实验学校、市实验学校、龙湖镇三英小学等学校听课学习和交流教研。

此外，邀请其他学校教师参加课题组的观摩活动和研讨活动，构建区域课题交流平台，引领“潮文化”入校园。

2018 年 3 月 1 日下午，城南小学举行了《潮汕文化读本》研讨课活动，课题组主持人庄溯澜老师承担本次研讨课《红屐桃》的教学。研讨课上，庄老师深入解读读本，充分挖掘本土元素，巧妙设计教学环节，以亲切的教态、生动的教学语言，带领孩子们兴趣盎然地学唱潮汕童谣《红屐桃》，了解“出花园”这一潮汕民俗文化特色。学生们通过自主参与活动、快乐学唱童谣，体验潮汕“出花园”这一民俗文化的多样性。“穿红屐桃、戴肚兜、咬鸡头”等潮汕习俗的蕴意通过老师所讲的小故事解开了同学们心中的疑惑。林大钦的故事、潮汕古老儿童游戏等课堂场景也唤起了听课老师们的童年回忆，引发内心的共鸣。整节课童音袅袅、潮味浓浓，与会专家、同行对本节课给予较高评价，是一节值得借鉴的《潮汕文化读本》试验课。广东广播电视台《岭南方言童谣》纪录片摄制组拍摄了研讨课现场和学生课外活动场面，并对执教老师和学生代表进行访谈。2019 年 3 月庄溯澜老师作为潮州童谣的执教老师代表参加了广东广播电视台《岭南方言童谣》纪录片拍摄。

2019 年 4 月 3 日下午，《潮汕文化读本》教学研讨活动城南小学专场两节“潮文化课”在学校 401 班展开，来自县区和市直 20 多所学校的教师代表、韩山师范学院林朝虹教授和实习生们共 70 余人深入课堂观摩研讨。课题组陈雪香老师执教了《吴潘强捏豆渣猴》拓展——《十二生肖泥塑制作》。陶艺课程作为我校的校本课程已开设一段时间，然而这次课程巧妙结合了《潮汕文化读本》，以生活体验为整合点，注重学科综合，将理论与实践无缝对接，孩子们动起手来显得更加得心应手。孩子们通过图片欣赏、实物观察及观看制作视频，塑造出十二生肖动物泥塑。粗犷的泥浆，如何变成精细的动物形象？制作过程既能让孩子们充分发挥想象力，又考验他们的指尖功夫，真正做到手脑并用。老师则在一旁耐心指导，既能放手让学生自主创造，又能适时点拨，恰到好处。课后评课环节，老师们对两节课给予了高度评价，既感动于陶艺老师的身体力行、刻苦钻研，同时也被老师匠心独运的教学设计所打动。"语味、潮味、趣味"的"原生态示范课"，让观课的老师们体验到"有声有色""有滋有味"的教学。

（4）激活了学校办学潜能，凸显了学校教育特色。

为深入学习习近平总书记系列讲话精神，全面落实国务院《关于实施中华优秀传统文化传承发展工程的意见》，结合潮州陶瓷之乡的特色，培育学生爱国爱乡之情，陶冶学生的艺术情操及提高学生审美品位，进一步激发学生对传统技艺的热爱，课题组的陈雪香老师开设了陶艺特色课程，学校以此为契机申报评选潮州市"中华优秀文化传承示范学校"。潮味十足的陶艺课程促进教师发展，形成学校特色；特色学校的申报又促使学校办学思路更加明晰、办学目标更加明确，学校发展更快。学校在发展过程中，开展了丰富多样的活动，对学生各方面成长进步起到不可估量的作用。

陶艺特色课程开展与研究虽然只有短短的两年时间，但是在湘桥区教育界是一个创新与亮点，这门课程也在不断改革、发展和完善。陶艺亲子活动、陶艺展示及义卖活动受上级领导、家长们的一致好评与肯定，收获满满、硕果累累。2018 年 5 月，我校陶艺特长班组织 12 位学生的陶艺作品参加第二届广东省中小幼陶艺教育教学成果展示活动，林楷航、饶可昕、刘茗洺、廖悦涵、林可凡、许钰锋、蔡连博 7 位学生的作品从 1 200 多件作品中脱颖而出晋级决赛，最后获得铜奖 3 名、优秀奖 4 名的好成绩，课题组成员陈雪香老师被评为优秀指导教师，我校也被评为最佳组织单位。2017 年 12 月 6 日，潮州电视台《天天好生活》栏目组对我校陶艺班进行专访，播出后我校陶艺特色教学受到家长和各界的好评。

2018 年 9 月 13 日，南方电视台少儿频道《南方小记者走进潮州》栏目来到城南小学，对我们的校园陶艺、潮州童谣、潮州讲古特色课程进行采访。栏目对我校潮文化特色课程充满兴趣，对我校在传承优秀传统文化的努力给予充分的肯定与评价。

（二）课题研究形成了可喜的物化成果

（1）形成了《教育现代化背景下潮州特色文化进校园的研究》报告。

（2）录制市研讨课课堂实录。

（3）形成了案例《教育现代化背景下潮州特色艺术走进课堂》。

（4）形成了实践记录《教育现代化背景下潮州特色文化融入学校团队、年级文化建设》。

（5）初步编撰了校本教材《陶艺制作》。

（6）完成了部分课题研究论文并获奖。

（7）拍摄了潮州讲古、童谣视频。

九、课题研究的疑难困惑

通过几年的努力，我们建立的潮文化学习课题和主题实践活动，能够与现代化背景下的教育教学相结合，是接地气、可借鉴学习的方式，人文素质培养由枯燥抽象、封闭变得开放而富有活力。课题研究给学生打开了一扇传统文化的窗口，引导学生踏进传统文化的大门，弥补了学生学习内容与生活联系不够密切的不足，培养了学生的社会实践能力、收集处理信息的能力，初步的欣赏、审视、判断文化现象的能力；爱祖国、爱家乡的情感以及良好的态度、价值观。

在研究中，我们欣喜地发现，孩子们的生活中还有潮汕文化的踪迹，他们对潮汕的民俗和文化遗产有着深深的感情，对民间的手工制作等很感兴趣，可见潮汕文化源远流长，根系发达。诸如民间风俗文化、文化巡游、祭祀宗族先祖、逢年过节的灯谜活动等，深受本地百姓喜爱，并影响了下一代。

但是，在丰硕的成果中我们也看到了不足：

（1）由于教师与学生居住在市区，而能把地方民俗文化传统完整保留下来的是农村，教师与孩子几乎没有亲身体验的机会，生活地域导致体验不够和老师对本土文化理解的局限性，这是传统文化教育最大的障碍。

（2）老师对课程内容的学习流于表面，学生被动地接触学习内容、听故事，教学中也难以延伸更多相关内容，如民间文化、潮汕歌谣、美食、文化遗产等。教育深度不够，教育模式机械单一，课题组的老师迫切需要走出去学习充实、开阔眼界，但培训的机会非常有限，整个课题组只有庄溯澜老师有机会参加潮州市乡土文化教学高研班的学习。

（3）长期的普通话教育导致方言缺失。在潮文化进课堂中，老师用潮汕方言上课时，时常发现一些字发音很拗口，甚至不会读，需要长时间去学习、适应。

（4）教师意识不强导致推行吃力、广度不够。研究的课题工作量过大，靠一人或几人实施，是非常吃力和困难的，在课题的研究过程中，与日常教育教学的切合点也很难准确把握；课题研究与日常教学时间冲突；学校教师开发校本课程的意识有待进一步增强，参与校本课程开发的教师涉及面有待进一步扩大。

十、今后课题设想

（1）细分课题研究范畴，结合个人的小课题，推进日常化研究和后续研究，让教师在自己的专业领域大胆尝试与探索。

（2）创新班级活动，在丰富多彩的活动中推动实验开展。

（3）注重校本课程的开发。在开发的过程中研究如何使校本课程的教学更有效和有趣，让孩子爱上本土文化，主动传承本土文化。

教育现代化背景下潮州特色文化进校园的研究不会因为结题而终止。这是一个很值得挖掘的大课题，我们将继续前行，希望能够在以后一系列延续性的研究中有更多的收获，并将课题成果推广、辐射，打造潮味十足的校园文化。

我们深信在上级教研部门的支持下，我们再接再厉、不懈努力，必将在未来的传统文化教育教学工作中结出丰硕的果实。

（本文为潮州市湘桥区2017年度教育科研课题，课题编号：湘教科2017050；课题主持人为广东省潮州市湘桥区城南小学庄溯澜）

第三章
基于教学研究的好老师专业成长

教育教学实践的探索与研究，最终要通过一些成功的做法、体会、认识或教训，进一步上升到理论高度，使之形成条理化的理论性总结和成果。

在培养爱岗敬业、能写善教的骨干教师队伍过程中，好老师们在教学实践中记录、思考、分析、总结，日积月累形成经验，撰写成教学论文。我们在“好老师”的培育研究过程中且行且思。

培育“中国好老师”，推进教师专业成长

党的十九大明确提出：“要全面贯彻党的教育方针，落实立德树人根本任务，发展素质教育，推进教育公平，培育德智体美劳全面发展的社会主义建设者和接班人。”城南小学是一所百年名校，因人才辈出而名闻海内外。在教育现代化背景下，学校若要继续永葆名校佳誉，走得更远，就必须有一支高素质的教师队伍。有名师才能出人才。为实现这个目标，我校领导班子达成共识，学校的内涵发展关键在人，关键在教师，把立德树人、培养教师、发展教师作为主攻方向，作为认真贯彻落实十九大精神的基本途径。我们于 2018 年 5 月申报了广东省教育科学规划课题“教育现代化背景下‘中国好老师’的培育研究——以城南小学为实践基地”。以课题研究为抓手，以培育有理想信念、有道德情操、有扎实学识、有仁爱之心的“四有”好老师为目标，在推动教师专业发展的道路上，我校迈出了坚实的步伐。

一、搭建红棉讲堂，拓宽教育视野，引领教师专业成长

好老师的成长，需要树立终身学习的理念，站在知识发展的前沿。我们邀请高校专家及潮州教育名家进校园，举办“城南大讲堂”专题讲座 18 场。《超越经验：教师在反思中成长》是韩山师范学院王贵林教授为我们上的“开学第一课”。韩山师范学院李静副教授为学校语文组全体教师做《学校美育与课程开发：兼论语文美育》的专题讲座。韩山师范学院数学与统计学院欧慧谋老师为我们做《义务教育课程标准·小学数学（2011 版）案例式解读》的专题讲座。为提高我校科学教师的教学能力，寻求突破教学瓶颈的途径，韩山师范学院省培小学科学负责人黄俊生副教授为科学科教师做《小学科学的教与学》的专题讲座及《如何制作微课》的讲座。为提升我校英语教师的专业素养，韩山师范学院外国语学院副院长林洁华副教授给全体英语老师做《重视英语教学中的语音教学》的专题讲座。林教授主要从语音教学的重要性、英语语音、如何正确拼读英语的元音和辅音三方面展开。江苏省特级教师强震球、北京市朝阳区教研员李文会为数学科组分别做《“理解”视域下的生命课堂》和《打造厚重课堂 培养学科素养》的数学科专题讲座。韩山师范学院赵松元教授做《古诗词教学的策略》专题讲座。潮州市教育局教研室柯秀红老师给英语科组带来了《小学英语阅读能力》专题讲座。在《教师教育论文创作》专题讲座中，全国模范教师李卓彬指

导老师们进一步提升论文写作水平。韩山师范学院教育发展研究院副院长林浩亮教授则带来了《学校文化及其构建》专题讲座，从较高层面解读优秀学校文化的构建路径。一场场精彩的讲座引人入胜，老师们受益良多。

良好的师德师风是一所学校人文理念的体现，也是学校发展的软实力。我校把师德师风建设作为一项长期的工作任务来抓，期望用良好的师德师风来催生教育教学成果。广东省人民政府督学、潮州市政府督学顾问，潮州市教育局督导室原主任翁锡永为我校教师做《以情绪控制作为教师职业春天的第一缕阳光》的专题讲座。翁主任依据他的研究成果，从理论上阐述了情绪控制对教师工作的现实意义，他采用了大量的数据、图片、视频等资料，突出了教师工作的岗位价值；并对情绪失控的危害和原因进行了剖析，使教师们从根本上了解情绪把控在师德修养方面的重要性和现实意义，从而使老师们在教学活动中提高情绪控制的自觉性。广东省名班主任工作室主持人陈少华老师的讲座《专业成长滋养幸福教育，依托平台向乐学乐研前进》《班主任专业能力提升之教育叙事》帮助教师们规划了专业发展之路，引领全体班主任提高育人水平和能力。

新的教学观念、育人趋势对我们提出了新的要求。老师们深刻地认识到必须葆有对教育教学工作的极大热忱，拓宽教育视野，努力提升专业素养，才能学做一名“四有”好老师。

二、依托课堂教学，重在立德树人，促进教师专业成长

“教育现代化背景下‘中国好老师’的培育研究——以城南小学为实践基地”是在潮州教育发展即将从“教育弱市”过渡到创建“教育现代化先进市”的大背景下，结合中国基础教育质量监测协同创新中心发起的全国性“中国好老师”公益行动计划，以“中国好老师”公益行动计划基地学校——城南小学为实践基地，借助教育现代的技术平台，开展如何培育“中国好老师”的课题研究，旨在落实和实践习近平总书记“有理想信念，有道德情操，有扎实学识，有仁爱之心”的“四有”好老师讲话精神，总结立德育人经验，促进教师育人能力的提升，继续推动教育公平，努力提高教育质量，切实促进少年儿童健康成长。

基于课题研究的基本内容及课题研究的重点和难点在于如何迅速加快师资队伍的建设，提升教师队伍的道德水平和职业技能。我们认为好的教育植根于好的教学过程。德育与课堂教学须臾不可分离，育人必须依托常规的课堂教学才能有效落实。我们研究的愿景是依托学科教学构建中国好老师培育途径和模式。中国好老师，必须是一个好的学科教师。

学校承办了2017年粤东基础教育语文学科群“名师工作坊”、2018年和2019年粤东基础教育数学学科群“名师工作坊”专场活动。汕头、揭阳、潮州三市（县区）教研室、学科中心组成员及各校骨干教师，城南小学学科教师，韩山师范学院卓师班学生等共同开展教学研讨。深圳市教科院教研中心副主任、

教育部国培计划特聘专家赵志祥，江苏省著名特级教师强震球，北京市数学骨干教师王化伦，北京市朝阳区教研员李文会受邀前来，通过同课异构、讲座交流等形式开展教研活动。我校教师以积极进取的心态和专家开展同课异构活动展示教学特色。学校开课教师的精彩表现获得粤东片区教学行家们的一致好评。在粤东基础教育学科群“名师工作坊”活动中，城南小学从中发挥了重要的作用：活动带动了区域间学科教学的互动协作和教师的专业发展，同时也促进学校教育教学理论与学科教学的深度融合；不仅对我校教师进行了一次深度的课堂教学技能培训，而且为学校的发展带来了深刻的启迪。此外，我校各科教研组及教师在湘桥区 2018 年小学语文青年教师观摩课比赛、湘桥区 2018 年小学数学青年教师观摩课比赛、湘桥区中小学“语文主题学习”实验观摩研讨会（城南小学专场活动）、英语科陈萍老师与佛山市顺德区名师田湘军老师关于小学英语会话课的同课异构等一系列重大活动中，依托课堂教学立德树人的表现深受肯定。

学校全面开展“青蓝”工程建设，举行“高效教学”公开课、新任教师展示课、推门听课，课堂教学练兵三线并行推动教师的专业成长。课题实施研究两年来，我们一共开展校级公开课 56 节，新任教师展示课 54 节，推门听课 170 节，课程涵盖学校所有学科。我们采用“（教师）上课—（教师）说课—（专家、同行）评课”的方式进行。研讨活动以点带面，点燃老师们乐于参与教学研究的热情，我们以开放、平和的心态共同探讨教学热点、难点问题，真正落实有效性教学，努力朝着构建高效课堂的道路迈进。例如：自学校启动“语文主题学习”实验以来，全体语文教师积极参与单元整合备课、丛书阅读和一米阅读学习等教学实践活动。我们在现有的条件下，针对不同学段学生的年龄特点，深入钻研教材和丛书，大胆开展“语文主题学习”实践活动，探索各类课型的教学模式。我们在全区率先开展主题学习单元预习课、组文阅读课、读写结合课、略读指导课的研讨。我们的学科优秀骨干教师们带着精品课在各级各类活动中分享推广城南小学的办学成果。陈萍老师在 2019 年粤东教育英语学科群“名师工作坊”（城南小学专场）活动中面向粤东三市的小学英语骨干教师上公开课，展现情境英语教学的新模态。陈老师还作为潮州市柯秀红名师工作室的主要成员送课到潮阳华斯达国际学校。何洁丹、黄丽芬老师在 2019 年湘桥区“转岗教师”专项培训会上开小学数学教学示范课。语文科郑桂媛、洪洁两位老师送课到官塘镇苏寨小学等学校，分别执教一节语文主题学习实验精读引领课和组文阅读课，充分体现“好老师”风采。

多层次、高频率、大范围的听评课活动有效地提高了学校的课堂教学质量，一大批“好老师”在课堂教学活动中迅速成长，新任教师的课堂把控能力日益提升，骨干教师的示范引领作用充分发挥出来。在课题实践探索中，郑桂媛、陈培纯、陈金洪、张细铃、陈玉、陈萍、袁夏婕、郑佳佳、唐永嘉、刘小红、黄丽芬、陈爽、杨琳烁、翁奕霞等一大批教坛新秀脱颖而出，成为教师队伍中的中坚力量。“青蓝”互相促进，良性循环形成学科课堂教学连动机制，逐渐培养和夯实高素质的“好老师”队伍。

三、规划研修培训，注入智慧灵光，助力教师专业成长

2017 年 3 月成立的城南小学校本教育科研中心为课题研究保驾护航，中心有一项非常重要的任务是“构建政策支撑、纵横联结、资源共享、协同发展的教师培训新模式，促进教师素质的有效提升及加强与校内外、区内外、市内外、省内外同行的交流合作，促进教师的内部交流和对外交流，提升教师专业水平”。因此，学校总体规划研修培训方案，扎扎实实开展基础教育学科教学改革，促进校内外各年级各学科专任教师之间的交流和学习，促进教育教学理论与学科教学的深度融合，推广先进学科教学理念和优秀学科教学经验，积极调动我校骨干教师的实践智慧，为教师搭建一个专业交流、学习、提升的平台。

两年多来，课题组共开展集中研修活动几十场。老师们都认真准备好视频、音频资料，以美篇或 PPT 图文报道等形式与课题组成员进行交流分享，内容涵盖学校管理、教学技能、人生哲理、生活百科等等。《榜样的力量是无穷的》《班主任：上好开学第一课》《不做“名师”做“明师”》《不拼的人生，哪来真功夫》《教育的意义》等内容形式新颖、观点鲜明。课题组成员还在各个学科的日常教育教学活动中进行分散研修，以日常教育教学工作问题出发研教学之困，探科研之法，将自己实践中的点滴收获撰写成专题资料，如《书香传流》《育人方略》《教学集萃》等。课题组成员到北京师范大学厦门海沧附属学校、汕头澄海实验小学、潮阳华斯达国际学校等学校学习交流。

两年来，我校共组织 121 人次到北京师范大学厦门海沧附属学校跟岗学习。这是城南小学办学史上第一次高规格的教师研修培训活动。老师们见识了北京师范大学厦门海沧附属学校合作办学、经费包干、用人自主、分配均酬的先进办学模式，了解了他们先进的教育理念和科学的课程体系，尤其是他们多元化的教学模式和科学化的内部管理方法给我们留下了深刻的印象。北京师范大学厦门海沧附属学校老师们良好的教研氛围和高度敬业的精神让我们深受触动。“走出去，带回来”，每一位外出参加培训的老师都肩负重任，回校后要举行校内专场分享会，介绍自己参加培训研修的过程，传递最新的教育教学理念，分享学习的成果。他们在各自的学科中发挥领头雁的作用，引领着学科组教师扎实开展研究活动。习近平总书记说：“大雁之所以能够穿越风雨、行稳致远，关键在于其结伴成行，相互借力。”每一次合作学习的研修活动都是智慧的碰撞、思维的启迪，更好地助力教师专业成长。

四、传承光荣传统，强化教育自信，激励教师专业成长

习近平总书记 2014 年 9 月在北京师范大学师生代表座谈会上说：“一个人遇到好老师是一生的幸运，一个学校拥有好老师是学校的光荣，一个民族不断涌现一批又一批好老师是民族的希望。”一位教育家曾经说过：“教师的专业成长其

实不过是培育教育自信力的过程。”城南小学有着光荣的优秀的传统，其辉煌的校史记载着这些杰出人物：为革命事业献身的李春涛、蔡英智、柯国泰等烈士；著名宣传活动家、翻译家、中共中央顾问委员会原委员梅益，广东省原省长卢瑞华等党政领导干部；饶宗颐、薛汕等一大批知名学者；捐款重建母校的旅港校友刘贵海先生……学校不断挖掘校史中先进模范教育资源，激发全校教师不忘教育初心，牢记育人使命。全校老师近年来在国家、省、市、区级的各种教学比赛中取得优异成绩，硕果累累。

两年多来，学校师生共获得国家级奖项3个，省级奖项65个，市级奖项172个，区级奖项289个。在“一师一优课、一课一名师”活动中，陈爽老师课例被教育部评为“部优课”，郑佳佳、翁奕霞、黄兴梅老师课例被省教育厅评为“省优课”。郑佳佳老师荣获第三届全国小学数学（人教版）课堂教学录像课评比一等奖。杨琳烁、张彬、蓝钿、蔡洁、蔡燕华、陈冰、郑菲等老师参与粤东第二届微课大赛、潮州市微课比赛、湘桥区微课比赛，分别夺得一、二、三等奖。陈萍、翁奕霞、陈爽、周佛容、刘晓玲等老师参与潮州市青年教师英语、体育、道德与法治、心理健康学科说课比赛分别夺得特等奖、一等奖、二等奖。2017年12月，陈萍老师参加首届中小学青年教师教学能力大赛（小学英语组）荣获特等奖，参加广东省中小学青年教师教学能力大赛（小学英语组）荣获三等奖。傅小莺校长被广东省教育厅评为“书香校长”。庄溯澜副主任被评为“全国优秀大队辅导员”、郑桂媛老师被评为2018年潮州市优秀教师、陈萍老师被评为2019年潮州市优秀教师。学校被评为广东省“三八”红旗集体。

在贯彻党的教育方针、促进教育内涵发展、提升学校品质过程中，我们深深感到，广大教师地位更加重要、责任更加崇高、使命更加光荣。立德树人是教育的根本任务，我们希望百年名校能成为师德高尚、业务精湛、充满活力的高素质专业化教师队伍成长的摇篮；我们希望能够促进学校教育发展再上新台阶，提升百年老校办学品位。在创建湘桥区教育现代化的征程上，城南小学作为潮州市历史最悠久、底蕴深厚的窗口学校，应有责任有担当，以永远在路上的执着把培育“好老师”、促进教师专业成长、促进学校内涵发展的工作引向深入！

（本文发表在《潮州教育》2020年第119期，作者为广东省潮州市湘桥区城南小学傅小莺）

多元阅读与自由创作

——我的“语文主题学习”实践案例

“语文主题学习”是一种综合性、整体性的学习，我们要学会用丰富的学习资源、海量的阅读积累、多样的练笔写作、有趣的综合实践活动来组合成一个整体，创造语文学习的情境，在一个又一个的主题单元教学中提高学生的语文素养。下面我以四年级上册第三单元“魅力童话”为例，谈谈自己对教学资源的把握以及教学实施的具体做法。

一、多元阅读——来一场关于幸福的认知

在四年级语文教材中安排这一篇略读课文，意在让学生通过自读自悟，了解故事内容，懂得幸福是什么，培养独立阅读的能力。基于此，我把《幸福是什么》这篇课文的教学重心确立在“品幸福、悟幸福、说幸福”。

如何在教学中落实自己的目标呢？我将教学划分为三个步骤：①自主阅读、品读幸福；②角色体验、感悟幸福；③联系实际、畅谈幸福。作为一篇略读课文，在教学过程中我利用阅读学习单引导学生自主学习。

板块一：自主阅读、品读幸福

我会学 默读课文并回答下面的问题：

(1) 文中讲了（ ）个（ ）的小孩，他们在（ ）里见到了一口不涌泉水的（ ）。于是他们做了一件什么事情？（请用一两句话来概括）

题目的设计重在引导学生从文本中学会提炼关键词，养成获取、整理、归纳信息的能力。特别是让学生用一两句话概括事件，重在培养学生学会抓住关键词归纳文本的主要内容。

学生1：他们清理了那口老泉，挖成了一口小井。（学生运用了连续动词，只用了一句话就完整地概括出主要内容）

学生2：他们用锄头和铁锹清理和改变这口老泉，最后变成了一口井。（学生用“和”字简洁明了联结他们的具体行动）

学生3：他们疏通泉眼，搬来宽大的石板砌成了一口小井。（“疏通”和“砌

成”用得非常精准。)

在点评展示环节中，同学们精彩而富有独特见解的答案得到了大家的赞赏。

(2) 十年之后，三个孩子成长为三个青年，他们分别在哪里，做了些什么事情而感到幸福?

第一个青年到了（　　），他（　　　　）。他觉得（　　　　），因为感到幸福。

第二个青年走了（　　　），他（　　　）。他觉得自己的劳动（　　　），因而感到幸福。

第三个青年留在（　　），他（　　　　　　　　　　）。

他们在智慧的女儿的指引下都明白：（　　　　　　　　　　　　　）。

题目的设计重在引导学生细读文本，并理清文章的脉络，了解三个孩子十年之后在各自的生活里做了什么事情而感到幸福，继而最终明白：幸福要靠劳动，要靠很好地尽自己的义务，做出对人们有益的事情。

板块二：角色体验、感悟幸福

我想说 欧洲有个国家在征询：“谁是世界上最幸福的人?”报社在如雪片一样飞来的来信中选择，最后得出结论，有四种人是最幸福的：第一是刚刚给孩子洗完澡的妈妈；第二是刚刚治好了病人在医院门口目送病人远去的医生；第三是在海滩上刚刚筑完了沙堡看着自己杰作的孩子；最后一个答案是写完了作品最后一个字的作家。

如果你是一位科学家，你觉得幸福就是（　　　　　　）；如果你是一名教师，你觉得幸福就是（　　　　　　）；如果你是一名售货员，你觉得幸福就是（　　　　　　　）；如果你是一名（　　），你觉得幸福就是（　　）；作为一名学生，你觉得幸福就是（　　　　　　）。

拓展阅读提供了一个问题“谁是世界上最幸福的人”，目的在于提升学生对幸福的认知，引领他们了解当下一件令自己觉得快乐的事情就是幸福。句型仿写练习让他们积极思考不同角色的人们，他们会以实现怎样的目标来获得幸福，在潜移默化中明确获得幸福的能力和具体的行动。

学生佳句分享：

学生1：作为一名学生，你觉得幸福就是能用知识改变命运，用力量征服世界。

学生2：如果你是一位妈妈，你觉得幸福就是教育孩子，爱护孩子。

学生3：如果你是一位科学家，你觉得幸福就是自己的发现得到世人的认可。

学生4：如果你是一位明星，你觉得幸福就是自己的表演能给别人带来快乐。

学生5：如果你是一名教师，你觉得幸福就是看到自己的学生健康幸福地成长。

板块三：联系实际、畅谈幸福

我能写 用一段话，写一写生活中让你感到幸福的一件小事。

在小练笔中，让学生捕捉和感受生活中幸福的事情，学会分享自己对于幸福的理解。学生在文段中分享他们在劳动中、在亲情里、在给予时、在自我独立中感受到的幸福。

整节课，没有对文本进行琐碎的分析，有的是在自主阅读中认知幸福是什么，有的是引发学生内心深处对幸福的共鸣，有的是在分享中一起感受幸福的生活。“读—思—写”三位一体的学习活动始终贯穿于整节课，一场关于认知幸福的精神盛宴从文本到生活、从童话到现实、从他人到自己，相信孩子们受益匪浅。

二、以文带文——紧抓语用点深入研学

在完成单元预习课学生初读课文的基础上，我进入了以文带文、略读实践课1+1的教学。在深入研读略读课《小木偶的故事》一文时，如何将略读课教得更简练，将丛书补充课文讲得更灵活，我做了以下教学设计：

1. 谈话引入，引出课题

师：同学们，你们喜欢笑吗？笑代表着什么？说一说几个关于“笑”的四字词语。（哈哈大笑/哭笑不得/眉开眼笑/笑容满面/一笑倾城/笑口常开/捧腹大笑/放声大笑）

师：笑能让我们感到快乐、夸奖、友谊。我们的生活中不时充满笑声。不过，我们学完《小木偶的故事》（板书课题）后，也许你们对笑会有新的理解。

2. 自学课文，汇报交流

默读课文，思考：这篇课文的主要人物是谁？他们分别做了什么事情？

笑让小木偶受尽委屈：熊警官冤枉他________________，小兔子误解他________________，老婆婆怀疑他______________________。

分角色朗读课文，深切体会小木偶的遭遇，找一找文中语言描写的三种不同表达形式。

联系实际生活，说说自己对课文最后一段话的体会。（老木匠说得没错吗）

3. 引读丛书

（1）阅读《诚实才是最重要的》。

（2）除了拥有喜、怒、哀、乐的情绪之外，拥有哪一项品质是更重要的？小木偶的哪些做法是正确的？（救小山羊、反思自己偷钱的行为、主动认错并改正）。

（3）这篇文章和课文相同的地方有哪些？（主要人物相同；最突出的是语言

描写；通过曲折的情节讲明一个道理）

接下来的写作指导课，我让学生运用本组课文学习到的童话故事的特点，再次以他们喜欢的小木偶为主人公续写故事。习作的引导做了如下设计：①回顾丛书内容《诚实才是最重要的》的创作特点。②确定习作中的主要人物：小木偶、女巫、其他角色。③展开想象，小木偶会在哪些活动或事件中习得另外一种可贵的品质。（勤劳、勇敢、坚持不懈……）④在人物对话描写中运用三种不同的表现形式。

学生们兴趣盎然，结合自己的生活体验赋予小木偶更多可贵的品质。他们用具体的事例、生动的描写在小木偶身上演绎另一个自己，写出了一篇篇优秀的作品。

三、综合活动——在互动交流中深化收获

童话故事伴随着孩子成长，童话里那些美好的情感、有趣的人物、生动的情节，是孩子们最深刻的记忆。在这组课文的教学中，我设计了童话故事会活动，全班50位同学人人登台讲童话故事。在分享中大家深入童话世界，获得对童话的直接体验。台上的同学绘声绘色地讲述着，他（她）仿佛自己就是故事的主人公。台下的同学专注倾听并速记（作听记表格），在倾听中整理出故事的主要人物、关键词，并对同学的表现给予评价。他们在观摩他人的讲演中了解、学习讲故事的技巧，在倾听中梳理、归纳故事的关键信息。

听记表格

401 班童话故事会

班级：　　　　　　　　　　　　　　　　姓名：

表演者	故事名称	主要人物	关键词	评价（优、良、中、差）

系统的学习活动让孩子们在课文组文学习与讲故事活动中完全掌握了童话故事的特点，明确童话故事的创作方法，增强了写作的自信。在第四单元的测试中，全班 80% 的同学顺利地完成了创编童话的习作，50% 的同学作文水平优秀。

在本单元的教学实践中，我结合自己对教材和丛书内容的理解，以略读课作为语用训练的载体，展开一系列读写活动，收到了较好的教学效果。我深切地体会到了“语文主题学习”实验给学生提供了多元的阅读资源，也给教师提供了独创性教学的巨大空间。“主题”的内涵因材而定、因训练点而定、因学情而定，让我们与学生一同在多元阅读与自由创作中走进语文的世界。

（本文发表在《语言文字报》2018 年第 1288 期，作者为广东省潮州市湘桥区城南小学方逸绵）

与“语文主题学习”同行

本学期，我校开展了“语文主题学习”活动，旨在将课堂归还给学生，让学生学思结合，扩大阅读量，旨在培养和提高学生的语文素养。我们参加“语文主题学习”的相关培训、研讨，观摩专家们的各种课型，收获颇多。“语文主题学习”一定要落实在课堂中才能起到真正的作用。下面将结合“语文主题学习”的实践过程谈谈我的粗浅认识和点滴实践。

一、“语文主题学习”的认识

“语文主题学习”就是在语文学习过程中，教师依据教材的单元主题，分析单元的内在联系，进行主题材料的建构，将教材的一篇文章或一个单元作为一个主题，在大量阅读中丰富学生的认识、情感和体验，创造与文本交流、对话的氛围和条件，形成思维碰撞，产生情感的升华、价值的提升。简言之，“语文主题学习”就是教师引导学生在课内围绕一个主题自主进行大量阅读。

苏霍姆林斯基曾说：“在学生的脑力劳动中，摆在第一位的并不是背书，不是记住别人的思想，而是让学生本人思考。”因此，主题学习中的阅读也不同于平日里走马观花的“休闲读”，它对参与者（教师、学生）提出了更高的要求。

首先，教师要热爱阅读，进行大量阅读，体会阅读的快乐。在语文主题学习中，教师既要给予学生阅读方法的指导，又要引导学生提高阅读的层次；既要在学生阅读的过程中答疑解惑，又要检测学生阅读的效果。教师只有博览群书，上课才能游刃有余。其次，学生要充分发挥学习的自主性。最后，教材的来源要更加广泛。《语文主题学习丛书》依据教科书主题单元编写而成，内容丰富，形式多样；此外还有报章杂志、中外名著等等，都可作为学生阅读的教材。

二、“语文主题学习”的实践

学习“语文主题学习”相关理念后，每周二下午组织年级备课活动，根据制定的备课组活动登记表，老师们分工合作，每周都有主讲人（除参加学校语文大组活动外），将单元整合备课落到实处，交流教学中存在的问题，并及时解决；开展一米阅读、丛书经典诵读和摘抄，积极探索“语文主题学习”模式的教学方法。

我在班内进行了课文整合尝试。如：第三单元主题为“童话王国”，其中第八课精读课文《去年的树》和第九课略读课文《那一定会很好》在写作体裁与风格上有很多相似点，因此我在教学安排时将两节课放在一起进行了比较阅读教学。课堂上，我引导学生自主阅读（感知课文内容）——归纳总结（找出两篇文章的相同点和不同点，完成表格）——联系实际（谈谈自己的收获）。

《去年的树》是日本作家新美南吉的一篇童话，采用白描的写作手法，要让三年级的孩子明白作者这样设计的目的是让读者有更多的想象空间着实不易，为此我设计了随堂小练笔：“让孩子乘着想象的翅膀，自主创作，想想主人公第五次、第六次分别变成了什么？”孩子们想象丰富、构思新颖，分别想象出桌椅、木头机器人、木船、工艺品……通过这次比较阅读、整合学习，不仅提高了孩子们的阅读兴趣，也提升了孩子们分析问题和解决问题的能力。

在实践中，我对“语文主题学习”的认识更深了：这种轻教师理论说教、重学生自主探究的课堂教学模式需要教师做好充分的准备，既要备好教材、丛书，又要备好学生。一节课下来，虽然我很轻松就完成了教学任务，大部分学生也很积极地完成了学习任务，但是，因为课堂缺少了平时教师的层层落实、步步跟进，一小部分对学习本就不太积极的学生，显得更加被动了。因此，在小学的语文主题教学中，我们必须充分关注这一部分学生的学习状况，避免出现两极分化的态势。

让我们紧紧抓住“语文主题学习”实验这一改革的良机，与“语文主题学习”同行，积极整合资源，以主题阅读提升学生的阅读水平，以海量阅读丰厚学生的文化素养，以语文活动丰富学生的人生体验，塑造学生美好的品格，使学生拥有美好的人生！

（本文发表在《语言文字报》2019年第1300期，作者为广东省潮州市湘桥区城南小学陈培君）

经典诵读与作文新练教学初探

语文主题学习提倡："多阅读、广积累、善表达。"学生若能熟读经典，养成每日一诵，对于写作必有益处。因此，我在本学期中年级开展语文主题学习实验中，以经典诵读为抓手，探索经典诵读与作文教学的契合点，从而提高学生的阅读及写作能力。下面谈一谈我的教学初探。

一、每周一诗，学会积累

荀子《劝学》篇说："不积跬步，无以至千里；不积小流，无以成江海。"语文学习就是要多读书、多积累，重视语言文字运用，在实践中领悟文化内涵和语文规律。经典古诗词是中华民族的语言精华，蕴含着深厚的民族文化，是民族的血脉和精神底蕴。诵读，不仅可以让古诗词在学生的心灵中不断地反刍、发酵，在潜移默化中启迪学生智慧，落实立德树人，还能培养学生的记忆力、理解力和想象力等多种学习能力，全面提高学生的语文素养。

结合语文主题学习，我把《语文主题学习丛书》中的"经典诵读"诗篇作为每周诵读的内容。每周诵读一首，在每节课课前两分钟进行反复诵读。书声琅琅，诗韵悠悠，这是我们402班课前最美妙的读书声。每周五则进行默写测验，以此督促学生熟读成诵，并自觉进行积累。一个学期下来，学生至少从《语文主题学习丛书》中积累了15首经典古诗词。"腹有诗书气自华，最是书香能致远"是我们402书香班级的口号。

二、畅游诗海，激发诗趣

为进一步提高学生对古诗词的学习兴趣和诵读能力，涵养文学素养，我们402班举办了一场别开生面的"经典诵读擂台赛"。比赛以抽签的方式进行，采用三轮淘汰制：第一轮诵读一至四年级课内必背古诗词；第二轮诵读《语文主题学习丛书》"经典诵读"古诗词；第三轮默写课内外"经典诵读"古诗词。

比赛中，同学们热情高涨，抽签时就已摩拳擦掌。上台时，有的同学攥紧了小拳头，铆足了劲；有的同学沉着自信，胸有成竹。诵读时，语调或高亢，或低缓，抑扬顿挫，婉转悠扬。同学们不仅诵出了古诗的韵律，更诵出了古诗的意境。现场气氛激烈，诗韵缠绵，令人难忘。其中，角逐最激烈的要数"12晋10"加时赛！"比一比1分钟内能背诵多少古诗词?"同学们在诗海中畅游，在激烈角逐中展现文学素养，最后决胜出10名优胜者。

擂台赛虽已结束，但同学们仍诗趣涌动，将经典诵读延伸至家庭。茶余饭后，一家老少一起猜诗、背诗，玩飞花令，其乐融融，诗韵溢满家！学生们在诗海中畅游，在经典诵读中提升阅读品味，提高审美情趣，做知书达礼城南人！

三、作文新练，丰富表达

语文课程标准指出："培养学生具有独立阅读的能力，注重情感体验，有较丰富的积累，形成良好的语感。学会运用多种阅读方法。能初步理解、鉴赏文学作品，受到高深情操与趣味的熏陶，发展个性，丰富自己的精神世界。"在经典诵读中，将经典文学作品与写话、习作相融合，无疑为作文教学另辟蹊径。

1. 仿写现代诗歌，培养语言美感

语文教材中的课文，文质兼美。我先以现代诗歌为抓手，让学生在朗诵中体会作者的美好情感，体会诗歌的语言美感。继而，让学生仿写诗歌，达到以读促写，以写促读，提高学生的语言感悟能力和表达能力的目的。以四年级下册第14课《和我们一样享受春天》为例，这是一首现代诗歌，表达控诉战争、期盼和平的强烈愿望。课堂上，我引导学生通过多种方式进行朗诵、感悟，在声情并茂的朗诵结束时，我播放轻音乐，让学生仿照第5小节的写法，写下自己对于和平的期盼！孩子们的创作灵感被激活，笔尖流淌出朴素的梦想与诗一般的语言……

【学生佳作1】
我们希望，我们期盼——
让战火中的孩子，
有一个家，温暖的家，
家中有爸爸妈妈和爷爷奶奶。
有一本书，智慧的书，
让书香充满人生，
和我们一样享受春天……
【学生佳作2】
我们希望，我们期盼——
让战火中的孩子，
有一个家，幸福温暖的家，
不被炸弹炸毁！
有面包，香喷喷的面包，
不被敌人抢夺去！
和我们一样在明亮的教室里读书，
和我们一样开心地玩耍……

2. **改写古诗词，以诵促写，培养个性化表达**

改写古诗词，即把学习古诗和习作练习结合起来。培养学生改写古诗词的能力，既让学生感受到古典诗词的魅力，又可提高学生作文的创新力。改写的过程是一个需要全新剪裁、全新布局的构思过程，是较有难度的写作训练。

以改写古诗《宿新市徐公店》为例，这是一首二年级学过的古诗。对于四年级的学生来说，熟读成诵、理解诗意，都不成问题。在习作教学“写作前指导”中，我侧重引导学生体会古诗意境，提取写作信息：时间、地点、景物、人物、事件；再启发学生想象：画面美感、人物细节；最后点拨学生：叙事时要注意情景交融，呈现诗意美。

【学生佳作3】

黄蝶正停在木桩上，是那么美！黄蝶全身金黄，像是被抹了油漆，又似正在盛开的油菜花。（描写优美，并为下文“飞入菜花无处寻”埋下了伏笔）

…………

黄蝶一会儿飞到那，一会儿飞到这。我追得气喘吁吁，筋疲力尽，黄蝶这才消停了一会儿，又落到树桩上。嘿，我把手一拢，“捉到了！”我高兴得欢呼起来。我张开手，蝴蝶呢？早飞走了！害我空欢喜了一场，真是“竹篮打水一场空”啊！我还不死心，还直追起黄蝶。这时，黄蝶飞进了金灿灿的油菜花园里。油菜花跟黄蝶融为一体，分不清哪里是油菜花，哪里是黄蝶了！（抓住人物动作、神态、心理活动等进行细节描写，再现捕捉黄蝶生动、有趣的场景）

四、教学反思，以思促改

一个学期的教学探索，略显粗浅，教学中还有许多不尽如人意的地方，今后有待改进：

（1）在开展“每周一诗”的诵读活动中，可结合语文主题学习中的“组文阅读”的教学理念，渗透开展“主题诵读”，扩大学生的诵读量，鼓励学生进行诗画创作，提高学生对经典古诗词的鉴赏能力。

（2）在作文新练教学中，鉴于学生的知识积累不足，要细化学习目标，降低学习难度，循序渐进，以培养写作兴趣为首，稳步提高学生的写作能力。可从现代诗歌的仿写创作迁移到对古典诗词的想象改（扩）写；分类归纳生活中常见景物的古诗词，鼓励在作文中巧妙引用古诗词，力求作文出彩；可从单句古诗品读入手，描写意境，进行写话创作等。

学无止境，教无定法。怀揣教育的初心，我将勤勉力教，探寻语文主题学习的诗与远方！

（本文发表在《广东教学报》2019年第3290期，作者为广东省潮州市湘桥区城南小学陈金洪）

“主题”识字更高效

——以二年级下册《识字 2 传统节日》为例

2006 年，“语文主题学习”实验开始启动，十多年间，它陆续得到全国各地的响应，促使学校语文课堂的教育教学发生了翻天覆地的变化——语文课堂从学习一篇文章渐渐转向“$1+x$”的多篇文章的海量阅读。2018 年的 9 月，我校成为湘桥区首批“语文主题学习”实验学校。

课堂教学永远是实验的主阵地。归类识字课、随文识字课、看图写话课、达标提升课……多种课型的建构使我校“语文主题学习”实验课堂有了较为鲜明的特色。开展小学“语文主题学习”实验，识字课无疑是必不可少的一项内容，因为学生只有在识字的“黄金时段”通过识字课解决大量识字问题，才能为中高年段的阅读与写作打下良好基础。识字更是小学低年段语文教学任务的“重中之重”，但这“重中之重”在开展“语文主题学习”以来，还未曾见识到公认权威而科学的教学范例，所以对于识字课与《语文主题学习丛书》（以下简称《丛书》）的整合，我也是摸索着前进。

首先从教材出发，丛书的编排既然是以教材为纲，那么肯定不仅是单元式人文性与情感性的整合拓展，对于其他方面，如识字方面的拓展又是如何体现？上识字课是否有必要与丛书整合？其次从教学设计上看，如果需要整合，又该如何高效整合？我带着这些思考，怀着“授人以鱼不如授人以渔”的目的，把《丛书》中的《赶年兽》引进《传统节日》的识字课，希望由此结合识字规律，归纳运用识字方法，举一反三，把语文外延到生活，让学生能够自主高效地认识更多的字。

一、尊重认知特点，创设游戏情境识字

识字教学是低年级语文教学的首要任务，学生年龄小，形象思维能力强、抽象思维能力弱。将《丛书》中的《赶年兽》引进《传统节日》的识字课，首先需要尊重二年级孩子的认知特点，抓住他们喜欢玩游戏的心理，把握好趣味性；其次是找准结合点。《传统节日》这篇课文介绍了七个传统节日，如果平均使力，每个节日都可以拓展很多内容，所以一定要有取舍。李希贵先生提倡尽可能

地增加学生的课内阅读量，但这种选文并不是漫无目的，而是整合围绕某一主题选出主题相关、相近、相似，抑或是相反的文章一起阅读。《传统节日》与《赶年兽》的连接点就在于春节。这两点体现在整节课的安排上，主要是创设一个情境，通过赶年兽这个故事创设一系列的闯关游戏，如贴窗花认生字、放鞭炮读字词、挂灯笼说句子，从单个字到词、到句，最后到篇，循序渐进。低年段学生识记生字时，会出现“回生”现象，需及时巩固，借助“赶年兽，闯年关”这个游戏情境，结合“开火车”“螃蟹爬”等常用游戏去巩固所学生字，高效有趣。

二、结合识字规律，在阅读中识字

注重字、词的巩固积累，才能有效巩固识字效果。在课前预习和课堂学习的基础上，拓展阅读《赶年兽》，并配以老师声情并茂的朗读，激发学生的学习热情，进行识字知识的迁移。在整合过程中，让学生们自己课前在《丛书》的文章中找到课文中的生字，加强认知和记忆，对课文生字再现。同时在整个句子里，不只认识了课文的生字，也认识了课外的其他生字。如：在指导学生学习象形字“热”字，拓展阅读《丛书》有“元宵节，真热闹，煮元宵，噼噼啪啪放鞭炮”这句话，孩子们不仅识记了“热”这个生字，还拓宽学习了其他生字。此外，利用图片、视频，帮助学生了解汉字的特点，渗透汉字的造字规律，并用此方法让学生自主学习课文的其他象形字。

三、归纳运用识字方法，“举一反三”地识字

学会把相关的语言现象进行归类再灵活学习，能够使学生举一反三，利于他们在主动比较中获得认识、掌握知识，使学习事半功倍。也就是学会运用识字方法，学生就会举一反三，学会更多汉字。在课堂上同样借助“赶年兽，闯年关”需要“输入密码，打开声控门赶走年兽”的游戏情境来归纳运用识字的方法，还有“加一加”“减一减”以及有趣的猜谜法、想象法等。如：“贴”是“贝+占”或“站”换掉“立”加“贝”；“丹心一点到白头”是“舟”；“苗头不对”是“艾”；也可以用辨析法来区别“舟”和“丹”、“堂”和“赏”……从而达到举一反三，识记更多的生字。

四、作业布置，搜集资料

让学生在课堂上一起畅谈春节，略读其他节日，在课后自主搜集资料，学习《丛书》的其他课文，准备第二节课分享交流。学生完成作业的过程也是巩固生字、拓展识字的过程，可达到以点带面的效果。

“合抱之木，生于毫末；九层之台，起于累土。”阅读之基，始于识字。《丛

书》与识字课的整合无疑是有必要的，也是可以大胆探索的。在“语文主题学习”的指引下，我们一线教师要沿着高效有趣的识字道路大胆实践，同时既要注意“按主题、重方法”地去学习，又不忘及时巩固总结规律。授人以鱼不如授人以渔。只有这样才能在低年级重质重量又难免枯燥的识字教学园地里遍地开花，教师才能教得简简单单，学生也能学得轻轻松松。

（本文发表在《江西教育》2019 年第 1087 期．作者为广东省潮州市湘桥区城南小学郑桂媛）

爱上阅读　感受书香

——“语文主题学习”初探

苏霍姆林斯基说：“只有读书，才能引发满足好奇心之后的惊喜；只有读书，才能为人打开丰富的精神世界。一个人在青少年时代如何读书，读什么书决定着他日后能否成为一个善于思考的劳动者。”

只要愿意读书，什么时候都不算晚，晚一些，至少比不读好。因为书读得多了，种类多了，知识面自然也广了。这个道理大家都懂，但是，读书要循序渐进，选书要科学合理，优秀的文化作品能够对人产生积极的影响，反之，内容低俗、暴力的书籍会浪费阅读者宝贵的时间，危害其心灵健康。

总有家长问：“老师，我的孩子不喜欢读书，家里书买了不少，可孩子就是不喜欢看，怎么办?”“老师，您帮我推荐一下，要给孩子看什么课外书。”诸如此类的问题，确实不少，我也经常思考：要怎样培养学生爱读书、善阅读的习惯？要推荐什么书给他们阅读更适合呢?

自学校开展“语文主题学习”实践活动以来，我在摸索中逐渐对“语文主题学习”有了初步的认识，也对于如何培养学生养成爱阅读的习惯有了新的认识，下面浅谈我自己在实践中的一些做法和收获。

一、教识字——去除“拦路虎”

要引导学生喜欢阅读，识字是关键。刚刚从幼儿园升上小学的孩子们，识字量少，这是制约他们阅读的“拦路虎”。在教学中，我采用学生喜闻乐见的方式，引导学生识字，告诉他们：“识字有时就像做加减法，加一加、减一减、换一换就可以认识很多字。”学生觉得有趣，识字的积极性也提高了。后来，学生识字量增多了，有的还能采用猜字谜的方法来识字，如学“治”字时，学生说的字谜是：“讲台上有水。”学“碧”字，他们说：“小王和小白坐在石头上聊天。”学“别”字，字谜是：“另外加一刀。”由此，枯燥的识字教学也变得有趣。随着识字量增多，学生能独立阅读的内容多了，在教学新课文时，我就会在还没有教生字的情况下让学生齐读课文，学生能准确朗读大部分内容，仅在遇到个别生字时稍有停顿，这对于一年级学生来说，已经算不错了。

二、育习惯——修枝剪叶

“习惯成自然”。阅读的习惯也需要长时间培养，好的阅读习惯一经养成，就会对孩子产生深远的影响。对孩子们来说，养成良好的阅读习惯，阅读就成了生活的一部分，不会被轻易割舍。

朗读和背诵是最传统的也是最有效的学习语文的方法，是积累语言、培养语感的重要途径。为培养学生爱读书的习惯，我鼓励学生多背课文多积累，并用奖红花的方式加以肯定表扬。学生为了得到小红花，会提前去识字，在课堂教学中会尝试抓住课文的重点词句帮助理解、背诵，在课后纷纷来找老师背诵课文，争取盖上小红花。

在教学中，对备课组集体备课整合的《语文主题学习丛书》中的相应篇目，我会在课堂上指导阅读，或将其布置成课后作业，引导学生进行阅读。一开始，孩子们只是从简单地完成老师布置作业的角度去阅读。随着阅读量的增加，他们会催我布置阅读作业，甚至会告诉我还未被布置的篇目，或只在课堂上稍微指导的篇目，他们都自行阅读了。

三、搭好桥——教材整合

语文学科是一门综合性学科，要提高学生的语文素养，最好的方法就是广泛阅读、大量阅读。要学好语文，光读好教材远远不够，还必须大量阅读课外书籍，拓展知识面。于永正老师在反思中说：“语文能力不是讲出来的，学习兴趣也不是讲出来的，情感态度更不是讲出来的。如果我再教小学语文，我会引导学生多读书，好读书，读好书，读整本书。我会引导学生在语文实践中养成读书读报和动笔写作的习惯。”借学校开展“语文主题学习”实验之契机，我以教材和《语文主题学习丛书》为出发点，从多方位进行整合，通过课堂上的有效阅读拓展，引导学生进行大量阅读，增加学生的阅读量，再通过课后阅读作业的拓展延伸，引导学生多读书，乐读书，读好书。

四、喜收获——简单教，轻松学

我从实践初期“什么是‘语文主题学习’”的疑惑到“如何在教学中进行‘语文主题学习’”“进行‘语文主题学习’有何效果”的困惑中一步步走来，慢慢尝试，现回首一看，效果确实不错。通过一个多学期的尝试，我从家长的反映中得知：学生的朗读有感情了，阅读的兴趣提高了，识字量增多了，理解能力提高了，语言表达完整了。

课堂上，我也打破常规，不再逐字逐句地教学生，而是抓住重点，有序引导。如在教学《棉花姑娘》一课时，我在范读了一遍课文后，问：“课文讲了一件什么事?”学生已能回答出：“棉花姑娘长了蚜虫，请燕子、啄木鸟、青蛙来治病，最后是七星瓢虫消灭了蚜虫。”我又问：“棉花姑娘长了蚜虫，感觉怎么样？你从哪里知道的?”学生回答：“她很难受。”“她很不舒服。我从‘盼望’这个词语感受到的。”还有一个学生回答：“她很难受，就像我们长蛀牙一样。”从孩子们的回答中，我感受到了孩子们的进步，他们不再局限于简单复述书上的内容，而是加上了自己的理解和感受。我又让他们小声读课文，找出“燕子、啄木鸟、青蛙和七星瓢虫分别能消灭什么害虫”的句子，画出来再读一读，之后反复对比朗读棉花姑娘难受和“咧开嘴笑了”的句子，加深了解。之后引导学生：“你们还知道哪些动物也能治病吗?”学生抢着回答：“蜻蜓是益虫。”“猫头鹰能抓田鼠。”……课后，我让他们读一读《语文主题学习丛书》中《萤火虫》的内容，激起学生探究、爱护动物的兴趣。在作业布置上，除了朗读课文和《萤火虫》之外，我还让他们去搜集有哪些益鸟、益虫，学生兴趣盎然。

这段时间的实践，我改变了课堂教学方式，逐步落实“以学生为中心”来实施课堂教学，学生学得轻松，体现了“语文主题学习”一课一得的教学理念。

五、小体会——在改变中成长

“腹有诗书气自华。”阅读是一个厚积薄发的过程，除了坚持，更需要时间的沉淀。要让阅读慢慢成为一种习惯，让孩子在享受阅读中去感悟阅读、爱上阅读，不抱着功利心，才能让阅读润泽生命，用阅读培养书卷气。而我们老师要做的，就是改变观念，改变自我，以争取改变学生的学习效果。

“语文主题学习”改变了传统课堂教学高耗低效的教学模式，实现“简单高效的实践性”的课堂教学模式，在提升学生的整体素养的同时，也推进了教师的专业化成长，营造了浓郁的书香校园氛围，使学校变成学生成长的乐园、家园。以上是我在“语文主题学习”实践中的一些尝试和收获，我将不断改进，做学生阅读上的引路人。

（本文发表在《广东教学报》2020 年第 3302 期，作者为广东省潮州市湘桥区城南小学郑菲）

唤醒阅读的种子

——小学一年级“语文主题学习”实验探究

“倡导大量阅读，加强课内外沟通”，部编版教材在编写时重视拓展学生的阅读空间，把学生的阅读由课内引向课外，通过提升阅读总量，全面提升学生的语文素养。朱自强教授指出，“儿童的心灵是一颗有着饱满生命力的种子”，教师要做的事情就是激活“种子”，给予“种子”合适的成长动力。自从开展语文主题学习实验以来，关于怎样去唤醒学生阅读的种子，我根据一年级学生的年龄特点，从以下四个方面进行了尝试，并取得了一定的效果。

一、听读分享兴趣高

一年级的学生识字量少，如果文本中出现太多不认识的字，他们会产生畏惧心理，慢慢会产生厌读情绪。我尝试着让学生朗读作品，家长录音，分享在班群。分享的作品分为两种，一是读《语文主题学习丛书》，分享原则是在课内老师指导阅读后学生回家再熟读，觉得自己的朗读作品值得分享，就可以分享，没有限制。二是读课文，即“一米阅读”当中的朗读作业，每次评分前三名的学生分享朗读作品到班群。我会选择优秀的学生作品在班里播放分享，这样不仅被表扬的学生得到肯定，也促进学生之间的学习交流，学生的朗读热情受到极大的鼓舞，他们通过多听读同学的优秀作品，进一步提高听读的能力，从而提高自身的朗读水平。听读分享，促进了全班阅读，我发现班里学生的整体阅读水平慢慢地提高了。在前三名的阅读分享中，我发现一个文静的小女生小梓，她平常课堂上从来没有主动举手发言，可是几乎每次分享都有她的名字。经了解，原来小梓同学比较内向，她更愿意捧着书安安静静地看。通过听读同学们的朗读分享，还有老师对分享同学的表扬奖励，小梓同学下定了决心，一定要好好地朗读课文，由此蜕变成一个落落大方的小姑娘。分享交流，对于分享者而言是激发，对于其他学生，更多的是促动，让更多的孩子会阅读、乐于阅读、善于阅读。

二、诵读展示信心大

接手一个新的班级，总会发现学生的能力参差不齐，少部分学生自信满满，敢于表达，但大部分学生羞于表达。语文主题学习就是要实现课内大量阅读，我们要的不是“一枝独秀”，而是“百花争艳春满园”。本学期我开展了“我是小书虫”班级读书分享会，学生按座号排序，每周一期，每期评出“阅读之星”，最后一期读书分享会由所有的阅读之星上台展示，巅峰对决，评选出一、二、三等奖。阅读分享会的开展，极大地提高了学生的阅读热情，学生会提早做好准备，期待着上台的那一天。《语文主题学习丛书》中的文章，生动有趣的故事，富有挑战的绕口令……分享会上，精彩迭出，我惊喜地发现原来文静的学生、调皮捣蛋的学生，他们也渴望得到别人的认可；我还发现了不少讲故事高手和朗读高手。平常不太愿意在公众面前展示的小林同学，在分享中“不得不”诵读了儿歌《孙悟空打妖怪》，谁知得到了我的“大力肯定”，之后小林上课坐得更加端正，听讲也更加认真，并且主动报名参加班级庆“六一”文艺会演，再次大胆地朗诵了这首儿歌。她妈妈在班群里看到分享的照片，激动不已，说小林终于迈出了第一步，感谢之情溢于言表。其实我们老师要做的就是激活学生内在的潜力，创造展示交流阅读成果的机会，激发学生的阅读动力，增强他们的信心，成为学习的主人。

三、阅读摘抄积累多

除了激发阅读的兴趣，我们还要重视阅读能力的指导，引导学生结合上下文和生活实际，了解词句的意思，在阅读中积累词语，并且感受语言的优美。教学中，我特别注重引导学生去积累文中的优美词句，培养学生发现、感悟语言文字的美。在拓展阅读丛书中，我“先扶后放”，引导学生通读课文，再找出文章中的好词好句好段，注重培养学生的阅读感悟能力，学生很快就能去发现，去感悟，去积累。对于学生“悦读卡”，我先系统地指导了一次，批改后再分享展示，然后放手让学生去完成，再分享交流展示，通过多次分享交流展示活动，慢慢地，原来不太懂怎么完成的学生也学会了。学生书写工整的“悦读卡”会在班里展览。这样的“悦读卡”，学生可以自由选择自己喜欢的篇目去阅读，避免了单调枯燥的机械抄写。而通过交流展示，学生看得多，学得多，积累得更多!

四、画中有话创作强

低年级的写话任务，课标中就提到——“写自己想说的话，写想象中的事物”，为以后中年级的习作打下扎实的基础。我发现一年级的孩子想象力特别丰富，画画非常大胆，也很愿意用画画来表达自己的想法。我尝试着结合画画，让学生用一句或几句话来表达他的想法，通过图文结合的训练提高学生的表达能力，让学生乐意跟同学分享自己的想法，他们在分享当中体验到成功和快乐，这也提高了他们的阅读和写作兴趣。例如上完《四个太阳》一文后，我让学生创作《画太阳》，想画什么太阳都可以，但是要写清楚画了什么太阳，为什么要画这样的太阳。结果学生画了“西瓜太阳”“冰激凌太阳”“爱心太阳”……作品出乎意料，不但想象丰富，画面生动活泼，充满童心、童真、童趣，而且文字说明部分表达通顺、生动形象。又如学习了课文《端午粽》，阅读《语文主题学习丛书》中的《端午节》后，在端午节时让学生创作《端午节》。从一个个造型独特的粽子、一场场角逐激烈的龙舟赛、一句句具体流畅的描写中，可见孩子们了解了端午节的习俗，对博大精深的中华文化有了初步的感受。图文结合的表现形式，贴近学生的生活，符合其年龄特点，为学生的创造性阅读带来无限可能。图文结合，“画”中有话，以“画”助话，为发展学生想象力、创意表达等提供了优秀的资源，从而提高了学生的阅读能力、表达能力与创造能力。

知之者不如好之者，好之者不如乐之者。我们要借助《语文主题学习丛书》，创造性地进行教学，通过高效指导，夯实学生的语文基础，使学生成为主动学习、乐于分享、勇于创作的快乐学习者。每一个学生都是一粒种子，我们期待着种子的萌发，呵护着他们的成长，静待他们精彩的绽放！

（本文发表在《广东教学报》2019 年第 3290 期，作者为广东省潮州市湘桥区城南小学陈培纯）

让语言与思维在语文阅读教学中同构共生

在小学语文教学中，我们要实现学生语言的发展，必须重视学生阅读思维的提升。语言和思维是语文教学的核心，两者的统一是语文教学的内在规律。在语文阅读教学中，我们只有把语言训练和思维训练结合起来，使两者同构共生、相得益彰，才能更好地提高学生的阅读能力，才能够真正提高学生的语文核心素养。

《语文课程标准》指出：教师应加强对学生阅读的指导、引领和点拨，不应以教师的分析来代替学生的阅读实践，不应以模式化的解读来代替学生的体验和思考。要珍视学生独特的感受、体验和理解。

下面讲讲我在阅读教学中的点滴做法。

一、创设情境，调动感官，初读览全篇

小学生的思维特点是形象思维比较发达。这个年龄段的孩子一般都充满了好奇心，具有丰富的想象力，对音响、色彩和形象的感知能力比较强。因此，我们在阅读教学中培养阅读能力，一般遵循“整体—局部—整体”的程序，第一步是激发他们的兴趣欲望，帮助他们弄清作者的思路，引导他们确定阅读的目标。“初读”是学生首次感知阅读材料，教学时我通过情境创设导入新课，主要是把学生的视听感官调动起来。感官调动起来的学生，自然会因感官的兴奋而较快进入特定情境中，于是启动紧密联系情感的认知活动。

如我在教学《富饶的西沙群岛》这篇课文时，先运用多媒体课件创设出假想旅游的情境，再由教师扮演导游，配乐介绍西沙群岛的有关情况，使学生犹如身临其境，陶醉于这美丽富饶的地方。我们通过这样的方式激发学生的学习兴趣，使得学生的思维也活跃起来了，也开始了对新知识的深入探求。

二、强化细节，激活思维，细读突重点

教材的重点段落是全文的主体部分，是认知的着力点。根据学生的感知规律，学生对其感知客体需具备一定的感知程度，才能充分感受认识，从而激发情绪、思维和内部语言的积极活动。所以，在通读全文、揭示目标的基础上，应把学生的注意力集中在重点段落的理解上，对于一些细节，老师要抓住学生的独特

感受加以引导，才能激活思维，强化感受。

（一）错时“纠”

如学习《凡卡》一课，学生读完凡卡给爷爷的信后，发现课文中有一些是描写凡卡乡下生活的情况，这些是否跑题了或者没必要写？对于学生提出的问题，我顺水推舟，跟学生讲：这叫作插叙！

插叙是在叙述中心事件的过程中，为了帮助展开情节或刻画人物，暂时中断叙述的线索，插入一段与主要情节相关的回忆或故事的叙述方法，去掉插叙部分，文章内容还是通顺完整的。文中以引用写信的内容为主，凡卡向爷爷倾诉当学徒所受的虐待欺凌，基调是“苦”；插入凡卡对乡下快乐生活的回忆，基调是“乐”。诉苦为主，以“乐”相衬，形成内容、情感上的对比，再加上作者对凡卡写信环境、动作、神态的描写，使读者更加深刻地感受到凡卡内心的“痛”。接着跟学生讲一讲文章其他的叙述方式：①顺叙：按照事情发展的顺序叙述文章的主要事件；②倒叙：先说事情的结果，再叙述事情的起因、经过……③补叙：也叫追叙，是行文中用三两句话或一小段话对前边说的人或事作一些简单的补充交代。补叙通常是中心事件的有机组成部分，出现在文章的关键之处。没有补叙，故事情节就会出现漏洞，令人不解。

（二）浅时“化”

在“阅读分享会”上让学生朗读《我喜欢》这篇抒情散文，当学生读完，我问学生：“你喜欢什么？”学生回答：“我喜欢芒草。”“为什么？”“因为我觉得芒草凄凉、孤独，它是一种美！”“既然是凄凉、孤独，为什么是美？秋风吹，树上黄叶飞，无情的秋风给我们带走了什么？又为我们送来了什么？”我让学生回到文章中再读，让学生知道秋风给我们带走了凄凉、孤独，送来了笑脸、果实，并适时出示古诗：“离离原上草，一岁一枯荣。野火烧不尽，春风吹又生。”“夕阳无限好，只是近黄昏。”用这样的文本引导学生，东西再好都会离我们而去，我们唯一可以做的是热爱生活，珍爱生命。这孤独和凄凉，学生们理解得较肤浅，需一步一步引导，借助文本及时辅助学生理解。如果学生只是在“孤独和凄凉”这两个词上纠结，他们的视野没打开，理解就不会深刻。最后，我再问学生，文中只写那棵风中摇曳的芒草吗？不是的，是作者抒发了对大自然的喜欢，热爱生活，珍爱生命！

（三）疑时“究”

就如课外阅读《一枚金币》中的几句话：

“这不是你挣来的。”他说。
“别骗我了，孩子，”爸爸说，“这不是你挣来的。”
“不，孩子，这也不是你挣来的！”

这时老人说："现在，我相信这是你自己挣来的钱了！"

先讲一讲对话的几种形式，提示语在前、在后、在中间甚至没有提示语的不同的用法，之后学生质疑："他、爸爸、老人都是指同一个人，为什么同样的人用不一样的人称来说?"有了这个问题，老师便因势利导，讲明作者这样写的好处：使语言表达富有变化，文章更生动有趣；使文章更有感染力，从而引导学生去体会父亲的用心良苦，体会作者要表达的是金钱是辛勤劳动换来的，懂得金钱所包含的劳动价值。简单的几句话，孩子们学到了不同的用法和表达方式，相信这对于他们运用到作文中有一定的启发。

三、迁移文本，深化语言，思维求创新

语文阅读文本结构具有许多"空白"，这在很大程度上也为学生留下广阔的思考余地。阅读活动其实可以看作是学生通过自己的想象力，用自己的既有经验来"填充"文本空白的过程。这样，学生的想象力成为至关重要的因素。因此，老师在教学中一定要引导学生充分展开想象，使学生通过自己的想象力去理解阅读内容；老师帮助学生养成在阅读过程中主动重视作品描写的情境的习惯，从而培养学生的创造性思维能力。

如教完《乌塔》一课后，我让学生联系自己的生活实际，交流读了《乌塔》以后的感想。通过交流，学生获得了多方面的锻炼。首先学生的语言表达能力得到了锻炼，另外通过语言表述自己的感受，也是整理学生思路，锤炼、提高学生逻辑思维能力的过程。更重要的是对提高学生的道德素质也有重要的意义。许多学生认识到自己的独立生活能力较差，事事都依赖父母，决心以后自己能做的事自己做，不会做的事也要学着做，从日常小事做起，培养自己独立生活的能力。这样，学生在语文阅读活动中不仅巩固、深化了课内知识，提高了认识事物的能力，思维能力也得到了锤炼和升华。

总而言之，语言是思维的工具，语言能力的训练也是思维能力的训练。语文阅读能力既是学生语言能力的培养，也是学生思维能力的培养。当我们的阅读教学能够引导学生思考，不断走向深入的时候，学生的语言能力也会同步发展，学生笔下的文字自然就会有灵性！

（本文发表在《广东教学》2018 年第 2916 期，获得广东省优秀论文评比三等奖，作者为广东省潮州市湘桥区城南小学李美森）

语文课堂四要素

——“语文主题学习”下的课堂探索

2006年，“语文主题学习”实验开始启动，十多年间，它陆续得到全国各地的响应，促使学校语文课堂的教育教学发生了翻天覆地的变化——语文课堂从学习一篇文章渐渐转向“$1+x$”的多篇文章的海量阅读。

“语文主题学习”强调通过大量阅读来学好语文，然而，每天一至两节的语文课是短暂的，难以达到大量阅读的要求，这就对我们语文教师提出了一个问题和挑战：如何让学生从语文课堂中获得阅读的愉悦感受，使语文课堂成为一个“窗口”，让学生看到文字世界里的亮丽风景，从而接受阅读、喜欢阅读，继而主动阅读。

对此，我抓住四个要素进行了“语文主题学习”的课堂探索。

一、精讲，化繁从简

语文课只有短短的40分钟，如果语文老师面面俱到，最终只能产生“面面都不到”的结果。每一节课可以讲的东西很多，“讲什么”“怎么讲”“讲多少”方是体现语文教师智慧的地方。我认为，语文教师必须深入了解教材，在每一单元中准确地找出语用点，在课堂教学中，由浅入深，形成纵向的训练。

如二年级上册的第四单元所选入的都是关于“写景”的文章，语境优美，能够给学生良好的审美体验，但部分词语、句子较难理解，容易使学生产生畏难心理。因此，这一单元中，我把握的语用点是：联系上下文和生活经验，了解词句意思。针对这一语用点，我大刀阔斧，化繁为简，只选取了其中最优美的片段进行讲解。例如学习《葡萄沟》这一课时，我选取第2段作为讲解的重点。那么，理解“茂密”一词便为重中之重。我在黑板上画出了葡萄架，准备了一片片的叶子，一边贴上一边问，“一片、两片、三片够不够？这是不是‘茂密’？”“不够，一百片都不够！”这时，台下已经有孩子迫不及待地喊出声来，“一百”在他的意识中已经是很多了，但仍然不够。“是的，一百都不够，那要多少才够呢？”我微笑着问。“无数片。”有孩子答。“你的理解完全正确！”我由衷地说道。

通过这样精练的提问、活跃的互动，抽象的词语便得到了形象的解读。学生在有趣的教学活动中获得积极的体验，其思考问题的过程也加快了知识消化的速度，从而落实语文教学的目标。

二、精读，用心感悟

书声琅琅是评价一节语文课的一个重要标准，但是，“读什么”“怎么读”“读多少”也是值得深究的问题。低年级的文章，内容简单，浅显易懂，整篇机械式地反复朗读会消耗学生的耐心，消磨学生的阅读兴趣，绝对不利于“语文主题学习”的开展。

基于此，在低年级的语文教学中，我采取“先通读全文，再精读精华部分”的方式，引导学生在反复品味精彩片段的过程中，自己发掘文章的问题，或感悟语言文字之美。例如部编版二年级下册中的《小毛虫》，讲述了小毛虫从结茧到成蝶的过程，是一篇充满人文气息和童趣的文章。我选取了小毛虫刚开始时那笨拙的样子以及变成蝴蝶后轻盈地飞走这两个片段，向学生提问：小毛虫原来是怎样的？如何才能读出它的可怜？后来发生了什么变化？它变成蝴蝶后，心情是怎样的？如何读出惊喜？学生们带着问题听老师的范读，再齐读、自由读等，在反复品读中，孩子们发现前面应该放慢语速，用声音低沉来凸显小毛虫的可怜，后面则要想象蝴蝶欢快飞舞的画面，读出美感。从阅读中发现小毛虫的变化，体会它从笨拙到灵巧的鲜明对比，体会不同的语气和情感，从而凸显文章主旨：万事万物都有自己的规律，不要自卑，不要轻言放弃！

三、精练，落实双线

语文学科核心素养将“语言建构与运用”放在首位。我们引导学生阅读，是为了让学生将在阅读中学到的语言知识运用到口头或文字表达中，解决生活中的表达问题。这也是语文课程“工具性”的体现和落实。因此，每节语文课，结合相关的语用点，进行语句段的课堂训练是非常必要的。每节语文课中，可以训练的语用点很多，这就需要教师做好每单元的整体备课，再具体到各层次篇目中，找准语用点，进行阶段式练习。

例如二年级上册第一单元3篇文章，都是以拟人的形态，叙述动植物或自然现象的变化。这其中，对蝌蚪外形的描写、人物对话的表达、蝌蚪和云的变化过程的描述、句式“在……在……在……”等，都可以作为训练的要点。但是，在综合整个单元进行备课的过程中，提取统一信息后，我发现，“动词”可以列为本单元的语用点进行阶段式的训练——即第1课引导学生画出动词，并结合《语文主题学习丛书》中的几课，让学生独立判断画出文中的动词；第2课引导并鼓励学生用“落、升、飘”进行说句；最后，到第3课时，引导学生仿写课文，用“乘着风，纷纷出发”“蹦着跳着”“炸开”等写出植物传播种子的方法。这样由词到句，由句到段，为由段到篇打下基础。

四、精写，有感而发

写作讲究的是“我手写我心”，李希贵校长《在反思中重建——关于“语文主题学习”的思考和探索》一文说明了一个观点：没有体验就先不要写作，特别是小学和初中阶段。我深以为然。如果罔顾学生的生活体验范围，无视学生的现实认知水平，让学生去写“假”“大”“空”的作文，必定严重打击学生的语文学习积极性，极易让学生从小就产生“语文是不真实的”的心理感受，从而重挫他们的阅读、表达兴趣。

我认为，不同年龄段的孩子，对事物有不同的理解。对学生写作能力的开发和提升，应当基于他们的生活，要允许孩子畅所欲言，发表对生活的感受和看法。“精写”的“精”，不在于学生写得“精”，而在于老师的要求“精”——精在选题，精在篇幅，精在用心。为此，我积极在课内开展多种形式的写作活动，尽可能避免出现不利于学生思考或感悟的题目，且不仅仅让学生写小作文，也让他们写些短文段或小诗。

例如，《小毛虫》一课后面有“生机勃勃、尽心竭力”等六个词语，本来是让孩子们记一记，并用这些关键词复述课文。但我在上课时，发现孩子们对昆虫有着浓厚的兴趣，于是，我灵机一动，让孩子们用上这些词编故事，没想到孩子们编的故事极其有趣。有孩子写道：“小羊老师说：‘你的第一个任务是学会抽丝纺织，为自己编织一间牢固的茧屋。’小毛虫为了能飞，尽心竭力地工作着。”由此看来，我们的孩子从来不缺少写作的天赋，只是往往容易被忽视，被扼杀。这些内容，虽来源于课文，但又区别于课文，因为加入了孩子们自己的理解。后来有一天，一只黑蝴蝶飞进了教室，不小心撞进正高速运转的吊扇里，正当大家都以为它死了的时候，它竟然振动翅膀，飞了出来！孩子们不禁鼓起掌来！我当即问道：“你们为什么鼓掌？”有个孩子一脸崇拜地说：“它居然飞出了风扇！太厉害了！”“你们猜猜，蝴蝶为什么会飞进风扇？”有的说它不知道那儿危险，也有的说它可能顾着看我们上课，不小心撞上的。我又问：“在风扇里，它想到了什么？又是怎么做的？”孩子们说得更积极了，直到下课，还意犹未尽，所以一致决定，今晚回家写一篇《蝴蝶历险记》。这节课，虽然中途被蝴蝶打断了，可这只蝴蝶成了我们这节课最好的写作素材，也是这只蝴蝶，让孩子们对课文《小毛虫》有了更深一层的理解，更体会到蝴蝶勇敢的精神。我相信，通过这样的培养，学生更愿意去想、去写，这些用心写出来的文字，他们更愿意收藏，在日后成为他们人生道路上美好的回味。

从教多年，在教改的路上，我依然感觉自己任重道远。因为一直保有一颗热爱教育的初心，我不断地探索实践。我坚信途中有很多的同行者会一起为“以生为本”的语文课堂探索创新，不懈努力！

（本文发表在《广东教学报》2019 年第 3290 期，作者为广东省潮州市湘桥区城南小学洪洁）

课后巩固，如何“翻转”

——从小学高年级数学科应用题的日常教学中想到

近几年“翻转课堂”和“微课”因为适应现阶段社会和学生的时代特点，且教学效果明显，受到了师生们的欢迎和各级教育部门的高度关注。现阶段“翻转课堂”和“微课”主要作用是能再现课堂中教授新知的环节，让学生在离开了老师讲解的前提下，在课前（或新课开始阶段）对即将学习的新知能有基本的理解，学生可结合自身的实际情况决定重复观看的次数，从而把更多的课堂时间留给老师和学生进行交流互动。

在接下来的“课后巩固”阶段该如何更好地承接以上环节，引领学生的学习向更高层次发展，让学生在后续的学习、练习中离开了老师也能再现课堂，也能游刃有余地解决各种问题，这在高年级的教学中显得尤为重要。

一、高年级应用题教学的现状和问题

日常教学中应用题（综合运用题）的出现，对于培养学生的核心素养，尤其是其中的“逻辑推理”和“数据分析”两项技能，起着举足轻重的作用。也正因为如此，各种练习训练必有应用题，各类考查监测也必有应用题。对于类型繁多、拓展延伸空间极大的应用题，教材编排也只能点到即止，更多的是穿插于各个知识点中，较少单独作为一个知识点进行编排。经过教学实践，许多老师对于应用题的教学都有自己的土方法、小窍门，但是出于各种原因，大多数老师都不愿谈及。各层次的教师教学比赛也鲜有教师会选择此类内容参赛。应用题的教学已成为大家都想回避但又回避不了的重要问题。

小学各年级的学生年龄跨度大，各个学段的学生有着不同的年龄特征和学习特点。高年级学生已有一定的知识储备，掌握一定的学习方法和技巧，具备独立进行简单回顾重现学习过程的能力，理解能力和独立分析解决问题的能力较中低年级有了明显的提升。这时的教学不宜也不应继续采用中低年级的教学方法，应该更着眼于学生核心素养的培养，逐步放手培养学生的独立能力，促使学生可持续发展。

二、“翻转课堂”的优点与误区

“翻转课堂”的显著优点在于内容能永久保存，可供反复查阅和修正，不像课堂讲授稍纵即逝，在特定情况下，学生就算离开了老师也能进行有效的学习，达到此时无“师”胜有“师”的境界。

现阶段每当人们听说“翻转课堂”，立刻想到的就是微课、视频，所以很多老师把很多时间精力都放在了微课、视频的制作上面。只重视“课前”，忽视了“课中”“课后”。数学学科教学在课后环节是否能延续“翻转课堂”的优点？这是很值得探讨的问题。

三、“翻转课堂”下高年级应用题教学策略

“翻转课堂”之所以成功，很大程度确是因为其“可按需重现”所带来的学生“吸收内化”进而升华到“自主学习”。重现课堂的方法不止一两种，通过合适的方法在课后阶段实现课堂的重现，满足不同层次学生的需求，就能将“翻转课堂”延伸到课外。

高年级应用题的“翻转课堂”中更应着力培养学生的“逻辑推理”和“数据分析”等核心素养，实现学生的可持续发展。除了在课前、课中下功夫，更要想办法培养学生在课后阶段仍能通过一些具体的方法回忆、重现课堂上老师讲解分析问题的思路模式。这就需要老师将这些具体的方法在课堂教学中教给学生，在课堂上做到既授之以“鱼”更授之以“渔”。

（一）数形结合，借“图”发挥

微课的优势在于展现了较完整的数形结合教学过程，能够更加充分调动学生的各种思维方式，从而提高了学生学习的效率。在高年级应用题的教学中，更应注重数形结合，重点培养学生看线段图、画线段图的能力。线段图能将应用题中数量之间的关系直观地展现出来。通过相对固定的、有效的画图模式，借助“直观想象”，学生哪怕离开了老师，看到了这些线段图也能回忆起课堂上老师讲解的方法。

如“一堆煤用去了12吨，还剩下原来的2/5，这堆煤原来共有多少吨”这道简单的分数除法应用题，重点在于找到题目中的对应量和对应分率。但很多学生，甚至部分老师在教学时经常会把线段图画成图1的样子。这样的线段图很难直观展现数量之间的对应关系，会让学生一头雾水，无法对分析解答题目提供有效的帮助，可以认为是无效的线段图。

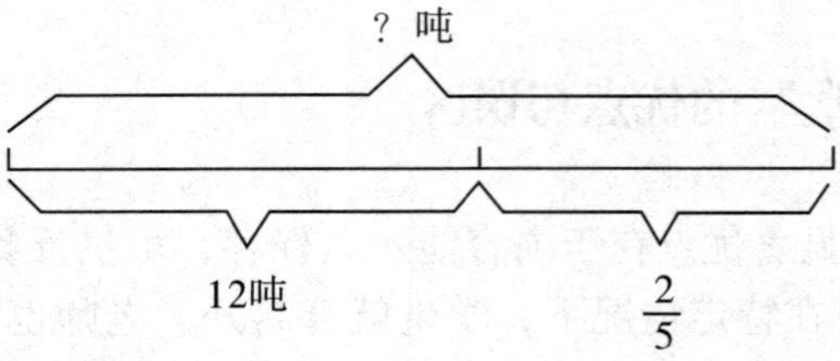

图 1

若在课堂教学的时候稍加改变，将题目中的数量统一标在线段的上方，分率统一标在线段的下方，如图 2，就能发现要先找出“12 吨”所对应的分率，从而得出图 3。这样小小的改变，让学生哪怕是在课后老师不在场的情况下，仍能迅速地回忆起课堂上老师讲解分析的方法，一定程度上“重现课堂”，从而对题目进行有效的分析和解答。

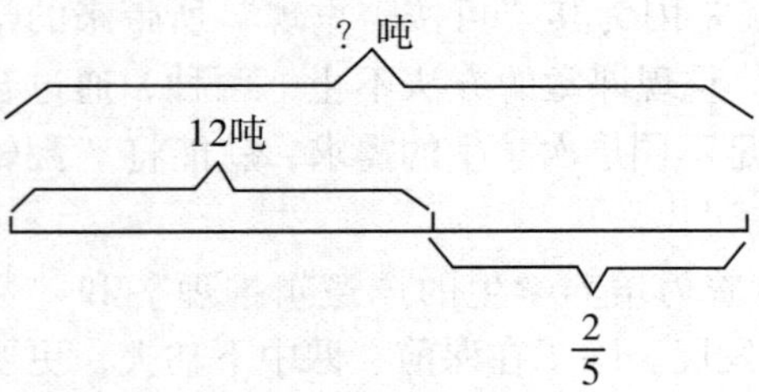

图 2

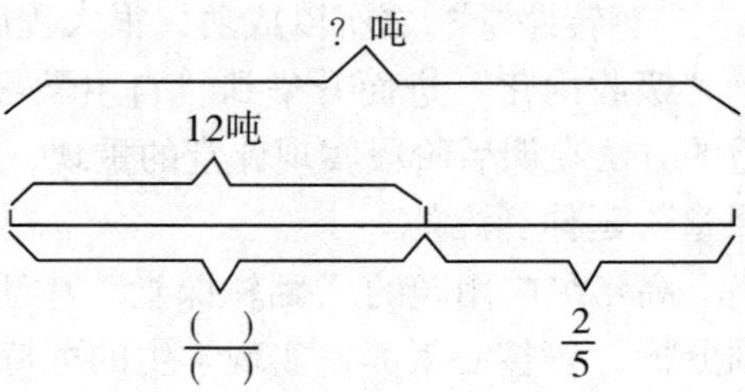

图 3

（二）“字”简意赅，回顾理解

中低年级的应用题多为较简单的一（两）步应用题，部分有小聪明的学生已经养成“蒙”题的习惯——将题目中的已知条件结合本单元教学运算进行随意的组合，这样“蒙”题有时正确率确实很高，学生就更少去认真思考，分析解答问题目的性不明确。高年级应用题的复杂程度较以前有很大的飞跃，靠之前“蒙”的方法已经几乎不可能正确。要想彻底改变这种现象，需要着重提高学生解题时的“目的性”，清楚知道自己每一步需要求什么或求的是什么，提高学生“逻辑推理”的技能。

一味强调列综合算式解答应用题会让孩子形成一种“图片”式记忆——只知道这种题目大概就要这么列式，却经常不知为何要这么列式。为了增强学生列式的“目的性”，日常教学中可以采用分步列式、写思路的方法对学生进行训练。如：“商店有 6 吨大米，上午售出 1/3，下午售出的相当于上午的 1/2，问全天共售出多少吨?”这道分数除法应用题可采用分步列式的方法引导学生分析、解决问题，用简单的一两个字表明某道式子算出的具体内容，培养学生解题时的“目的性”。

上午：$6 \times 1/3 = 2$（吨）

下午：$2 \times 1/2 = 1$（吨）

全天：$2 + 1 = 3$（吨）

整个过程以文字的形式保留下来，就是无声的、静态的图片式微课，学生在后续的复习（练习）中只要看到式子前面这些文字，就可回忆起课堂上老师的教学方法。

十几年来，我对所任教班级开展的长期的教学实验证明：在课内、课外都运用这种方法，持之以恒地坚持下去，学生解题的“目的性”会得到很大的提高，口头表达能力和逻辑推理能力均有明显的进步。

（三）因“材”施教，形成合力

应用题来源于生活，与生活息息相关。交通工具的行驶速度、出粉率中小麦和面粉的“前世今生”、阶梯电价（水费）的计算方法、银行反复存款利息的计算……这些生活中的常识虽然不是高年级数学课堂必需的内容，但在课后练习中经常会出现此类内容，如果不进行初步了解，经常会闹出笑话。例如：常有学生计算得出汽车的行驶速度为每小时 1 000 多千米；小麦的出粉率高于 100%……

如果学生具有相应的生活常识就能在很大程度上避免这些错误，但如果单纯由老师在课堂上进行简单的讲解，既浪费时间，又不能让学生形成深刻的印象，也无法达到家校共同育人的目的。所以，此类内容，可借助家长或社会的力量，点拨学生去向家长询问了解，让家长成为校外的“老师”，将课堂的阵地转移到校外。这样不仅能给学生留下深刻的印象，还能达到家校共同育人的目的。

总之，数学学科教学应该与时俱进，在注重培养学生核心素养的同时，紧扣前沿的教学方法，结合学生的实际情况，将“翻转课堂”延伸到课后，实现学生的可持续发展。

（本文发表在《广东教学报》2019 年第 3296 期，作者为广东省潮州市湘桥区城南小学唐永嘉）

吸睛数学

——寻找数学教学之美

苏联数学教育学家斯托里亚尔曾经提出，数学教学是数学活动的教学。数学课堂教学是师生交往、互动与共同发展的过程，是使学生在自主学习的过程中获得广泛的数学活动经验，学会用数学的思维方式去观察和分析现实社会，解决日常生活中的问题，进而形成勇于探索、勇于创新的科学精神的平台。如何挖掘吸睛数学？我们应当让数学课堂呈现美感，从形象，到体验，到运用，让小学生的学习注意力在无意中被吸引过来，在教学中呈现数学的魅力，激发学生对数学的兴趣，并渐渐地成为一种爱好，自觉钻研，自觉应用。学生对数学这一学科的认识需要一个过程，在每一个学段的学习都应根据学生的特点，充分发挥教学内容的作用，从知识内容—技能训练—拓展应用—数学思想价值，让学科的学习在学生的成长中变得更加扎实、丰满。

一、实效之美

数学课堂应当充分展示数学的表现魅力，从形象上吸引学生的好奇心，激发他们去质疑，去挑战，去验证，从而投入专注的目光和精力进行数学活动。教师可以从多渠道呈现数学的实际成果的美，简洁的图示、整齐的格式、清晰的图表、数据的论证等，都能引导学生感受数学的条理性和逻辑性。

例如数学学习的漫画分析法，孩子一开始接触数学的知识大多是从形象上比较，用语言表达来培养数学逻辑思维能力。数量的比较，可以通过图示的对比、连线形象得出多与少的关系；几何图形中简单的画图可以观察出形状的特点，判断内容涉及的是长度方面还是面积或体积；在倍数关系的问题中通过简笔画画出三角形、圆形和任意符号都可以一目了然地表示数量之间的倍数关系，进而找出已知数与未知数的位置和对应数量。教学实践证明，数学的低要求图形受到学生的喜爱，省时，易画，独具个性的创意图带给学生一种无局限的感官美。如画一些“○”，就能代表鸡头和兔头，在下面添加小棒，就代表鸡脚和兔脚，学生们从未见过如此形状的鸡兔，但也乐意接受，甚至把小棒折弯向上翘起表示跷起脚等，在有趣的演示中犹如看到数学故事的动态美。这样的方法大大降低“鸡兔同笼”专题学习的难度，便于理解数学问题、解决问题。

随手拈来的简易图更能服务于全体学生，与美术基础无关，能够便于学生理解抽象的空间观念问题。如三角形的高的画法是三角形认识中的难点，特别是钝角三角形的两条形外高。如何发挥图示的实效美，我们与学生商量把高看作一个人，一个人要站在底上，应该站在哪才是合适呢？通过画图发现头应该在顶点，脚底是垂足，这样三角形的高与三角形的关系就简洁明了。从学生的习题中发现，分析图越来越多，简洁、多样、贴题，分析能力也在不知不觉中提高。一幅幅简图也成了作业中的一个个亮点，一道道赏心悦目的风景。

在探究路程问题时，因地制宜在教室进行实践演示，让两个同学演示两个运动的个体，从而让全班同学在观察中发现相遇、追及的运动状态，并理解路程与时间的特点。短短的教室、简单的模拟操作，给学生的数学学习带来了乐趣，丰富了教学活动。这样的数学活动不正是展示它高效之美、实效之美吗？

二、分享之美

张宙斯教授认为，数学思维是策略创造和逻辑演绎的结合。学生的逻辑演绎对于数学思考问题而言，离不开策略创造。课堂上认真听，认真画，学会数学交流，增强数学自信心，也是一种数学的素养。培养学生表达自己的数学见解，分享数学方法，发表讨论，汇报总结等，是每一名数学教师在教学中都应重视的内容，鼓励学生借助图式分析演示并讲解其中的问题发展过程，把数学题看成一个故事向大家叙述，赋予图式动态生命。在数学课上，我常常让学生带着自己的分析图向同学们讲解，这时学生的听讲精神更胜于其他时刻，讲解的同学也很自豪地把自己最好的一面展示出来，不仅要讲清，还要让同学们听懂，自然就必须给自己自信，给自己鼓励，因此能力也在无形中提高了。

例如："王师傅计划每天加工 80 个零件，实际每天比计划多加工 10 个，结果提前 2 天完成。这批零件有多少个？"学生读题后觉得对应的条件不足。这时我提示学生站在王师傅的立场分析实际每天多加工有什么用？或者思考为什么要提前 2 天，怎样才能提前 2 天？接下来让他们自己画出工作对比图。学生带着自己的分析图很快就发现了其中的关系，即计划 2 天的工作量就是每天 10 个乘实际天数的工作量。

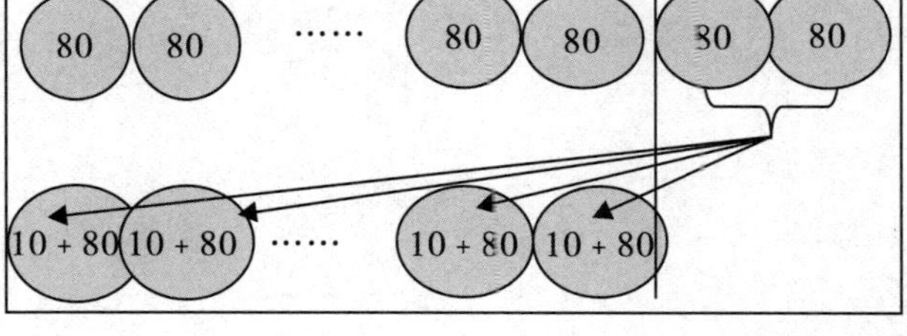

原 2 天：$80\times2=160$（个）

实几天：$160\div10=16$（天）

总个数：（10 + 80） × 16 = 1 440（个）

在活动中紧紧牵着同学们的思维主线，跟着问题走，经历问题的产生，面对遇到的挫折，寻求对策，最后迎刃而解，感受成功的喜悦。挫折与成功都是一种宝贵的数学体验，人与人之间的分享都是一种收获。虽然过程并不是都很顺利地正确解题，但能从分析弯路中找到漏网的知识，能及时补上缺口，在互相学习中找到解决的方法、解题的对策，这是数学的美之所在，是一种体验之美，是一种探究更深更广的数学问题的动力和信心。

三、应用之美

儿童用数学眼光看待世界，并有意识且适当地应用数理思维，这是重要的数学素养。其实我们每天的生活和工作都需要用到数学技能，一个人的人生态度中有数学作为衡器，那么生活将变得简单、清晰。懂得用加减缓解压力，懂得用分析方法来分析生活问题，让烦恼省略，取舍消极与积极的心态，为人生规划一条路线图，将奋斗目标和一路的努力制成思维导图，前路变得清晰，遇事也能保持冷静，反应敏感，办事高效。这一切的睿智得益于数学学习中形成的数学态度，体现了综合数学能力和思维发展的应用价值。

例如，学生在一次数学实践活动中选择路线时，用了三角形三边关系来选择快捷之路，这就是数学学习的价值。有的学生为自己的学途规划进程，把每年的时间进行合理安排，让时间不被虚度，这不正是数学态度所形成的前景之美吗？

数学教学应该是一个思维活动。作为一名数学教师，应该用一种能使孩子具有数学素养的方法来教数学，以寻找数学之美为由，打造吸睛数学，引导学生用数学的方法，甚至运用更综合的方法来思考问题，让我们的学生在今后的学习之路、生活之路、工作之路走得更加自信，更加宽广。

（本文发表在《广东教学报》2019 年第 3290 期，作者为广东省潮州市湘桥区城南小学刘小红）

浅谈数学核心素养在课堂教学中的落实

中国课程改革经历了从知识立意到能力立意，从能力立意到素养立意的过程。数学在形成人的理性思维、科学精神和促进个人智力发展的过程中发挥着不可替代的作用，它教给孩子的不应只是冰冷的数学知识，更重要的是教会学生用数学的眼光看待问题、用数学的思想去思考问题。数学素养是现代社会每一个人应该具备的基本素养，数学核心素养是以数学课程教学为载体，基于数学学科的知识技能而形成的重要的思维品质和关键能力。作为一名数学老师，应如何在课堂教学中体现和落实数学核心素养呢?

一、在游戏情境中激发学习兴趣

古人云："知之者不如好之者，好之者不如乐之者。"在课堂上创设游戏情境，可以把学和玩有效地结合起来，当学生对学习产生兴趣时，就会产生强烈的求知欲望，从而激发自己去学数学。

例如，我在教学《搭配中的学问》一课时，设计了"我是穿衣小能手"的游戏。请学生拿出准备好的学具：两件不同的上衣和三条不同的裤子。要求学生将一件上衣和一条裤子作为一种搭配法，把自己的搭配方法摆出来并和小组内的同学交流。这一场景，真实地再现了孩子们生活中的穿衣情形，孩子们迫不及待地加入游戏中，想象着自己的穿衣搭配，快乐之情溢于言表。这时老师再让学生们思考：怎样搭配容易找全？有没有什么好的办法帮助记住呢？我把思维的空间交给了学生，学生们通过讨论、实践，从不同角度、不同侧面思考，找到有效的解决方法。整个游戏过程，孩子们学习热情高涨，学习潜能和主动性得到充分发挥。

二、在实践操作中体验"做数学"

弗赖登塔尔认为，数学教育方法的核心是学生的再创造。教师应该创造合适的条件，让学生在学习数学的过程中，用自己的体验，用自己的思维方式，重新创造有关的数学知识。没有体验或感悟过的知识概括，都是无效的概括，此种情境下的教学也是无效的教学。教师的数学知识掌握得再好，在教学中如果不能转换成学生的知识，就是无效教学。为了达到让学生将知识化为已有的目的，就必须让学生自己去经历学习的过程，比如观察、实验、猜想、归纳、概括等，只有经过自己做题与思考，才有可能学会数学。

有位老师在教学《平行四边形的面积》时，首先引导学生观察，通过画一画、剪一剪、摆一摆等操作活动，让学生在探究活动中猜想平行四边形的面积跟什么有关，紧接着组织第二次探究活动，让学生利用学具动手验证自己的猜想，学生通过剪、拼等方法把平行四边形转化成长方形，从而推导出平行四边形的面积计算公式。这样的教学，让学生在探究问题的过程中发现知识，亲身经历数学知识的形成过程，帮助学生建构数学模型，获取具有数学本质的数学活动经验，从而完成“做”数学的过程。

三、在解题过程中加强自我反思

数学家乔治·波利亚说：“数学问题的解决仅仅只是一半，更重要的是解题之后的回顾。”如果教师能让学生养成解题后进行多角度探究、反思的习惯，对整个解题过程作自我评价、自我反思，这不仅可以巩固所学知识、强化基本技能、积累解题经验，还能促进学生的思维发展，对学生来说就是培养能力、提高数学学习效果的有效途径。

例如在教学《异分母分数大小比较》后，学生在练习“比较$\frac{2}{97}$和$\frac{3}{101}$的大小”时，大多数学生都用“通分”的方法进行比较，但有一个学生提出：我是用“通分子”的方法来比较的。问题一出，学生们都笑他——哪来的通分子。我首先对孩子敢于提出独立的见解给予肯定和表扬，并及时抓住培养学生创新思维能力的时机，鼓励学生开动脑筋，探讨这种方法的正确性。通过认真思考分析、讨论交流，学生们一致认为：比较这种分子较小、分母较大的两个分数的大小，用“通分子”这种方法更简单、便捷。教学中，常常会出现类似这些教师不能预料的问题，作为教师要及时反思，启发引导学生克服思维障碍。

四、在学法指导中提升核心素养

新课程标准要求：“教师激发学生的学习积极性，向学生提供充分从事数学活动的机会，帮助他们在自主探索和合作交流的过程中真正理解和掌握基本的数学知识与技能、数学思想和方法，获得广泛的数学活动经验。”教师在教学工作中不仅要使学生掌握知识，更重要的是要让学生掌握学习方法，今天的教是为了将来的不教，“会学”比“学会”更重要。只有让学生始终处于主体地位，教师起点拨、引导的作用，才能让学生既学到知识，又能掌握解决问题的方法。

例如，教学《圆锥的体积》时，我先让学生分组进行试验。分组时，我有意分配一组不是等底等高的圆柱、圆锥容器去量沙。当汇报试验结果时，前几个组都发现所用圆锥容器是圆柱体积的三分之一的规律，只有一个组汇报的结果跟其他小组不一样。这时我提出问题：为什么这个组试验的结果跟其他组不一样？学生们通过观察比较、小组讨论后找出原因："只有等底等高的圆锥才是圆柱体积的三分之一。"接着我又问：怎样验证你们的猜想？这一问题的提出，又一次激活了学生的思维，学生之间互相讨论、合作试验，最后得出圆锥的体积计算方法。学生通过观察—比较—猜想—验证，经历了知识形成的全过程，享受了再创造的自由，体现了过程比结果更重要、方法比知识更重要的基本思想。

又如，在教学三年级《口算乘法》一课时，在学习了整十数乘一位数的口算后，我引导学生小结：刚刚我们是怎样计算 20×3 的？学生归纳：可以用 2 个 10 乘 3 等于 6 个 10 的思考方法，把整十数乘一位数转化成表内乘法，先想口诀"二三得六"，6 个 10 就是 60。到了后面学习整百、整千数乘一位数的时候，学生自然而然地想到，可以把 0 前面的数相乘，再看因数中一共有几个 0，就在积的末尾补上几个 0。只有教师有了方法引导的意识，像这样的例子经常出现在教学过程中，才能对学生的学习起到事半功倍的效果，切实提高学生的数学素养。

基于数学核心素养的数学教学，要求教师更新观念。它不能脱离具体的数学知识与方法，需要在数学知识的学习过程中，在数学思想方法的掌握过程中，逐步积累、领悟、内省形成，只有在课堂上多关注"数学抽象、逻辑推理、数学建模、数学运算、直观想象、数据分析"等方面的问题，引导学生多去思考、体验数学，不断探索，不断积累，才能使数学核心素养得以有效体现和落实。

（本文获潮州市湘桥区 2019 年教育教学科研论文一等奖，作者为广东省潮州市湘桥区城南小学黄丽芬）

如何在小学音乐教学中渗透德育教育

古人曰："乐也，通伦理者也。""乐者，德之华也。"这些断语，说明了我们的祖先在长期的教育实践过程中，早已认识到了音乐与道德在本质上的联系。改革开放以来，中国经济迅猛发展，告别灌输式教育，实行素质教育，在追求学生德智体美劳全面发展的今天，音乐德育功能的提出及对其特征的探索，对于开拓德育领域、确立音乐教育在学校的地位、提高音乐教学质量有着十分重要的意义。音乐教师如何在音乐教育教学中发挥音乐的德育功能，让学生在音乐世界里受到德育教育呢?

一、音乐教师要增强德育意识，找准教材中的教育点，渗透德育

音乐，作为一种艺术教育，具备美育的功能，已经广为人知了。而它同时具备的德育功能，却往往被人忽视。在现实的音乐教育教学中，音乐教师对于自身的专业、音乐课的设计及教学形式、手段等方面研究得较多，而对于如何利用音乐素材、音乐活动、音乐人文内涵对学生进行德育教育则研究得比较少。音乐教师总认为学生的德育教育工作是学校的行为，是班级的行为，是负责学生德育教育的领导的工作，是班主任的工作，与自己关系不大。

可是，在音乐教材中，不少作品具有浓厚的时代气息和强烈的爱国主义情感，它对学生树立正确的人生观和世界观起到积极的引导作用。这种引导需要音乐教师从正面进行教育，所以，音乐教师在备课中要树立牢固的德育意识，以教材为内容，以课堂为阵地，认真钻研教材，分析和挖掘教材中的德育因素，做到每堂课都能有德育的侧重点。

二、音乐教师要在音乐教学的全过程中，贯穿德育

音乐教师要认真设计教学中的各个环节，使德育贯穿教学全过程。不追求形式生硬说教，要理论联系实际，制定切实可行的音乐常规来培养学生文明礼仪、礼貌待人的好习惯。俗话说得好，"无规矩不成方圆"，从学生步入音乐教室那刻开始，我们就要对问好的姿势、上课的坐姿、唱歌的站姿规定相应的规范动作，以培养学生尊敬师长、遵纪守规、举止文明的良好习惯。可通过发声练习、节奏训练、听音练耳等培养学生和谐统一的良好心态。要结合教材，采用多种方

法，使德育内容有机地贯穿在教学中。课堂评价要面向全班不同层次的学生，建立新型的学生评价机制，让他们发扬优点，克服缺点。通过以上这些教学环节，可以帮助学生逐步养成良好的行为习惯和道德情操。

三、音乐教师要在各类课型之中，实施德育

小学音乐教学的主要内容包括唱歌教学、欣赏教学和唱游教学等，教师要分析这些课型的特点，寓德育于各种课型之中。

（一）音乐欣赏，陶冶性情

音乐欣赏教学通过对古今中外音乐作品的欣赏，培养学生健康的情趣，开阔视野，提高鉴赏能力，培养高尚的情操。特别是通过对我国民歌、民族音乐的欣赏，使学生热爱祖国民族音乐文化，激发学生的爱国热情和民族自豪感。特级教师李友仁曾说过："中华民族的音乐，展示着中华民族的才智，记录着中华民族的兴衰荣辱，铭刻着中华民族英勇、顽强的斗争精神，纯朴、善良的民族性格，通过学习民族音乐，培养学生爱国主义精神和建设社会主义的责任感。"在小学音乐欣赏中，民族音乐占据了一定的地位，我们要好好利用这个音乐教学和德育的社会点，在欣赏教学中潜移默化地使学生受到教育。如在欣赏《歌唱二小放牛郎》时，我借用歌词给同学们讲了一个王二小的故事：1942 年 10 月 25 日，儿童团团员王二小一边放牛一边给八路军放哨，为了保卫转移躲藏的乡亲们，他机智勇敢地把敌人引进了八路军的埋伏圈，敌人被消灭了，王二小却献出了自己 13 岁的生命。故事扣人心弦，催人泪下，王二小在危险面前表现出来的勇敢机智的精神鼓励着同学们，敌人的凶残激发了他们爱憎分明的情感，强有力的英雄榜样在孩子们心中悄然树立。最后在小结时，我勉励大家向革命前辈学习，做革命的接班人，对学生进行革命传统教育，激发了学生对革命先烈的崇敬之情，使他们的道德情感得到升华，从而领悟要奋发图强，报效祖国。

（二）歌曲演唱，滋润心灵

歌曲是由词曲组成的，歌词体现了歌曲的具体内涵。一首优秀的歌曲，它优美健康的歌词，往往也是很好的德育教材。教师在教学中要改变为唱而唱的倾向，抓住歌词的特点，有意识地挖掘教材中的思想性，根据教学内容、学生的实际水平和音乐艺术的特点，有意识地渗透思想品德教育。

当我们为某些学生在升旗仪式上随意迟到、随意讲话感到失望，为学生们在唱国歌时无精打采的表情、疏散无力的声音感到无奈时，我们是否应该反思一下我们的教育教学呢？我们是否真正把德育贯穿到教学中，从而寻找他们内心的共鸣，激发他们，感动他们？如果我们向学生讲述在地震废墟下齐声高唱《国歌》的事迹，他们不会无动于衷。让学生观看奥运健儿在赛场上奋力拼搏的身影，夺冠时五星红旗冉冉升起，我们的国歌响彻整个体育馆的那一刻，他们心中的爱国

激情和民族自豪感会不由自主地被激发出来。此时此刻的爱国主义情怀和美好的音符将在他们心中留下深深的印记。我相信，此时让他们再唱国歌，歌声绝对是铿锵有力！

（三）唱游活动，完善个性

唱游是学与玩的教学，其特点是让学生在动中学、玩中学、乐中学，是低年级学习音乐的重要手段。它不但能促进学生的集体活动，又能以极大的兴趣吸引学生参与，并在兴趣的诱导下促进学生的个性发展。在课堂上如何寓德育于唱游活动，我认为可以从以下两方面入手：

第一，唱游活动既有音乐方面的一些要求，又有唱游的方法、规律的约束，因此，老师应要求学生在唱游中动作行止有度、团结互助、进退有节，相互尊重、宽容理解。通过这种“润物细无声”的浸润和熏陶，使其在唱游中获得集体主义情感体验，潜移默化受到集体主义道德意识教育。

第二，根据唱游内容，使学生在赞颂真善美的事物中，陶冶高尚情操，在他们幼小心灵里播下纯真温厚、健康向上的种子，培养他们“五爱”优良品质。如儿童歌舞表演曲《好朋友来了》，一问一答，有领有合，十分有趣，表现好朋友来访时的互相问候，也表现出了好朋友之间你来我往的友情。在活动中，我先让学生分角色进行表演，并按歌词内容做动作，评出“最佳主人”或“最佳客人”，培养了学生团结友爱、礼貌待人的好习惯。

四、音乐教师要抓住课外音乐活动契机，深化德育

音乐课外活动是学校音乐教育的重要组成部分，也是音乐教学进行思想教育的另一阵地。音乐教师可利用集体化音乐教育，利用大型文艺活动，熏陶学生，教育学生。如学校的舞蹈队、合唱队等兴趣小组，由于是集体化的音乐教育，可以使孩子们正确认识个人和集体的关系，从中懂得团结友爱和互敬互助的重要性，培养了合作精神和开朗性格，学会了怎样与周围的人相处，懂得集体荣誉高于一切。

曾记得中国古代有“瓠巴鼓瑟，而沉鱼出听”的说法，可见音乐有着多么神奇的魅力。它影响人的情绪，催人奋发向上；它使人心灵相通，促进人际交往；它还帮助实现自我，促进人格完善。因此，在音乐教学中，我们应特别注意发挥音乐教育的德育功能，陶冶学生性情，提高审美情趣，真正做到“春风化雨，润物有声”。

（本文发表在《广东教学》2017 年第 2739 期，作者为广东省潮州市湘桥区城南小学庄溯澜）

如何提高小学一年级体育课堂效率

体育课是一门以身体练习为主要手段，以学习体育与健康知识、技能和方法为主要内容，以增进学生健康，培养学生终身体育意识和能力，养成健全人格为主要目标的课程。小学一年级体育课，课时非常有限，一节课40分钟，要学习的内容却很丰富。那么，在体育课堂教学中，如何在一节40分钟的课堂上让学生收获最大是我们老师该深思的问题。那么，怎样上一节课才算得上高效呢？老师激情洋溢地把准备的教学内容都讲完了是否算高效？课堂很热闹，每个学生都很开心，这是不是高效课堂的标志？《教育学》中教师上好一节课的基本标准是：一是要使学生的注意力集中；二是要使学生的思维活跃；三是要使学生积极地参与到课堂活动中来；四是能够使个别学生得到照顾。

《学校体育学》指出体育课的教学过程在很大程度上决定着体育教学的有效性，体育教学效果有多少、体育效益有多大、体育效率有多高，往往取决于体育教学的实施过程。因此，一节体育课上，老师讲得激情洋溢，这说明老师所讲授的知识吸引了他自己，只有老师的激情还不能判定这节课为高效课堂。如果老师讲课很精彩，学生被吸引了，并参与其中，老师所讲述的内容学生能用行动表现出来，这才是高效率。反之，老师沉浸在自己的世界里，学生游离于老师所讲述的内容之外，这节课就不能算高效。

对体育高效课堂有了认识后，在一年级体育课堂上，如何提高课堂效率，有以下几点对策：

一、教师的精神面貌

一节体育课中，老师起着主导作用。一个开朗、乐观的老师对学生或多或少会有感染的作用。一个积极向上的老师和一个闷闷不乐的老师在上课，学生当然更愿意听前者的课。特别是一年级阶段的体育课，学生更受老师的精神状态的影响，跟着老师的情绪走。所以，老师走进课堂时，首先应该拿出最饱满的热情，多对学生微笑，老师快乐，学生才有可能快乐，学生心情好，学习才更有效率。其次老师以愉悦的状态组织体育活动，不仅学生不会感觉到压迫感，更容易放开身心，让身体各个器官都参与到运动中，还能营造出良好的课堂氛围，使课堂每个环节能紧凑、顺利地进行。

二、场地的布置

小学一年级学生的好奇心特别强，对新鲜事物特别敏感，对场地进行布置能提高学生们的求知欲望。老师只需在空旷的操场上，根据不同授课内容，设置不同的器材及其摆放方式，对操场进行装饰，学生走进场地的那一刻，注意力就会被吸引，对接下来的学习内容特别期待。同时，老师在调动队伍方面也比较方便和高效。

三、规则的设定

小学一年级的学生，刚刚从幼儿园过渡到小学，自制能力比较差，多有学生调皮捣蛋，随意扰乱课堂秩序，课堂纪律没保证，课堂效率就很难保证。正所谓无规矩不成方圆。这就需要在学期开始时，教师多花些时间和学生制定好规则并坚持执行。比如，老师一吹口哨，同学们立刻停止活动，安静下来，听老师下达口令。当听到老师下达口令“立正”后，学生立刻立正站好。也许制定规则会耽误一些课堂时间，但从长远来看，学生能养成良好的行为习惯，有利于以后课程的开展，提高课堂效率。

四、适当幽默，调节气氛

学生在学习新的动作过程中，总会出现千奇百怪的姿势。比如学生学习跑步的摆臂，有的像是在扫地，有的像是在游泳，有的左右摇摆，看着像群魔乱舞，让老师哭笑不得。这时，老师若把这些错误的动作通过开玩笑的方式提醒学生，并模仿动作，学生们的注意力会更加集中，同时，为了不做出可笑的动作，他们会加倍记住正确的动作。当然，老师在拿学生开玩笑时需要把握好度，了解学生的性格特点，对比较内向和敏感的学生应多鼓励，切莫伤了学生的自尊。

五、课堂要灵活多变

学生每天要上很多节课，要求所有学生在每节课都保持全神贯注，显然不现实。但学生比较好动且好胜心比较强烈，只要涉及名次，他们都不甘示弱。通过游戏、比赛的形式，容易激发学生参与运动的兴趣，同时也能最大程度发挥学生的水平。比如跳绳，在组织集体练习的过程中，学生们跳几个就在原地不跳了，这是因为学生们在集体练习中感觉比较枯燥，加上跳绳非常消耗体力，学生们容易失去动力。如果换成分组比赛，看谁跳得最好最多次，学生们会举手抢着上台展示。在台上表演的同学的注意力会放在如何做得更好得到老师和其他同学的认可上。因此，他们不断地挑战自己的极限，并超越极限。而在台下的同学，一边打气，一边学习优秀学生的技术，并与自己对比，不断改进自己的不足，提升自己。

六、做好课后反思

每个班级有每个班级的特点，有些班级比较活跃，有些班级比较安静，有些班级比较听话，有些班级比较捣蛋。教师在课后要多总结经验，用恰当的教学方法进行教学，避免千篇一律。比如老师组织学生分小组到各小组场地练习，对于比较听话的班级，老师可以让小组长带队到指定地点，学生则会按老师的要求，排列整齐到自己的场地列队；而比较活跃的班级则不会很整齐到达指定地点，甚至在调整的过程中出现一些意想不到的举动，老师就不得不多花些时间调整，从而耽误了上课时间。对于活跃的班级，老师若用先分组，再提要求，看哪组最先到达指定地点并列好队，学生们接到信号后，则会以最快的速度到达指定地点，列好队后得意扬扬地报告。同样的队形变化，不同的对象用同样的方法，不一定产生一样的效果，若根据不同对象的特点，用适当的方法则会出现我们想要的效果。

总而言之，教师在体育教学中还是得吃透教学内容，了解知识的重难点、易犯错误及纠正方法、全方位了解学生，根据学生的特点因材施教，提高课堂效率。

（本文发表在《广东教学报》2019 年第 3296 期，作者为广东省潮州市湘桥区城南小学郑炯）

第四章
基于班级管理的好老师专业成长

班主任是学校教育工作最基层的组织者和协调者，是学生健康成长的引领者，是学生的人生导师。建设良好的班集体是班级管理的核心工作，也是班主任工作成果的体现。“学校无小事，事事皆教育；教师无小节，处处当楷模。”

班主任们通过一个个翔实的案例，讲述自己和学生们一起成长的经历和故事，分享了自己育人工作的心路历程，并且理论与实际结合，提出了一些切实可行的育人理念。

说服教育法在德育工作中的应用

案例介绍

小涵，是我任教班级的一位女生，长得很可爱，成绩非常好，在班里有一定的威信，是我们班的学习委员。可是，小涵有些过于自信、高傲，目空一切，是一个喜欢“翘尾巴”的孩子。

一天下课，科任王老师气冲冲地找到我，看着她那涨得通红的脸我就猜到一定是有什么事。一问才知道事情是这样的：我们班的小涵同学上课无心听讲，几次和同桌说悄悄话。王老师几次用眼神暗示她，她都是坐端正后没过一会儿又开始搞小动作。于是王老师当着全班同学的面点名让小涵站起来，还指着她批评她，没想到小涵却向王老师吹胡子瞪眼，还理直气壮地反驳：“我又没说话，干吗要站起来？”王老师顿时火冒三丈，这位平时成绩优秀的同学居然公然与自己顶嘴，于是让小涵从教室里出去。

案例分析

为什么平时在老师面前一向优秀的孩子会出现叛逆心理和顶撞行为？经过仔细思考，发现小涵产生问题的原因归纳起来主要有以下三点：

其一是家庭的因素。小涵家长视小涵为心肝宝贝，从来不让她参加家务劳动，在家里她是衣来伸手、饭来张口。父母平时舍不得批评她，大事小事常迁就她，爷爷奶奶更是什么事都护着她。家人的过分溺爱，导致孩子一切以自我为中心，一旦受到外界的否定，潜意识里便会产生“反抗”，受到老师的批评后，她便以顶嘴来向老师表示她的不满。

其二是表现的需求。每个孩子都有表现的欲望，都有被别人注意的心理需求。这种心理需求，有的学生在学习上得到满足，有的学生在文艺方面实现，有的学生在体育上体现，而小涵在班里是一名人人“敬仰”的班干部，碍于面子问题，她就用顶撞老师的行为来引起同学的注意，以满足自己的表现欲望。

其三是本能意识中权益的维护。孩子只是想拥有跟其他同学一样的权益，老师在班里严厉地批评她，作为孩子，她潜意识中感到权益受到侵犯，于是把心中的不满全盘托出，跟老师作对。

处理过程

作为班主任的我，分析思考过后接手此事，并按自己的想法，运用德育教育中的说服教育法进行处理。

首先，我注重细节，做“和事佬”。我先安抚王老师的情绪，让她谅解。接着又找到了小涵同学，此时，她还站在教室门口，嘟着嘴，撇着头，一副很不服气的样子。我耐心地与她分析事情的全过程，让她明白王老师的用意是为她好。经过我的一番开导，她最后总算带着泪花去向王老师道歉认错。

可是事情并没有那么简单，隔天，王老师又向我抱怨小涵上课又无心听讲了。我心里很着急，她是个成绩不错的孩子，与王老师敌对，长此下去，成绩肯定会受影响，这可怎么办？

我仔细地分析了事情的前因后果，猜测小涵还在为昨天的事赌气。小涵在老师眼里一直都是成绩好、纪律好的“乖乖女”，当众被老师批评肯定很难受，更何况是被老师轰出教室。而且她在家里娇生惯养，脾气倔，经常和父母顶嘴，因父母过于宠爱，使得她心胸狭窄，受不了半点委屈。此外，王老师为了维持自己的课堂纪律，解决问题时过于注重自己的“师道尊严”，没有冷静地思考采用更合理的方法去引导学生，没有看到问题的关键在于开导小涵。

于是，我再次找到小涵，心平气和地和她谈心。“小涵，听说你今天上课又不认真了？”“哪有的事，一定是王老师又找你告状了！”我明白了小涵对王老师还存有敌意，她还在为昨天的事赌气！但我并没有一味地开导小涵，而是耐心地听她把话说完。慢慢地，她终于说出了自己的心声，说出自己所受的“委屈”。我一边点点头，一边语重心长地开导：“是啊，在这件事的处理上王老师是激动了些，这是老师的不对，可是你有没有想过自己的表现呢？如果王老师当时不批评你，她以后又该怎样管理这个班级？”她顿时沉默了，过了一会儿，才开口：“我自己也有错，虽然没有一直随便讲话，但还是在搞小动作，老师让我站起来，我不肯，还顶嘴。”我心中暗喜，说：“那现在能体谅王老师了吧？以后出现问题既要看到别人的过失，又要反思自己，明白吗？”小涵听到这，赞同地点了点头。我的一番努力终于有了好的结果，小涵也决定去向王老师道歉，并且保证以后上课认真听讲，不让老师费心。

结语

“教育有时真的很简单，只要从‘心’开始，伸手就能成功。”这句话用来形容德育再合适不过。“得人心者得天下”，打骂教育可能可以暂时吓倒孩子，但绝不能像德育一样得人心，也不能从本质上帮助孩子。看到王老师和小涵“重归于好”，我懂得了在教育孩子的过程中，老师首先要意识到，自己面对的是成长中的孩子，犯错在所难免，对待孩子要有宽容之心与足够的耐心。另外，也要让学生明白老师所做的一切都是为他们好，犯了错误要主动承认，要让他们懂得尊敬老师，礼貌待人。只有从根本上让他们提高认识，明白自己所犯错误产生的坏影响，才能发自内心地去改正，老师的教学也会变得更轻松。可见，运用说服的方法让学生明白道理，只有学生明白了、认识提高了，才能自觉去履行。

（本文作者为广东省潮州市湘桥区城南小学郑桂媛）

信任激励　向善向上

案例背景

对于低年级的教育而言，良好习惯的养成在学生学习生活中占很大的比例。一年级的学生，要面临各种规章制度，还要学着去自觉遵守纪律，配合老师学习更多的知识。如何让每一个孩子都能最快地融入小学阶段的学习，养成好习惯，快乐自信地学习是我多年来的追求。

案例的基本情况

本班有一名男生小沂，非常调皮捣蛋，经常违反学校纪律，下课总在操场、走廊冲冲撞撞，经常捉弄同学，我常常接到“投诉”，非常头疼。作为班主任的我对他多次教育，虽有好转，但他改变不大，依旧我行我素，上课时始终懒散地坐着，科任老师们也对他深感头痛。一次我在巡视时，发现他上自习课竟然折纸，而且弄得满地都是纸屑，要怎样批评教育他呢？我想，不能总让他在批评声中长大，我要让他喜欢学习、喜欢老师和同学。

解决策略

1. 家校携手共同努力

德育工作不是依靠教师一人的力量就能做好的。伟大的教育家苏霍姆林斯基说过：“生活向学校提出的任务是如此的复杂，以致如果没有整个社会首先是家庭的高度的教育学素养，那么不管教师付出多大的努力，都收不到完善的效果。”家庭教育是班主任实施德育教育的重要教育力量，我一直与小沂家长保持长期联系，了解他的生活、学习动态。多次接触后，我也理解小沂的所作所为了。爸爸来接他回家时，见到一脸严肃的爸爸，小沂面无表情，有时我和他爸爸反映情况，他就显得很害怕；相反，妈妈来接他放学，他满脸笑容，即使是刚刚受到批评，也有点小雀跃。原来爸爸对孩子要求严厉，而妈妈生了弟弟，无暇照看，只是一味地满足他，他就“变本加厉”。发生了折纸事件后，我及时和其家长联系达成共识，形成教育合力，建议小沂爸爸不要打骂他，而是要耐心告诉他上课需遵守纪律，认真听讲，还要保持教室的洁净；建议小沂妈妈对于小沂提出的不合理要求或做错的事，一定要严肃批评教育，每天挤出时间检查小沂的书包。

2. 给孩子指明努力方向

我重新调整轮值工作，让小沂担任卫生检查员一职和负责擦黑板，而且我还郑重其事地说明这样安排的理由——因为小沂同学劳动积极，越来越讲究卫生。我边说边向他投去鼓励的眼光，小沂有点不好意思了，不过我看到了他坚定的眼神。在低年级教育中，要让孩子朝着你希望的方向发展，就要给孩子指明发展努力的道路，告诉他应该怎么做。如上课要怎样认真听讲，下课要怎样与人沟通和交往。老师和家长都应该给予全面的、细致的、具体的指导，并表达你对他的信任和期待，这样孩子就更有动力朝着那个方向前进。

3. 用鼓励和爱激发向善向上

小沂上任后，我每天抓住闪光点就表扬和鼓励他，他的脸上也有了一丝笑容，各方面都有了很大的进步，特别是卫生方面，同学们也没有像之前那么排斥他了。久而久之，他渐渐地变了，慢慢地懂事了，不再捉弄同学，不再自由散漫，每天积极检查卫生，课间擦黑板，每周五的大扫除都可以看到他忙碌快乐的身影。更可喜的是，上课时他挺直腰坐得端端正正，踊跃发言，作业书写也规范工整。一句鼓励的话能点燃孩子心中的火焰，一个体贴入微的动作或许可以成为他前进的动力，可见，老师对学生小小的进步、点滴的成功给予肯定，可以强化儿童获得成功的情绪体验，进而激发其学习动力，培养其自信心，促进其良好心理品质的形成和发展。

有句话说得好："不是所有的种子都能发芽，但只要播下去了，就会有发芽的可能；不是所有的花朵都会结果，但只要开花了，就会有结果的希望；不是所有的辛苦都能带来收获，但如果不付出辛苦，就永远得不到硕果。"作为班主任，我们应该全身心爱学生，关心、理解和信任学生。学生没有好坏之分，每个学生都有他的闪光点，小沂同学的变化就是一个很好的证明。

（本文作者为广东省潮州市湘桥区城南小学陈培纯）

让每一位学生都抬起头来走路

记得有位先生说过："教育失去了情爱，就成了无水之地。"作为一名班主任，我们教育学生，首先要与学生建立一座心灵相通的爱心桥梁。只有献出无私的爱，才能使我们的教育产生无穷的智慧和力量，才能使学生健康成长，才能使我们的生命变得更加充实。

我班上有一位同学叫小隽，他大大的块头，性情温和，可是他不爱学习，一上课就趴在课桌上，经常拖欠作业，而且书写相当潦草，成绩很不理想。我找他谈话，希望他能端正学习态度，按时完成作业，争取进步，争取做一个让人喜欢的好孩子。他开始一副爱理不理的样子，后来口头上答应了，可是学习上却一如既往，毫无长进。于是，我与他家长取得联系，他妈妈告诉我："张老师，我们也经常跟他说，要认真学习，可是他就是不听，我们也是没办法了。我们工作又忙，家里还有一个弟弟，也没什么时间去管他了！"

听了这话，我的心真是拔凉拔凉的！我想着：要不就算了吧，或许他是根"不可雕的朽木"！我又不是只教他一个！可是，我又想：作为班主任，要平等对待每一个学生，尊重学生的个体差异，不但要培优，还要扶差啊！著名的教育家苏霍姆林斯基说："让每一个学生在学校里抬起头来走路。"是啊，对待生命，要有花苞心态。开花早的，成长快的，我们欣赏；开花迟的，成长慢的，我们也要耐心等待，不能急于求成。于是，我决定对小隽同学采取以下措施进行教育引导，帮助他进步。

一、激励有道，增其自信

"好孩子是夸出来的。"鼓励能增强孩子的自信心，也能促进他们健康成长。课堂上，小隽只要坐得端正了，书写有进步了，读书声音响亮了……我都及时给予肯定，有时在班上点名表扬，有时投给他一个赞赏的微笑，这对他都是一个意想不到的鼓舞。那天，我把一张"表扬通知单"给了他，上面写着：课堂表现有进步。他眼睛都亮了！于是，我顺势引导："你看，你能行的！只要你认真改掉不好的习惯，上课认真听讲，你一定能取得好成绩的！加油，老师相信你！"慢慢地，他变了，课堂上，他坐得更端正了，甚至还举手回答问题。那天，他当着全班同学的面，站起来背诵古诗《元日》，当他背完，全班同学都给予了他掌声。那一刻，我在他脸上看到了自信！

二、挖闪光点，促其上进

任何事物，都可以一分为二，即使是废铁，也有可熔炼成钢的成分；即使是木屑，也可燃起熊熊的火焰。后进生身上，自然也有闪光点。我发现小隽在劳动方面非常积极，于是任命他为劳动组长，专门负责班里的卫生检查和老师办公室的卫生清洁工作。他果然没有令我失望，每天一下课，就马上检查教室地面和同学的课桌抽屉里是否有垃圾，放学了就马上跑到老师办公室检查卫生、倒垃圾，风雨不改，从不落下，受到了办公室老师们的表扬。这时候，我当然也不忘对他进行表扬和引导："你看，你劳动这么积极，把班里和办公室的卫生管理得这么好，老师们都喜欢你！如果你把这股干劲也用在学习上，你肯定不比班里的任何一位同学差！把学习也搞好了，你会得到更多快乐！"听了我的话，他连连点头，告诉我，他要好好学习，争取进步！

三、巧用友谊，助其进步

同学的帮助，对一个后进生来说，是必不可少的，有时候，同学的力量胜过老师的力量。同学之间一旦建立起友谊的桥梁，他们之间就会无话不说。因此，我采取"一帮一"结对子的帮扶方法，让班里一位品学兼优的同学帮助小隽，先从交朋友做起，下课找他聊聊天，可以聊聊自己的兴趣爱好，聊聊平时喜欢看的书等等，让他感受同学对他的善意和信任，感受到同学是自己的益友。然后再带动他到图书角借书来看，一起讨论书里的内容，最后帮他指出学习上有哪些不足，再因势利导，帮助他解决学习中的难题，让他在学习上有了信心，感受到了学习的快乐。通过同学的帮助和感染，他提高了学习能力，学习成绩也有了进步，上学期期末考试，他由之前的三十多分，进步到六十多分。

当然，转变后进生并非一朝一夕就能实现的。鲁迅先生说过："教育是植根于爱的。"我们要不忘初心，用爱心和耐心去培养祖国的花朵！

（本文作者为广东省潮州市湘桥区城南小学张华珊）

糖果的力量

一开始做班主任工作，我带着一颗心，那是一颗热情的心；近几年做班主任工作，我也带着一颗心，这是一颗理智的心。班主任工作需要用心，因为我们面对的是几十个有头脑、有思想、有个性的孩子，只有对他们付出了真心、爱心和责任心，才会让他们成为有孝心、有爱心、有担当的人。

在多年的班主任工作中，所遇的事情很多很多，忙碌时从不曾将它们想起，闲暇时想起觉得回味悠长。

这是一个关于糖果的故事。6月底，酷暑的热浪让人透不过气。枯燥的复习让学生失去了学习热情，科任老师个个向我诉苦，任凭他们怎么生动讲解，学生还是毫无斗志，死气沉沉。身为班主任，看着孩子们一双双无精打采的眼睛，我怎能不着急呢？

一次测验过后，看着一张张试卷上令人头疼的分数，我陷入了沉思……同学们真的想这样吗？不，恰恰相反，孩子最渴望成功，是紧张的复习压得他们太辛苦了！照往常一样批评和说教根本没有用，我该怎么办呢？这时，我想起了教育家斯宾塞的话："教育的目的是让孩子成为一个快乐的人，教育的手段和方法也应该是快乐的。"对！孩子们需要鼓励，我应该教会他们用阳光的心态迎接考试。

下午，我把卷子发给了学生。看到自己的成绩，许多同学低下了头。他们难过的样子刺痛了我的心，我换上轻松的表情说："同学们，虽然这次测验的成绩不理想，但是，老师知道你们已经尽力了，大家辛苦了！"听了我的话，孩子们马上抬头看着我，眼光充满了诧异。我接着说："大家这么努力，我要送给你们一份礼物。"然后，我拿出准备好的水果糖，神秘地说："这可不是一般的糖果哦，它很神奇，能让你们充满力量，还给你们带来好运，你们相信吗？""真的吗？"孩子们欢欣雀跃地问。有的说："我相信！"我在屏幕上打出"颜色妙语"，并告诉他们："糖果的神奇之处在于颜色，绿色的糖果是哈密瓜味，因为绿色象征着无限的希望，如果你得到这种糖，就拥有无限的力量去学习，一定能考出好成绩；橙色是菠萝味，因为橙色象征着收获，如果你吃了这种糖，就拥有充沛的精力去达成学习目标；粉色是天使的颜色，它寓意聪明，吃了粉红色的糖果，你就越来越聪明，天天进步。""哇，太好了！"同学们的眼睛里充满了渴望，小手伸得长长的，争着向我要糖果。我趁机说："拿到了糖果，我们要更努力地学习，好吗？""好！"响亮的声音在教室里回荡着……我把糖果放进盒子里，进行"抽奖"。无论抽到哪种颜色的糖，孩子们都欢喜地捧在手心，还有的同学一本正经地抄屏幕上的“颜色妙语”。下课了，教室里到处都是欢声笑语。

第二天，我看到每个孩子都改正了试卷上的错题，而且那么认真，那么工整。更令我欣喜的是，孩子们又有了蓬勃的朝气，学习热情越来越高。这次期末考试，我们班取得了意想不到的好成绩。后来，有不少孩子告诉我，那颗糖果，他们舍不得吃，细心地保存着，因为这颗糖里有老师的爱。一个聪明的孩子对我说：“老师，糖果有神奇的力量，不是因为颜色，而是因为你的鼓励。”

都说教师要关注孩子的感受，走进孩子的心灵。这一次，我只不过是用一颗小小的糖果，“说”出孩子爱“听”的话，却让我和孩子的心靠得更近。在运用快乐教育手段的同时，我也收获了许多快乐。

的确，无私是我们的本色，奉献是我们的使命。但是，我想说，教育更需要我们用心灵去唤醒，用智慧去经营，用真情去浸润，用全部的身心去感受。真心、爱心、责任心，三心一世界，这就是我的追求！

（本文作者为广东省潮州市湘桥区城南小学冯明星）

谈原生家庭教育的重要性

五年级三班是我从三年级带上来的。小轩，班里个子最高，凭着自己个子高大经常捉弄同学，大错没有小错不断。幸好他母亲是个通情达理的人，每次都配合老师对其苦口婆心批评教育，让孩子跟同学赔礼道歉。按理这样的家长，这样的家庭环境，孩子应该比较懂事，所犯的小错应该很容易改正。可是，这种行为一直持续到五年级。

为了更进一步帮助孩子改正自己的错误行为，我跟家长多次沟通。从他母亲的口中，我了解到：小轩在家里只要见到他的父亲，就像老鼠见了猫似的很老实，不敢看电视，不敢吃零食，甚至连客厅都不敢出来，总是规规矩矩地坐在课桌前学习看书。因为只要他捣乱，爸爸就用“武力”镇压他。由于妈妈晚上加班的时间比较多，因此小轩跟爸爸单独相处的时间就相对比较多。

随着年龄的增长，同学们对小轩这种肆无忌惮的欺负和苍白无力的赔礼道歉忍无可忍。有一天，这种欺负同学的行为激起了对方的反抗，矛盾激化成动手打架，被欺负的同学抓起凳子准备还击。由于问题比较严重，我决定让小轩的父亲来（因为他母亲告诉我他怕他父亲）。当我将这样的想法告诉小轩时，他听完后紧握拳头手背向下狠狠地往课桌上锤（第二天发现手背的骨头断了），然后飞速地往双语楼跑去。我的第一个念头就是：糟了，会不会想不开跑上楼往下跳……我一边追着一边反思：我平时对他怎么样，够关心吗？他犯错有没有对他大吼大叫还是晓之以理，让他心服口服……一系列的问题闪过之后，我的心慢慢定下来：他不可能寻短见，他会信任我的，他一定相信我会帮助他解决的。在男厕所外边我叫了几次，他终于出来了。那晚我让他母亲一定要跟他父亲一起来，我们在学校一直聊到 7 点多。小轩的父亲当着孩子的面承认自己以前动不动就打他是不对的，并答应反思自己，配合学校以正确的方式教育好孩子。

问题：小轩为什么那么怕他父亲，可还总是屡教不改呢？

分析：小轩的原生家庭让他从小就接受一种教育，父亲就是天，说话做事绝对权威，孩子做错事或没按照自己的意愿办事，就简单粗暴地打，孩子胆小害怕，每次总是还没明白为什么就被迫“接受教育”，久而久之，他就形成一种观念：我爹比我大，我不听话或做错什么就可以打我，那我个子高大，班里的同学都比我小，只要不顺眼，我想欺负谁就欺负谁。虽然老师和母亲苦口婆心地教育，但总是敌不过从小养成的根深蒂固的观念。因此由于原生家庭的影响，教育效果并不明显，小轩个子高大胆子却很小。“害怕被打”显然是远远胜过道理。

后记：前几天遇到以前跟他同班的学生告诉我，小轩上中学后学坏了，打架，没再读书了，听了让人痛心。其实小学的他也不能算是个坏学生，老师跟他讲道理他也还是能听，学习能力也不错，他更多的是需要有人耐心地、长时间地引导。可惜，家长在小学时都引导不了他，青春期的时候就更没办法了。要想教育好孩子，家庭的所有成员都应该反思学习，家校形成一股合力，才能达到更好的教育效果。

（本文作者为广东省潮州市湘桥区城南小学洪洁玲）

是他　是他　还是他

案例介绍

第四周星期四下午，纪律监督员小逸给我写了一张留言条，看完字条，我的脑海里立即浮现一个整天调皮捣蛋的小男孩：

小杭，又是小杭！

开学到现在，一直状况不断的是他；

上课不翻书、不肯读、不肯写的是他；

每天总把书包等学习用品乱扔一地，下课立即跑得无影无踪的是他；

被值日老师投诉下课奔跑打闹、被值日生投诉乱扔垃圾的是他；

在墙壁上画画、扯掉窗帘拉绳、破坏学习栏的是他……

是他，是他，还是他！

案例分析

这样问题不断的孩子，源于有一个偏袒他的妈妈和一个对于他的状况熟视无睹的爸爸。家里还有两个双胞胎弟弟，父母忙于工作和照顾两个弟弟，给他报了家园辅导中心，每天就由家园的老师接送，晚上才接回家。父母对他的关注比较少，老师和爸爸沟通，爸爸的回复不是一个滴汗的表情，就是一个发呆的表情，要不就来一个省略号，或者干脆不回复。我把希望寄托在妈妈身上，把留言条发给他妈妈，结果妈妈把责任都推到别人身上。我把精力用于指导妈妈如何协助老师帮助孩子养成良好的行为习惯和卫生习惯等方面；分析利弊，告诉妈妈，如果孩子能把心思用在学习上，就不会有这样那样的事，家长要想办法，可以跟他约定：如果在学校表现好，成绩达到多少分以上奖励他喜欢的东西或答应他一个要求。

根据他平时的表现，为他量身制定以下内容：

（1）书包不能放地板。

（2）不乱扔垃圾。

（3）下课不奔跑打闹。

（4）上课认真学习。

我说：作为家长要重视，现在一二年级是行为习惯养成的关键期，家长要把精力放在孩子身上，因为自从孩子去家园辅导中心后行为更加肆无忌惮了，现在不好好管以后就更管不了，学习方面也会出现断层，以后学起来会更辛苦！我也理解你还有两个更小的孩子要照顾，可是你想想看：如果哥哥教好了，就是弟弟们学习的好榜样，以后就容易教。如果哥哥没带好头，弟弟们有样学样，三个一起闹，那就更难教育了！

这样推心置腹的交流，让妈妈明白自己没有尽到责任，“前段时间确实为了工作的事，还有两个小宝，没什么时间去管他，的确是我的错。”妈妈说，“老师说的有道理，我会好好反思，好好让他把坏习惯改好，给弟弟做个好榜样。”我也及时肯定了妈妈的态度，只要家长有正确的教育态度，孩子会慢慢变好的，加油！

作为班主任，想要做好工作，需要尽最大努力取得家长的信任和支持，和家长在同一战线上，很多困难将会迎刃而解。

请相信：家长好好学习，孩子天天向上！当发现孩子有问题时，从源头上去找问题的解决方法，能取到事半功倍的效果。

（本文作者为广东省潮州市湘桥区城南小学欧阳钿）

家校合力，共铸教育之花

案例过程

小乐是班里的班长，性格开朗，成绩优秀，是老师们的小助手。最近我发现他在管理同学的过程中方法欠妥，对不服从管理的同学伸出了拳头，好心办了坏事。第一次，我只是和小乐聊了聊，指出他存在的问题，建议他使用更好的方法；第二次，我明确要求小乐自己把事情的经过告诉家长，并让他请家长跟我联系。

其实，这两次我都有私底下提前联系小乐的妈妈。在交谈中，我和乐妈达成了教育的共识，我建议她不要一味说教，可以创设相关情境，和小乐进行情景模拟。

当晚，乐妈发来的微信，让我欣喜不已！信息如下：

陈老师，晚上好！刚才小乐主动找我了，说："妈妈，我有事和你说。"我问什么事，他说问题可能有点严重，然后自己讲了一遍上午的事。我听他讲完后说："首先，我很高兴你这次主动来告诉我（第一次主动来承认错误），我就没那么生气，陈老师还没和我说这件事，可能也是要看你是否主动，如果像上次那样隐瞒，老师也会来找我的。"小乐还说被停了2个星期班干部的职务。

我跟他讲打人不对的道理，他听了眼睛有些泛红，说以后遇到这种事情，就按照您教的方法去处理，然后我们就进行了情景模拟。

在情景模拟的时候，我故意说比较挑衅的语言刺激他，他就说你怎么说的和小楠一样。我说因为谁都不爱被批评，特别是大家都是同学。在模拟的时候我问他当时是怎么跟小楠说的，他说是先拍他，我说那从你拍我的时候我就生气了。

我们把下面的情景演练了几次，就是让他以后提醒同学时可以改变一下方式方法，如敲敲桌子或者跟老师反映。情景一："某某同学，请你不要……注意一下！"如果对方不接受还反驳，那么小乐应该回答："老师让我提醒你，如果你再说，我就只能和老师说了，而且把你说什么也告诉老师，我不和你吵架。"然后就走开。情景二：如果同学不接受还主动动手，我问他怎么处理？他说打回去，我说错了。他问那怎么办，我说你可以抓住对方的手，然后喊老师。

最后，小乐还和妈妈签订了“管理公约”，从此，再也没有看到小乐对其他同学举起拳头了。在家校的共同努力下，一场没有硝烟的战争就这样结束了，这是家校合力教育的最大成功!

案例反思

通过这件事，我也受到了一些启发:

(1) 有人说:“一切最好的教育方法，一切最好的教育艺术，都产生于教育者对学生无比热爱的炽热心灵中。”爱学生是班主任的天职，但是光有爱心是不够的，更重要的是“会爱”。像因材施教一样，爱也应该“因生给爱”，如体弱生爱在关心，调皮生爱在信任，学困生爱在鼓励，优等生爱在指引等。

(2) 教育时机的把握非常重要，这就像烧菜时的“火候”或军事上的“战机”，往往稍纵即逝，而把握住时机则可收到事半功倍的效果。

(3) 班主任是家校沟通的桥梁，要通过多种渠道、各种方法密切家校联系，及时了解掌握学生的思想行为动向，及时反馈，形成教育合力，促进学生健康成长。

(本文作者为广东省潮州市湘桥区城南小学陈培君)

班级里的棘手事——座位问题

案例分析

班主任接手所谓的“好班”，最棘手的事情莫过于座位问题。“好班”的家长重视孩子的学习，当然也“神通广大”，总能通过各种关系、找各种借口在孩子的座位上煞费苦心，给班主任出难题。

班主任策略

耐心倾听诉求，但不盲信；
以公平为原则，着眼全班，均衡调整；
通过正能量教育学生，影响家长，抵制各种“关系化”负能量。

具体做法

对于家长的诉求，我耐心倾听，但不马上承诺“调换”，而是引导家长“换位思考”。家长关注的只是自己“一个孩子的好”，而班主任要关注的是全班50个孩子“一起好”。调换座位，是“动一人而牵全班”的大事。50个家长有50种诉求，一切应以老师课堂关注为准，而不是偏听偏信家长的“瞎猜测”。

以公平为原则：“每个学生都重要，每个学生均发展。”班主任在座位安排上，除了关注身高，更要关注学习能力，做到：男女生搭配、动静结合、优等生与后进生搭档。

这样均衡搭配，一开始，优等生会自大，嫌弃后进生；后进生也会因课堂上听不进去而影响周围同学。这时候，优等生的家长就坐不住了。这就需要培育班级正能量，让优等生学会助人、谦和、宽容，也让后进生在友善的氛围里学会自省自悟。因此，我让学生在课桌的右上角贴上这样一张便利贴：“助人是一种储蓄，吃亏是一种积累，谦和是一种修养，宽容是一种境界，忍让是一着妙棋，冲动是一个魔鬼，冷静是一服良药。”每节课课前，让学生齐读，等待老师上课。

这样，潜移默化地教育学生要与人为善，好好相处，珍惜同学间的友谊。学生间相处融洽了，家长自然就放心了。

班主任心语

关注每一位学生，关爱每一位学生，让每一位学生在关爱中成长！为人师，班主任！幸哉！

（本文作者为广东省潮州市湘桥区城南小学陈金洪）

茶道中悟育情　礼仪花儿悄然开

泡茶、饮茶可使人放松身心，洗涤灵魂，深谙礼仪之道。这是我在茶道中的小小领悟。

我们班有几个小“淘气”——小方、小林、小杰，他们都有一个共同的缺点：纪律散漫，目中无班干部。此前，我对他们进行批评教育，但收效甚微。我心中暗想得找一个合适的时间，制造一个温馨的氛围来给他们放松放松心情，聊一聊心事。

有一天吃完午餐，我正准备泡茶喝，他们几个从办公室经过，这是一个千载难逢的好机会。我喊住了他们：“小方，会不会泡茶?”小方一怔：“会……会啊!”他的声音由低到高。“那行，老师请你们喝茶。”一阵忙乱后，小方给我端上来一杯茶，茶斟得有点满，有点烫手，他强忍着给我端了过来。接着拿起一杯茶就“嘬”的一声喝了起来。其他几位也是不客气，速度快得我想制止都来不及。听着他们发出的嘬嘬声，我笑着说：“你们知道家里来客人了，我们为什么会泡茶吗?”“礼貌啊!”他们不假思索地回答我。“很好，那你们有没有听过‘茶满赶客’呢?”说完，我微笑地看着我眼前这杯茶。“有这个说法吗? 我还真不知道。老师，我不是故意的!”聪明的孩子一下子就知道我所指是什么。“那你知道我们泡茶的第一遍是洗茶水，不是用来喝的吗?”“老师，泡茶有这么多规矩啊?”“有啊。中国的茶文化源远流长……”我一边说，一边手把手地教他们泡茶的工序，顺便聊了聊泡茶文化和礼仪。“例如，喝茶的时候一杯茶可以分三口慢慢品，细细地感受茶汤的滋味，轻拿轻放，且品茶时不能发出声响，举止应轻缓优雅。”这几个小伙子听得津津有味，我又从茶的礼仪开始，跟他们讲到人的礼仪礼貌，说说笑笑中，他们都不好意思地低下了头。一场心灵的洗涤，在我教他们泡茶的过程中结束了。一小撮的激发，带来一大片的安宁，现在班里礼仪之花正在悄然开放。

对待教育事业，年轻时我满腔热情，因没能掌握更好的教书育人的方法，走了很多弯路。经过十几年教学经验的积淀，我深深感悟到：教书育人不能局限于课堂之上，其实生活中处处有教育，潮州茶文化，就是最好的礼仪典范。

（本文作者为广东省潮州市湘桥区城南小学文意纹）

谈班级突发事件的处理

课间，小翁、小艺和小钰三个女同学在班里搭着肩聊天，小黄走过说了句：“你们几个经常搂一起，谈恋爱吗?”还讲了其他一些粗话。在旁边的小刘同学误以为小黄说自己，就用手搂住小黄的肩膀不让他走。其间小翁用脚踢了一下小黄的大腿，小黄说：“我不疼，不疼。”小刘从后面用膝盖顶了小黄的大腿和屁股，当小黄想反击时，小翁想用膝盖去顶小黄的肚子，不料小黄下蹲最后顶到下体，造成伤害。

事情发生后，老师第一时间查看小黄的伤情并联系三方家长，将当事学生叫到办公室进行了解教育。家长到校后，我向家长说明情况，尽力安抚家长情绪，之后陪同家长将孩子送到医院检查治疗。级长将情况上报给学校领导，随后校领导到医院看望小黄。经医生诊断为包皮裂伤，进行了一个缝针手术，共缝了7针。医生交代观察三四天之后再到医院检查。治疗结束，小黄由其家长带回家休养。

中午时分，我致电小黄妈妈，对小黄的情况进行了解并慰问，同时与小翁和小刘的家长做好沟通，约定晚上七点钟到小黄家里看望。在小黄家里，我、小黄妈妈和小翁妈妈、小刘妈妈进行了积极的沟通，最后在小黄的医药费上达成了一致意见：小翁家长负责七成，小刘家长负责三成。

在小黄恢复期间，我每天都打电话或者发微信进行了解和问候，并抽空去看望，也督促小翁和小刘的家长跟踪情况。五天后，小黄正常到校上课，由于担心上厕所时出现不便，我安排两位学生对其进行照顾，且让其到办公室上厕所，消除家长的顾虑。拆线后，我曾向三方家长说明解决的措施，但小黄妈妈要求观察一段时间再谈。临近期末时，三方都提出就医药费事宜进行解决的要求，虽中间出现三方就金额有分歧的情况，但最后达成一致，三方在学校签署约定并当面结清款项，至此事情圆满解决。

突发事件总是让人始料不及，这时沟通就显得十分重要。换位思考、积极负责地解决才能使事件朝着良性发展。借此机会，我也在班里开展了相关主题教育，提高学生的安全意识，预防此类事件再次发生。

（本文作者为广东省潮州市湘桥区城南小学张细铃）

学会等待　守候花开

一个孩子从幼稚走向成熟是一个过程，我们不能用成人的眼光来看待孩子，更不能用统一标准来要求所有的孩子。对于有些孩子来说，成长的过程可能需要更多的时间，这就要求我们教师放慢爱的脚步，用我们的真诚、宽容、耐心、期待、信任、尊重去浇灌，学会等待，在等待中守候花开。

一天，科任老师告诉我："你们班的文文上课时居然把脚跷到桌子上，从没见过这样的孩子，何况还是个女孩！"我一听，心想：下节课是我的课，上课时要好好批评她。

第二节上课预备铃声刚响，我踏入教室，环视了一下，只见其他同学都按照要求，准备好学习用品静趴在桌子上等着老师来上课，唯独一个身影与别人不同，仔细一看，又是她——文文。此时的她，正慢悠悠地收拾着自己课桌上那一堆乱七八糟的学习用品。我刚想开口批评她，见她低着头一脸认真地收拾着，看得出她挺着急的，都有点手忙脚乱了。我转念一想：忍忍吧，让她先收拾，待会下课再说。我照常上课。课堂上，我告诉学生："许多任课老师都夸我们班同学上课认真，坐姿端正。"我一边说一边偷偷地瞄了文文一眼，此时的她也把那一堆小山般的学习用品搬进书包里了。听我这么一说，只见她赶紧把腰挺起，双手放在桌子上，笑盈盈地看着我。我对她点头示意，心想：幸亏我忍了一下，没有急于去批评她，看来她也希望自己能成为被表扬的学生。

后来，我了解到文文的一些家庭情况。他们家有两个年幼的弟弟。爸爸忙于生计，没有多少时间关照她。妈妈由于某种原因回了娘家，对三个孩子不管不顾。三个年幼的孩子的日常起居由上了年纪的爷爷奶奶负责，上学放学都由爷爷接送，而她家离市区有好一段路程。对在这样的家庭环境中成长的孩子，我多了一分怜悯和关注。我关注她在学校的表现，默默地引导她改正自己的不良习惯。渐渐地，她课前能准备好学习用品，课堂表现也不断进步。有一次下课，我发现教室展板上的一张小报快掉下来，好多学生从旁边经过，有的刚好碰到小报，但都对即将掉落的小报熟视无睹。我正准备上前去别好时，文文出现在小报旁边，她停下脚步，看了一眼小报，从旁边找到掉下的别针，细心地把小报别好，虽然别得有点歪。我默默地看着她别好，等到她离开后，我才把小报别正。下一节课上课伊始，我在班上表扬了文文，还告诉其他同学："我们大家有缘在一个集体中相识、相知，就是集体中的一员，每个人都应该关心集体。别好即将掉落的小报虽是一件小事，却可以看出一个人的认知，希望大家都能向文文学习，关心集体，并落实到自己的日常言行中。”同学们都向文文投去羡慕的眼光，再看看文文，她脸上泛着红晕，笑得非常灿烂。

看着文文一天天的变化和进步，我更坚信：学会等待，守候花开，难道不是对生命的尊重吗？

（本文作者为广东省潮州市湘桥区城南小学郑菲）

心理健康辅导案例

小成同学聪明活泼、反应灵活，但他经常与同学发生矛盾，爱动手打同学，常为一些小事与同学争执打架，他总觉得同学要打他，并认为对方是故意打他。他课堂学习也不认真，爱搞小动作，学习成绩较差。因此，同学们都不喜欢他，不愿与他接触。

我多次接触小成后，采取了下面的方法来帮助他：

第一，我采用了 ABC 情绪疗法来帮助他辅导治疗。

ABC 情绪疗法中 A 代表事件，B 代表观念、想法，C 代表行为、结果。一件事 A，有着不同的观念、想法 B，就会产生不同的行为、结果 C。我们可以从改变观念 B 入手，从而影响 C 的不同结果。B 可能会出现下面两方面的问题，我根据小成产生不同的问题分别进行分析辅导：

（1）过分概括化。

过分概括化是指一种以偏概全的思维方式，心理学上称为“晕轮效应”。小成和同学嬉闹，同学不经意碰他一下，他就觉得对方是在打他，以偏概全，这就导致了他一直先动手打同学的毛病，导致大家都不愿意和他接触。当这个问题再次发生的时候，我找到了小成，引导他：我们看事情不能从单一的角度入手，要懂得分析事情的经过，学会分辨事情的真伪，要用智慧来和同学们相处。同学和你玩，你们就像朋友一样。朋友是友好相处的，不会因为一点小事就影响两个人的感情，你总觉得同学在打你，但同学们都说没有，你应该多思考，想一想是不是自己太敏感。同学们之间一起玩耍，有磕磕碰碰再正常不过，我们应该先改变自己的观念和想法，那就会迎来不同的结果。老师相信你可以做到的。小成听了后点了点头，思考着我的话。此后我发现他动手打人的次数渐渐减少。

（2）绝对化的要求。

指以自己的意愿为出发点，认为某一事物必定会发生的信念。例如同学不小心碰到小成，他就觉得对方一定是故意的，绝对化的学生往往认识问题无弹性，事物往坏处去思考，就极易陷入情绪的困扰，导致作出不好的判断，从而影响同学关系。所以，我根据小成的实际情况，当他出现不同的观念、想法时，引导他走出自己的误区，走出绝对化的圈子。我一步一步耐心引导，告诉他多换位思考，多站在同学的立场来思考问题。这让他的情绪得以调节，使同样的一件事，得到了正面的结果。

第二，我采取了“皮格马利翁效应”来帮助小成辅导治疗。

心理学上有一种现象称为“皮格马利翁效应”，人的情感和观念会不同程度地受到别人下意识的影响。一些学生表现不佳，但老师从无意识的言谈举止中表现出对学生的信任和欣赏，学生会不自觉地努力，对自己产生信任，从而大大提升了自我。

小成是个聪明的孩子，头脑灵活，但是学习成绩不好，从他的行为表现中，我发现他是因为学习习惯不好而导致分数低下。所以，我一方面从 ABC 情绪疗法中帮助小成改变他的观念，从而改变他的行为；另一个方面，我利用“皮格马利翁效应”不断给他暗示，欣赏他、认可他，从而让他感受到老师对他的期许和爱，他也在默默地改变着自己。

经过了一段时间的接触和辅导治疗，小成越来越好，和同学们之间的相处和谐了，学习成绩也慢慢提上来了。看到孩子的转变，我也由衷感到欣喜。

（本文作者为广东省潮州市湘桥区城南小学周佛容）

第五章

基于研修反思的好老师专业成长

师者，是教育活动的先行者，其学识能力、思想意识和教育理念都起着至关重要的引领作用，需要经常更新、优化。

百年城南“红棉讲堂”是专家们传经授宝的场地，是学校推动教师专业成长的一项强有力举措。我们还通过不同层次的培训、跟岗活动、学习研修，不断学习，不断反思，不断借鉴。老师们在专业化成长的道路上迈出了坚实的步伐，朝着“四有”好老师的目标奋进。

红棉讲堂

王贵林教授：教师在反思中成长

为促进学校教师的专业成长，推动学校“中国好老师行动”课题研究，校本教育科研中心在新学期伊始，邀请韩山师范学院教育科学学院院长王贵林教授，为全校教师做《超越经验：教师在反思中成长》的专题讲座。

王教授从教育理念、知识结构、教学方法等方面向老师们深入介绍了反思的内涵。他运用了大量的数据、精彩的案例、巧妙的互动来阐述如何提升教师教学反思能力。

王教授在讲座中特别谈到“以反思为理念，以促进教师专业成长的评课模式”。这告诉我们，学校听评课活动开展的终极目标是实现教师的共同成长。评课活动的意义与价值，在于通过“质疑—释疑—寻因—解疑”来实现教学水平的共同提升。王贵林教授勉励老师们在“反思”中努力成长为一个智慧的人，不断超越自我。

王教授精彩的演讲引起了老师们的共鸣，老师们深深感受到，只有不断地反思自己的教育教学方法与思路，才能更好地树立起新的教育理念，才能更好地提升自身与学生的核心素养，做到学以致用、思而后行，成为智慧型教师。

王贵林教授做讲座

林浩亮研究员：
解密学校文化　构建和谐校园

金秋送爽，丹桂飘香，红棉讲堂于2019年10月24日下午再度开讲。本次讲座特邀韩山师范学院教育发展研究院副院长林浩亮研究员为大家带来专题讲座——《学校文化及其构建》。

为了让大家对林教授的讲座能够有更透彻的理解，讲座伊始，大家通过观看宣传片了解了城南的百年历史及近年来的办学情况。

学校文化是学校发展的灵魂，是凝聚人心、展示学校形象、提高学校文明程度的重要体现；学校文化建设是学校发展的重要保证。文化，丰富人的精神世界，促进人的全面发展。教育，离不开学校，“当文化与教育联系起来的时候，有必要慎重思考：教育需要什么样的文化？学校需要什么样的文化？”林教授从“文化”的内涵切入，从哲学角度深度剖析了学校文化的内涵，介绍了学校文化形成的传统途径及其优势劣势，特别辨析了学校文化和校园文化之差别，帮助我们更为科学、系统、深入地了解学校文化。

“学校文化是一个比校园文化更宽泛、更上位的概念，它更多体现了一所学校所承载的整体的精神气质和文化理想，它以价值观为核心，通过人的生活方式、言语、观念、行为、制度和环境布置等有形和无形的方式表现出来。”林教授结合实例深入浅出地为我们阐明学校文化存在的必要性和重要性及其构建方

傅小莺校长为林院长颁发致谢函

法。他指出，构建学校文化，物质文化是基础，制度文化是保障，管理文化是基石，课程文化是核心，行为文化是依托，教师文化是根本，特色文化是标志，精神文化是灵魂，并提出了“激发同理心、回归教育常识、构建爱的文化、发现和培养学生兴趣、充分利用榜样力量”等文化构建主张，特别强调了通过构建特色课程培育特色文化。

“知之者不如好之者，好之者不如乐之者。”通过学习，老师们对学校文化建设有了更深入的了解和认识，作为学校文化的参与者和建设者，共建共享优秀的学校文化，何乐而不为？秉承“每一位老师都重要，每一门课程都育人，每一个孩子都健康全面成长，名校永焕光彩”的办学理念，我们齐心协力，朝着“优质·常态，做‘四有’好老师”的办学目标奋进。

附　心得体会

谢老师：通过学习林教授的讲座，我更加了解了文化、校园文化和学校文化的内涵，以及如何构建学校文化等知识。作为一名城南人，我们要认识学校文化，认同学校文化，热爱学校文化和对学校文化感到自豪，我们自己要自信，要继承和开拓城南学校文化。

蓝老师：打造独特的校园文化，追求学校内涵发展是学校建设的重要目标，应该抓好教学工作，注重改革与创新，创特色，树品牌，争一流，以科研促发展，创建校园特色文化，更要为学生搭建素质施展、发展的广阔平台。

郭老师：聆听了林浩亮教授的讲座，我深刻地认识到构建学校文化，要坚持立德树人，树立科学的教育质量观，深化改革，构建德智体美劳全面培养的教育体系，着力在坚定理想信念、厚植爱国主义情怀、加强品德修养、增长知识见识、培养奋斗精神、增强综合素质上下功夫。文化是一个国家、一个民族的灵魂，“文化自信，是更基础、更广泛、更深厚的自信”，它彰显新时代的灵魂，也是学校“强起来”的精神源泉、精神武器和精神脊梁。“构建学校文化”顺应了新时代对教育“强起来”的要求，让我们以专家为引领，且思且行，与孩子们共建共享优秀的学校文化！

翁锡永督学：以情绪控制作为教师职业春天的第一缕阳光

2017 年 9 月 7 日，我们请来了广东省人民政府督学、潮州市政府督学顾问——翁锡永主任做《以情绪控制作为教师职业春天的第一缕阳光》的专题讲座。

翁主任依据他的研究成果，从理论上阐述了情绪控制对教师工作的现实意义。同时，他采用了大量的数据、图片、视频等资料，对比突出了教师工作的岗位价值；并对情绪失控的危害和原因进行了剖析，使与会的教师们从根本上了解情绪把控在师德修养方面的重要性和现实意义，从而使教师们在教学活动中提高了情绪控制的自觉性，也必将有效提高我校师德师风的水平。

良好的师德师风是一所学校人文理念的体现，也是学校的软实力。因此，我校将把师德师风建设作为一项长期的工作任务来抓，也将直面政府重视，社会企盼，用良好的师德师风来催生教育教学成果。

翁锡永督学做讲座

特级教师李卓彬：教育论文的写作

为进一步提高学校教师教学水平和专业素养，总结学校上学期教育教学成果，推动学校教学研究更好地服务于课堂教学，服务于课题研究，服务于“语文主题学习实验”，全面提高我校教育教学质量，2019 年 2 月 28 日下午，我校举行红棉大讲堂获奖论文宣读、颁奖暨专家讲座活动。本次讲座特邀省特级教师李卓彬担纲主讲，学校全体老师参与聆听学习。

学校校本教育科研中心在 2018—2019 学年度第一学期举行学科教师教学论文评比活动，本次活动共征集教师论文 140 篇。学校各学科论文先由年级科组展开评比，再由校本教育科研中心组织评出一等奖 14 篇，二等奖 23 篇，三等奖 21 篇，纪念奖 82 篇。

伴随着鼓舞人心的颁奖乐曲声，学校领导为论文获奖的老师们一一颁发奖状。

获奖教师

举行隆重的颁奖仪式后，学科优秀论文代表与大家分享了自己的优秀论文。老师们结合自己的一线教学经历，对自己论文的撰写意图、主要观点、对教学的影响、值得借鉴的内容或闪光点进行了精练的阐述。他们结合课堂教学实际情况，论文论点表述明确，用PPT演示重要内容，使老师们在交流中碰撞思想，在交流中共享彼此的经验和成果。

获奖教师走上红棉讲堂宣读论文

“教而不研则浅，研而不教则空。”省特级教师李卓彬就《教育论文的写作》作了详细的介绍，通过结合自己在学术研究和教育教学论文创作中积累的丰富经验，从选定论题、研读文献、收集资料、拟订提纲、展开论证、完善结构等展开了丰富的阐述，对在座老师的学术论文写作提出了宝贵的意见和建议。在选择论题的标准中，李老师特别强调论题大小应适中，有时代精神、新颖，标题要“吸睛”，应有实用价值和理论高度。

李卓彬老师做讲座

李老师精彩的讲座让老师们在学习理论的同时，也有创作的实践感知，对我校教师今后的论文写作有着深刻的启迪。相信只要行动，就有收获；只要坚持，就有奇迹。我们会在教学与科研的探索之路上不断前行，不断实践，不断探索。让我们在专业成长的道路上学思并行，以文论道。

附　优秀笔记展示

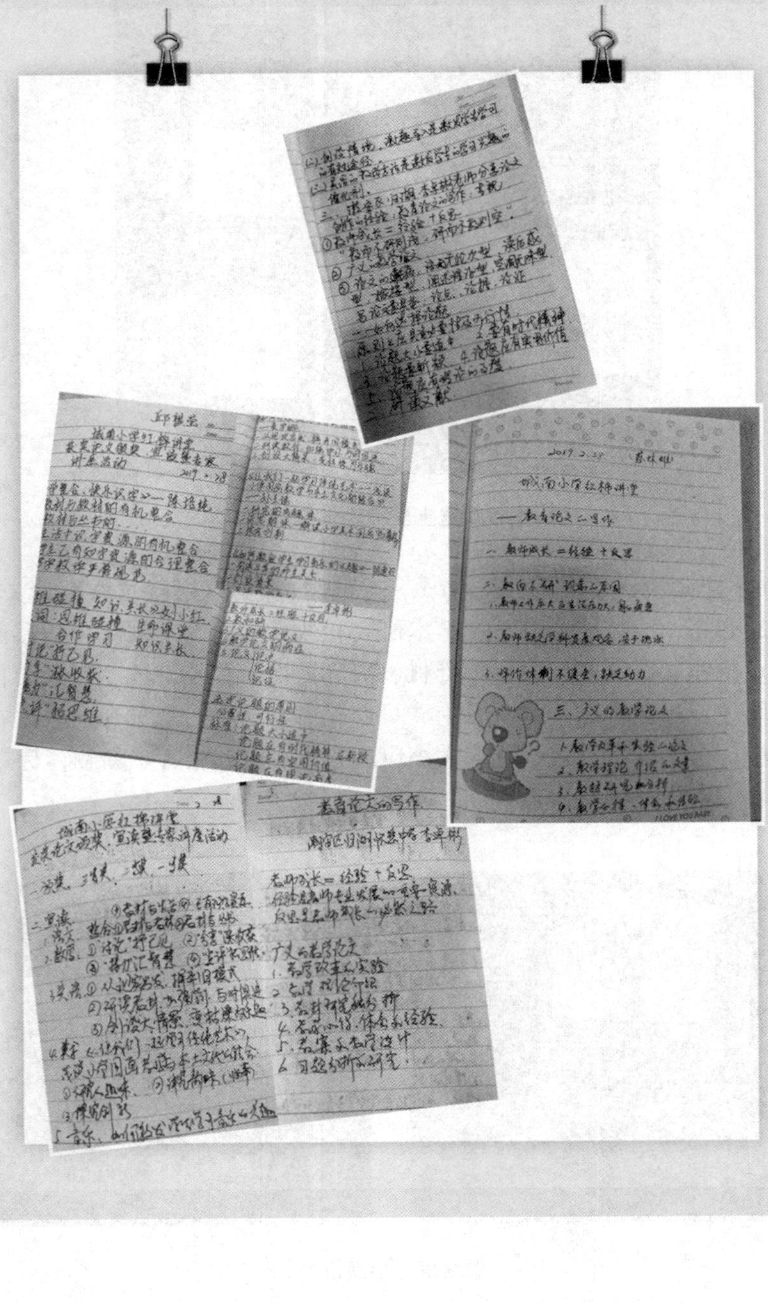

省名校长工作室主持人纪胜辉：新时代班主任专业能力提升

城南小学为夯实基础，稳步发展，达成做“四有”好老师学校年度发展目标，践行社会主义核心价值观，将“立德树人”及习近平总书记在学校思想政治理论课教师座谈会上的重要讲话精神，切实落实在育人全过程中，提高以班主任为首的专业育人队伍的水平和管理能力，特举行红棉讲堂——班主任专业能力提升专场活动。

班主任是学校德育工作的主力军，学校尤为重视班主任队伍建设。本学期班主任专业能力提升之工作案例展示自第三周以级为单位开展活动，第一阶段全体班主任均对个人的专业成长做了规划，从个人发展优势、发展目标，为自己的专业成长制定了相应的措施，并撰写工作案例在年级展示。学校学生成长、督导中心组织对各级展示案例进行评比，评出一等奖 10 篇、二等奖 9 篇、三等奖 8 篇。通过活动大家互相借鉴学习，共同提升育人水平。

2019 年 5 月 16 日下午红棉讲堂是班主任专业能力提升第二阶段的活动，特邀广东省中小学名校长工作室主持人、广东省中小学校长培训指导专家纪胜辉校长莅校，对新时代如何开展班主任工作做指导，提升班主任理论及实践水平。

活动一：傅小莺校长为班主任专业能力提升工作案例评比获奖老师颁发奖状

傅小莺校长为获奖教师颁奖

活动二：获奖班主任在红棉讲堂展示成果

参与红棉讲堂案例展示的三位老师围绕“立德树人”目标，分别从不同的角度切入，各具特色：陈金洪老师围绕班级学生座位调整，培育班级正能量，以公平为原则做好学生引导教育，家校联手，最有效地发挥班级的凝聚力；欧阳钿老师针对调皮生，找好教育切入点，从家长不配合到引导家长改变态度，形成教育合力；陈培君老师对优秀生管理方法欠妥采用“情景模拟”方式，引导学生反思、化解矛盾。她们各自都有丰富的教学经验，为老师们提供了很好的借鉴。

活动三：纪胜辉校长做案例点评及《新时代班主任专业能力提升》专题讲座

纪胜辉校长对三个案例作点评，充分肯定了三位老师工作过程策略的选择及所体现的启发性原则、循序渐进性原则，并现场与各位班主任互动，指导大家在实践中如何寻求家校教育突破，与家长做有效交流，协调家校教育力量。

纪胜辉校长所做的《新时代班主任专业能力提升》专题讲座，促使班主任对个人专业能力提升进行系统思考。纪校长就新时代背景下，围绕班主任工作形势和任务，从班主任第一阶段成长（合格至优秀）至第二阶段成长（优秀至卓越）指引方向，指导班主任在实践中自我提升，提高班级建设能力，让班级建设更加公平、更具效率。

红棉讲堂班主任专业能力提升活动，推动了我校班主任队伍的专业化发展，提升了班主任的综合素质能力，激励班主任做一名“智慧、轻松、快乐”的老师，在指引学生自主发展与成长的同时实现自我激励、自我发展。

获奖教师展示成果

纪胜辉校长做《新时代班主任专业能力提升》专题讲座

省名班主任工作室主持人陈少华：做个会讲故事的班主任

为落实学校“优质·常态，做‘四有’好老师”的年度发展目标，我校以提升立德树人的育人水平，促进教师专业发展，建设校园特色文化为抓手，全面提高教师专业素养，于 2019 年 9 月 12 日下午在六楼多媒体教室举行红棉讲堂活动。此次活动为班主任教育叙事展示，由学生成长、督导中心张奕主任主持，特邀广东省名班主任工作室主持人陈少华老师做专题讲座。

“学校无小事，事事皆教育；教师无小节，处处当楷模。”五位班主任老师自信从容，声情并茂，绘声绘色，讲述自己和孩子们一起成长的故事，分享了自己德育工作成长的心路历程，并将理论结合实际，提出创新的育人理念，体现了我校班主任队伍良好的综合素养和较高的专业能力。

张细铃老师以发生在班级里的突发事件为例，叙述了班主任工作中“关爱”与“沟通”的必要性，“情”“理”并施才能更好地处理教育中较为棘手的问题。

郑桂媛老师以处理学生与科任老师顶嘴一事为例，叙述了班中一位优秀的孩子出现叛逆顶撞的心理及自己接手此事后认真开导做好“和事佬”的教育故事，让我们感受到郑老师在教育过程中的耐心与智慧。

文意纹老师认为生活中处处有教育，工夫茶步步有讲究，她把茶文化融入教育工作中，让学生们在泡茶、饮茶的过程中感悟待人接物的礼仪。

郑菲老师用一个孩子从幼稚走向成熟的典型案例告诉我们，对于有些孩子来说，成长的过程可能需要更多的时间，这就要求

班主任代表做案例分享

我们教师放慢爱的脚步，用真诚、宽容、耐心去浇灌，学会等待，在等待中守候花开。

周佛容老师是专业的心理学教师，她的教育叙事是利用心理学来转化学生，具体是用“ABC 情绪疗法”和“皮格马利翁效应”两种方式来辅导，取得了很好的教育效果。

陈少华老师对五个案例逐一作精彩点评，充分肯定了老师们以生为本，关爱学生，对学生动之以情、晓之以理的教育方式。她从专业的角度，用马斯洛需求层次理论、洋葱核原理、同理心沟通技巧等多方面向老师们阐明了教育需要用心经营，在教育过程中很多看似普通的案例，教师只有留心，抓住有利的时机，并采用正确的方法，才能对学生进行有效的教育，取得事半功倍的效果。

接着，陈少华老师还给全体老师做了《做个会讲故事的班主任》的专题讲座，具体指导老师们怎么写好教育叙事，要满足真实性、教育性、故事性、成长性四要素，充分体现规范性、针对性、创新性和时代性，给了老师们很好的借鉴和指导。

“有 1 000 位读者便有 1 000 个哈姆雷特”，有 1 000 个班主任便有 1 000 种班主任的工作方法和工作艺术。班主任教育是一条漫漫长路，需要我们不断摸索，砥砺前行，更是一项智慧工程，需要我们开动脑筋，拓宽思路。

陈少华老师做《做个会讲故事的班主任》专题讲座

国家二级心理咨询师许怀国：做情绪的主人

——谈疫情期间的心理调适

清风徐来，鸟语阵阵的校园，即将迎来孩子们返校啦！校园重启时，老师们该如何调整好心理状态，更好地投入工作呢？这急需专家为我们支支招儿！

2020 年 5 月 7 日上午，虽然天气炎热，但是城南小学连廊厅都是清凉的一隅。全体教师参加了本学期第三场红棉讲堂活动。此次讲座邀请到的是国家二级心理咨询师、家庭教育指导师，中国心理卫生协会会员、原潮州市心理协会创会会长、潮州市湘桥妇联心理辅导顾问，共青团潮州市青少年服务中心签约心理咨询师许怀国老师，讲座的主题是《做情绪的主人——谈疫情期间的心理调适》。

讲座开始，许老师运用“正念一分钟”冥想法，用他富有感染力的声音，带领老师们进入一个身心放松的冥想状态。接着，许老师为老师们做了一个心理绘画测评——把刚才冥想中看到的“那棵树”画下来。在这个过程中，老师们都得到了积极的心理暗示。许老师告诉大家，在平时教育学生的过程中，如果经常给予学生积极的心理暗示，对提高课堂效率和教学效果，是一个很好的助力。

许怀国老师

接着，许老师针对老师们因为疫情期间相对封闭的生活状态，以及因线上教育而出现的各种身体与心理的不适，通过“穴位拍打法”，对焦各个负向情绪点，帮助老师们缓解不适，更好地调适好身心，提高睡眠质量，以饱满的情绪和积极的心态投入返校复学的工作。

最后，许老师还提醒老师们：复学后要用宽容的眼光看待每个孩子在线上教育阶段中出现的各种问题；要通过积极的心理干预，帮助孩子们增强自信心，让孩子乐于和家长、老师沟通；要及时发现和疏导孩子们复学后的各种负向心理状况。

老师们参与互动

短短一小时的讲座，许老师幽默、热情、接地气的演讲，轻松又实用的互动游戏，深受老师们的欢迎。

讲座后，老师们纷纷发表了自己的心得——

文老师：今天上午听了许老师的讲座，真不错！轻松、有趣……一节课的时间感觉是那么短暂，但学到的知识是那么丰富多彩，对自己、对学生开学后情绪的调节很实用。最喜欢的一句话：做情绪的主人，坏情绪是可以转化的。

陈老师：今天的心理健康讲座使我有了豁然开朗的感觉。老师生动详细的讲解，以及我们自己动手体验，让我学会了如何通过中医按摩穴位调节自己的负面情绪，如何让自己拥有健康的身心去教育、培养健康的学生。

蔡老师："冥想画树，积极暗示，穴位按摩"是今天许怀国老师讲座的关键词。通过穴位按摩，缓解身体各种不适，放松了我们的身心，做情绪的主人，也将这种正面情绪辐射到我们学生身上，时刻关注学生在返校期间心理和生理的变化，用宽容理解的眼光看待学生疫情期间宅家产生的各方面的问题。

唐老师：传染病暴发的确会给我们带来巨大的压力，甚至造成心灵的创伤，产生一定的消极情绪，这是十分正常的。即使发现自己出现了一些平时不常出现的心情，也不必视之为洪水猛兽，不必对此有过多的心理负担。我们会发生这些改变都是正常的。接纳这些情绪有助于我们更好地生活、应对疫情。

杜老师：刚刚结束的寒假是一个极为不同的寒假，正在启动的新学期也将是一个充满挑战的新学期。许老师的讲座，告诉我们在守护好学生的同时，也要做好个人调适，引导教师不断充实自我、完善自我，以健康的身心去帮助每个学生可持续发展。

活动最后，傅小莺校长代表学校向许怀国老师颁发了致谢函，感谢许老师带来的精彩讲座。

从今天开始，老师们将以更加积极乐观的心态，拥抱五月，投入充满阳光和挑战的新旅程！

研修与反思

走进北附学思课堂　聚焦思维品质培养

——记城南小学教师赴北京师范大学厦门海沧附属学校跟岗学习活动

2019 年 4 月 8—12 日，在学校领导的带领下，我校一行 29 人分三批慕名到北京师范大学厦门海沧附属学校（以下简称“北附”）参加教育教学开放周活动。春日里的校园绿意盎然，暖阳充盈。“自信自强，惟德惟能”的校训在校园的每一个角落里、在师生的每一节课上得到了最好的诠释。本次开放周的主题是“聚焦学科素养，创建学思课堂”，让我们一起来看看北附的老师们是怎样践行学思课堂理念的！

我校教师分三批到北京师范大学厦门海沧附属学校参加教育教学开放周活动

班会课 春风化雨　润物无声

三年级四班：《快乐生活》

老师巧妙设计了电视小主持人采访：什么样的同学最受欢迎？之后讲故事《北风和太阳》，情境表演《美好的友谊》，配乐诗朗诵《仰望星空，做最好的自己》，宣读《友善倡议书》并宣誓等，层层深入，让学生懂得并做到友善待人、快乐生活。课堂内容充实，表现形式多样，气氛活跃，是一节优质课，值得我们学习借鉴。

五年级四班：《清明节祭奠先烈》

主持、问答、讲故事、诗朗诵……班会活动完全交由中队长独立主持，老师只是一旁的观众。学生从清明节的由来谈起，从身边的英雄人物谈起，从不同时期的动人事迹谈起，追思先烈，文明祭扫，让学生在思想上进行了一次洗礼，激发了同学们对英烈的崇敬之情。以口诵之，笔随心动，言为心声，孩子们纷纷在心愿纸上写下他们的愿望，要以先烈为榜样，学习他们崇高的理想和远大的志向，学习他们自立世界、振兴中华的宏伟抱负，为中华民族的伟大复兴而认真学习。这亦是一节“走心”的班会课！

四年级七班：《诚信之花在心中开》

在老师的指导下，《诚信之花在心中开》主题班会结合学生的生活，在讨论环节设计了三种情境：一是诚信与个人利益冲突时；二是诚信与维系友谊冲突时；三是诚信与善意的谎言冲突时。在这三种情境中，通过分小组主持、讨论、演绎等手段，使学生进一步明确了如何在各类生活情境中坚守诚信，从而认识到诚信既是一种道德文明，又是做人的根本。

语文课 情景包裹　愉悦创作

一年级：《看图写话》

陈老师的《看图写话》以学生课间真实的游戏活动——老鹰捉小鸡的场景图片作为情境包裹，引入作文创作的话题。在学生具备说完整的四要素的基础上，引导学生按顺序看清人物、风景。以采访的方式引导学生将所思、所想写出来，并借助词语丰富句子，围绕核心问题引导学生说词、说句、连句成段，使表达逐步清楚、完善、形象。在孩子写话部分，教师能注意规范孩子们的格式与标点，通过课件直观展示一段话的正确格式，这既是教给学生看图说话写话的方法，又是作为习作评价的标准，更是学生以后自主完成看图说话的秘诀。整节课教师教学层次清晰，环环相扣，由易到难，由略到详，真正做到：系一张画面入境，揽一片温情入怀。

六年级：《“看见”心情》

这是一节“走心”的作文指导课。“挑礼物，拆礼物”活动情境的创设引发出不同的情感体验。学生对“心情”的体验具体可感 ，感触良多。他们在活动情境中有话想说，急于分享。表达的欲望是创作的最佳动力，那个打开礼物发现居然是一棵小草的同学把自己从期待礼物的惊喜到打开礼物后的尴尬、五味杂陈的复杂心情表达得淋漓尽致。以活动为主导的课堂生成真正实现以学引教。师生共同评议现场习作片段，从而归纳提炼描写人物心情的方法："心情词语、内心独白、联想想象、环境描写、动作神态"，充分体现在亲知而不在授知。整节课从活动的设计到写法的提炼都别出心裁，独树一帜。课堂上没有约束，亲切又自然，没有师生之分，没有优差之界，这种聊天形式的课堂，学生学得轻松，写得愉快，形散而神不散。

数学课　空间观念　动思并行

四年级：《角的度量》

林老师对新课程理念体会较深刻，教学方法把握得当，营造了一种宽松和谐的学习气氛，体现了"以学生为主体"的教学思想，主要表现在以下几个方面：

创设情境，激发兴趣。林老师从学生画角、量角的大小中引出量角器，从而激发了学生的学习兴趣，让学生明白，想要知道角的度数需要用量角器。

自主探索，层层突破。认识量角器后，让学生在学习单一的量角器上找到一个角，用彩色笔画出来，并在四人小组里说一说它有多大，是怎么知道的。在学生探究活动之后，老师再有选择性地展示学生的作品，得出用量角器量角应注意的地方是看零刻度线指着内圈刻度还是外圈刻度，这些既是量角的重点，也是难点。整个学习过程学生积极主动，通过自己动手实践、自主探索、合作交流，学会了新知，掌握了方法，培养了能力，老师努力创设了一种民主、平等、和谐的课堂氛围，鼓励学生大胆地阐述自己的观点。

联系生活，巧设总结。在落实了本课的双基后，林老师回归生活，展现了椅背、人看电脑的角度、步行时双脚的角度等生活中的角，让学生体会学习量角不仅能解决数学中的问题，而且更大的意义是在于生活中的应用，使学生体会到了数学在生活中的重要性。

四年级：《三角形的内角和》

丁亚鑫老师讲课生动有趣，亲和力强，他利用多种途径，发展学生的空间观念，引导学生思中学，学中思。上课伊始，老师通过演示三角形任意变大变小，让学生估计三角形的内角和，并在参差不齐的答案中，巧妙地回归到三角形内角和的验证中来。接着，他成功地引导学生在量、撕、拼、折一系列的合作活动中验证了三角形内角和。最后，通过视角直接感知，播放了科学家如何证明三角形的内角和的视频，并让学生交流了自己的想法。整节课老师更多地让学生观察、猜想、操作、验证。同学们乐意思考，善于发现，大胆表达自己的见解。

英语课 听说结合 趣味盎然

两节英语课都是采用任务型教学模式。连金梅老师上的三年级PEP下册Unit 3 At the zoo Part C Story time，根据三年级学生的特点，通过角色扮演游戏、动物图片对比、指导制作动物书等形式，操练并落实：Look at the monkey. It's big/small. It has …等描述动物的句型。

耿帅老师上的五年级PEP下册Unit 3 My school calendar Part A Let's talk & let's learn一课一开始就布置了这节课的任务，制作学校的校历。耿老师通过一封邀请函的听力训练引出本节课fun things，通过听后回答问题，既突破了难点，操练学生听力，也操练这节课的任务用到的节日表达。教师有着独特的个人教学风格，着重关注学生的学思过程。教学指令自成一派，学生训练有素，人人都有开口说英语的机会，小组及团队的合作配合很好。

体育课 模块教学 全方位育人

在《双手胸前传接球》体育课堂上，林艺莹老师在课前准备部分采用篮球明星导入到趣味慢跑进行热身，从篮球双手胸前传接球学习及提高练习到课课练，最后恢复整理等完整展示了一节体育课。教学过程衔接自然，环环相扣。巧妙运用多种器材，采用合作探究法、讲解法、讨论法、示范法、分组练习法、语言激励法等多种教学方法。尤其是课堂上林老师巡回指导纠错，平等耐心指导每一位学生的态度令我们印象深刻。

音乐课 音符奏响春的旋律

在《春天举行音乐会》课堂上，关哲昊老师深情演奏小提琴引领孩子们走进春天的课堂，孩子们在有趣的教学组织安排下，唱出了优美动听的春天“交响乐”。师生一起走进春意盎然的课堂，聆听春天、歌唱春天，表演春天。作为观摩者的老师们，在这充满春意盎然的音乐课堂中，仿佛也参加了一场“春天的音乐会”。

附 心有所悟 见贤思齐

“在学中思，在思中学”，老师们观摩了北附开放周的多元课堂，心中泛起一片涟漪。

陈老师：此次参观学习是对我教育教学工作的鞭策！时间虽然短暂，但是留给我思考的问题很多。走进名师课堂，感受名师风采，教我如何设计一堂好课，如何让课堂更有效。只有成为学习型的老师，树立终身学习的意识，不做井底之蛙，让自己的工作更扎实、更高效，在反思中调整自己，精心工作，才能不虚此行！

郑老师：在观摩学习中，非常感慨北附学校的体育活动如此成功及学校拥有过硬的硬件设施，他们的教学模式、方法、形式、内容有很多值得我学习和借鉴的地方。经过此次的学习，我会好好取其精华，反思自己的课堂，根据学校和自身的条件，慢慢地改变当前我校体育氛围，打造出独具城南特色的体育活动。

谢老师：这次北京师范大学厦门海沧附属学校之行，让我开阔了眼界、增长了见识、增长了智慧，我将以此次学习作为新的起点，在今后的教学工作中，珍惜每一次难得的学习机会，不断加强学习，更新教育观念，不断汲取更多名师名校的先进经验，为学校的发展贡献出自己微薄的力量。

观摩学习的时光短暂而宝贵，带着满满的收获，我们回到了自己的工作岗位上。我们相信，只要将所得所悟内化于心，更新教学理念，优化教学方法，科学扬弃，为我所用，终能收获教学硕果！

研修前行，一路收获

——记城南小学张细铃老师参加国家级骨干教师高级研修项目小学综合实践活动学科培训活动

“国培计划（2019）”——国家级骨干教师高级研修项目小学综合实践活动学科开班仪式于2019年9月17日上午在福建省福州市举行，来自全国各地50名学员参加。通过肖晓阳老师的“破冰之旅”，大家逐渐熟悉起来，各小组也进行了目标制定，正式开启了大家的“国培”之旅。

专家引领　理论升华

张细铃老师参加“国培计划（2019）”

国培专家、福建省教育学院教授、全国教师教育学会综合实践活动学科委员会副理事长邹开煌为我们带来《综合实践活动课程实施现状问题与发展——基于“福建模式”的思考实践》的讲座。邹教授先从福建省开展综合实践活动学科推进情况入手，再分别从以建设全国课题为平台推动常态实施、建立骨干教师队伍、开发系列课程资源、总结有效操作模式、打造综合实践活动课程品牌等五方面出发，讲述了综合实践活动学科的历史沿革、发展情况、发展方向、存在的问题，让我们对综合实践活动这一学科有了更深刻的认识。

中央教育科学研究院课程教学研究所副研究员冯新瑞老师为学员们带来了《综合实践活动课程的发展趋势及与劳动教育的关系》讲座。冯新瑞老师从综合实践活动课程的发展历程、主要变化、发展走向及综合实践活动与劳动教育的关系、综合实践活动怎样落实劳动教育五大方面进行全面而细致的讲解。她强调，综合实践活动课程不仅是一门以培养学生综合素质为目的的课程，更是一门真正回归生活的课程，还是一门跨学科的实践性必修课程。冯老师直击目前劳动与劳动教育的现状，分析劳动教育弱化、淡化的原因，为老师们在新时代劳动教育实施方面提供了相关的途径以及可参考的案例。

“教育部领航名师工程”杨邦清名师工作室核心成员雷丽珠老师为学员们带来了《开发地方特色资源的归因与实施策略探索》主题课程。雷老师从课程性质、课程地位、课程校本化新走向等多个方面对开发校本课程的思考方向进行了引领，还分别对“弓鱼”“鸡茸”“树中佛”“校园树木二维码”等多个自己教学的综合实践活动课进行剖析，用案例展示了采用开发地方特色资源的办法进行综合实践活动课程编排的优势，告诉我们课程资源并不是遥远的存在，它就在我们身边。

走进课堂　领略风采

晋江市第二实验小学孙燕妮老师和武平县实验小学的钟丹斐老师在福州茶园山小学分别上了《探秘不倒翁》和《垃圾分类我能行》两节课，向我们展示了综合实践活动课老师不同于其他学科老师的风采。

孙老师在课堂上给学生足够的时间和空间，通过学生猜想、验证、汇报、总结，学生真正成为学习的主人，有效培养了学生的动手能力、创新能力和创新精神，极大提高了学生的思维品质和学习热情，充分展示了真正的核心素养下的开放课堂是什么样的课堂。钟老师执教《垃圾分类我能行》一课，通过学生交流对垃圾的调查，引导学生进行垃圾分类，给学生们提供了丰富的素材，通过游戏将垃圾归类，让学生在游戏中认识各类垃圾，激发了学生的兴趣，真正让学生成为课堂的主人。

在福州中山小学，龙岩市第二实验小学谢俊娜老师带来《走进龙岩竹马灯文化》这一活动课例。对竹马灯这一传统文化，谢老师从对竹马灯的认识、观察竹马灯、体验竹马灯舞蹈入手，充分调动了学生的兴趣，引导学生从历史、音乐、制作等多个方面进行探索研究，让传统文化在课堂中鲜活起来。

价值体认、责任担当、问题解决和创意物化是综合实践活动课程的四大目标。综合实践活动课程不只是自主开放的课程，更要让学生在课程中尝试提出问题、解决问题，在活动中体现“育人”，培养学生的集体主义精神、家国情怀，让学生认识自己的社会角色，懂得承担民族、祖国建设的责任。

研学体验　拓宽视野

“研学旅行”即在旅行中进行研究性的学习。研究性学习的本质，在于让学生亲历知识产生与形成的过程；使学生学会独立运用其脑力劳动；追求“知识”发现、“方法”习得与“态度”形成的有机结合与高度统一。研学已成新时代社会的一大热点，也是开展综合实践活动的重要方式之一。为更好地提高我们对研学的认识和体会，此次“国培”也设计了三次研学活动，让我们意识到要时刻跟紧时代发展的步伐，提高自身的素养。

一片三坊七巷，半部中国近代史。在三坊七巷，林锦秀教授带领我们走进了林觉民故居、郎官巷、严复故居、福建民俗博物馆，为我们讲述了许多故事。三个坊、七条巷，乃至脚底的每一块石头，都是我们课程开发的宝贵资源。走完三坊七巷，各个小组就微课题展开设计，就如何指导学生进行研学有了初步的认识。经过张群林老师的点评和建议，我们对制订学生研学活动方案理解得更加深刻了。在晋江的各所小学里，我们以小组为单位，从确定主题、制订初步方案到实地考察，带着学生走进了晋江的特色工厂——织布厂、鞋厂，进行了为时一个下午的研学。学生参与热情高涨，在研学活动中克服了自身胆怯等问题，勇敢地质疑、访谈，经过讨论总结后形成了自己的研学汇报成果。

每一个学生身上充满着各种发展的可能，而研学可以激发出这种存在的潜能，让学生在实践体验中认识自我、认识社会，获得更好的成长。

第一阶段“国培计划（2019）”历经 15 天跨越两座城市圆满结束，总而言之，收获颇丰，认识更深，愿一路前行一路开花。

课堂革命·福田表达

——记深圳“语文主题学习”专场中小学观摩研讨活动

2018 年 12 月 20—21 日，我校傅小莺校长带领方逸绵、陈金洪、文意纹、郭碧璇、陈玉五位老师到深圳市参加“课堂革命·福田表达——深圳福田课堂变革新生态全国展示活动（语文主题学习专场）”。为期两天的活动，邀请了诸多当今中国语文教育界影响深远的资深教研专家、特级教师来讲学，还有一批优秀语文老师的课堂教学展示活动。深圳福田区以教育改革排头兵的姿态，向全国展示了语文主题学习课堂变革的新生态。

本次活动分为三大板块，包括：大语文背景下的主题学习新思考、语文主题学习的新策略（小学教学观摩研讨专场）、语文主题学习的新策略（中学教学观摩研讨专场）。

崔峦老师的《统编教材与教学》让我们明晰：语文主题学习所倡导的“精讲多练”“一课一得”“大量阅读”正是落实了统编教材要解决的语文能力问题，即写好字，用好字，多识字，多读书；读写结合训练就是要落实语言文字运用的能力。

李家声老师的《大语文的教育教学理念和目标》让我们感触至深。语文教学不仅要抓语文基础知识和能力，还要抓语文实践能力。

张健校长的《落实立德树人，要从语文改革开始》专题分享铿锵有力，直击人心。学生核心素养之首是人文底蕴，语文教学要鼓励学生大量阅读，通过阅读让孩子视通四海，思接古今。

语文主题学习活动专场

姚晓英校长温柔的语言、亲切的模样、精心的教育让我们看到了教师该有的模样。姚校长根据学生的不同年龄阶段，设置了乐心园、启智轩、勤耕堂、励志阁四个不同主题书吧，办一所森林中的图书馆。

赵志祥老师《小狐狸，

你好》80 分钟的寓言教学课巧妙地引导学生学习 2 篇寓言、1 首儿童诗、1 组电影精彩镜头，再拓展推荐阅读一系列以“狐狸”为话题的课外书。课堂内容饱满，语言幽默，点评到位。赵老师高超的导学艺术令人折服！

周益民老师的《变什么》阅读教学课真正做到以生为本。整节课周老师只提了 5 个问题，却充满了思辨和缜密思维，让学生扎扎实实学语文。

白晶老师的古诗教学《诗中的别离》以活动贯穿始终，分别是：慧眼辨诗、有味读诗、意象解诗、创意诵诗，让学生在创意吟诵中感受古典诗歌的优美。

谢佳芮老师《从刷子李到俗世奇人》读写结合教学展示了她雄厚的文学功底和即时点评的功力，逗得台上孩子哈哈大笑，赢得了台下听课老师的连连掌声。

张莹老师展示了精读引领课《灰雀》+《四块糖的故事》，以读代讲，引导学生发现共性，感悟“语言是有温度的”。张老师功底扎实，才兼文雅，充分展示了青年教师的自信与风采。

由姚莉老师主持的，赵志祥老师、包栎老师和毕春英老师围绕低段语文教学进行的探讨让人受益无穷。其中赵老师所讲的写字教学的秘诀在于“描红，天天描红，天天认真描红”，让人印象深刻，他认为写字教学不应过多地解读笔画，要将练字的时间交给学生，师生共练，教学相长。

课堂是实施素质教育的主渠道，是落实立德树人的主阵地。整个活动精彩纷呈，给大家留下了难忘而深刻的印象。作为一名教育工作者，我们要尽历史责任，体现时代担当，扎根基层，敢于改革，从古今中外优秀文化中汲取智慧和力量，为促进课堂改革和全民阅读工程发挥重要作用，为推动社会进步和民族富强做出更大贡献。

专家围绕低段语文教学进行现场探讨

研学不止，深植阅读之根

——记城南小学郑桂媛“小学语文主题学习”名师工作室跟岗活动

金秋送爽，丹桂飘香。秋天的辽阔平添积极向上奋发进取的豪迈，秋天的浓墨重彩又给人以强烈的震撼与美感。在这个收获的季节里，由北京华樾教育研究院组织，我们这一群满怀激情与梦想的语文人，因“语”而聚，赴山东进行了为期一周的“语文主题学习”跟岗培训和观摩第五届全国小学语文“大单元课型”展示活动。

2019 年 10 月 21 日，湘桥区郑桂媛“小学语文主题学习”名师工作室成员跟随主持人郑桂媛老师来到了潍坊诸城市明城学校，开始为期两天的跟岗学习。潍坊诸城市明诚学校于 2009 年创立，位于金石学家赵明诚的故里——山东诸城，因此金石文化是明诚学校的一个重要传承文化。这里有随处可见的明诚理念名言，还设置了小型的赵明诚、李清照的纪念馆供学生参观学习。四栋教学楼以“明理、诚信、笃学、力行”命名，每栋楼的每一面墙都有教育名言，每一个班级都以一个古代名人来命名，校园文化建设随处可见。

“语文主题学习”跟岗培训

首先，明诚学校的校长为我们详细介绍了学校的特色课程体系以及学生活动。

明诚学校是语文主题学习实验的成熟区学校之一。学校虽然年轻，但有一套成熟并践行已久的阅读体系——序列阅读课程体系，它渗透在课堂、学校、家庭里，即以课内阅读体系为主、以课外阅读体系为辅、以经典诵读体系为伴，让阅读呈现序列化。在进行序列阅读整合的时候注重四个整合：①阅读和语文教学相整合；②阅读和学校办学特色相整合；③课内阅读和课外阅读相整合；④阅读和习作、习字相整合。同时学校还开展了自己的特色课堂，是一种教学基本流程为“30+10”的语文课堂。

聆听完明诚学校的序列阅读课程介绍后，我们工作室成员又走进办公室和教室向明诚学校的老师们取经，由此了解明诚学校教师的工作情况和学生的学习状况。比如在质量测评手段上，语文主题学习丛书不在质量测评范围，重在增加学生的阅读量；在作业方面，通过课堂作业简单化的方式让老师学生有更充裕的时间进行经典诵读和整本书阅读。此外，学校非常重视老师们的粉笔字练习，使粉笔字练习成为常态。这些都是我们可以借鉴的地方。

紧接着，明诚学校还为我们跟岗学习的老师们准备了20节阅读观摩课，课型特别丰富，有“组文阅读课”“主题阅读课”“整本书阅读课”“绘本阅读课”“经典诵读课”“精读引领课”和“习作交流课”。有的课堂教学方式活泼有趣；有的课堂联系生活，让学生自己在课堂上掌握阅读方法，尊重学生的主体地位；有的课堂以读为主线，让学生在朗读中体会文章的特点，让学生受益匪浅。这些课堂都注重思考语文核心要素与学生核心素养之间的关系，注重学生的高阶思维训练，是真正对孩子有用的课堂。

最后一节观摩课是“品《红岩》悟豪情”的整本书阅读交流课，这节课给我们留下了深刻的印象。老师用“整体感知明大意、精入品读析人物、升华情感诉心声、沉淀思考传精神”，将《红岩》这本书串成一条主线，让学生在品读中收获红岩精神，并跟随时代，加入“国庆70周年阅兵”“习近平思想”。整节课既忆苦思甜，又与时俱进、豪情万丈。学生在老师的带领下，入情入境，收获颇丰。

最后三天，我们一行人又赴泰安观摩第五届全国小学语文“大单元课型展示”活动。活动地点定在景色秀丽、宜人的泰山脚下——泰安，全国各地1 400多名语文骨干教师参加此次培训，山东省教研员李家栋、华樾教育研究院教研主任毕英春等专家莅临现场点评指导，盛况空前！本次活动围绕“展示”这个中心词，27位教师以赛课的形式，进行了不同类型的大单元课程展示。大会设三个分会场，以现场直播的形式，向全国的小学语文教师发送链接播放活动实录，线上、线下互动频繁。会议在泰安市高新区凤凰小学少先队员们的经典诵读中拉开了帷幕。毕英春老师在开幕式发言，高屋建瓴，字字铿锵，她说到大单元整合教学要做到“聚焦目标、简约环节、策略得当、效果明显”。此次展示的课，都体现了主题学习“双线并行”，即人文性和工具性，还有“大容量”的特点，一个课时两三篇文章，真正实现了课堂的大容量阅读。

随后名师、名家闪亮登场。唯美精致的课件，抑扬顿挫的范读，名师对教材的准确定位，教学脉络清晰，解析精准，使在场的小语同仁受到心灵的洗礼。

第五届全国小学语文“大单元课型展示”活动现场

江苏的史记冬老师带来的《王戎不取道旁李》的精读课，注重教给学生读书的方法，让学生充分阅读，构建了自主阅读的高效课堂。史老师教学生读顺古文，借助注释理解意思，再引导学生通过假设推理，揭开王戎聪明的秘密，然后举一反三，用学到的学习古文的方法学习拓展文章《试狼》，激发学生学习小古文的热情，最后变换角色，创设情境练习复述，进一步深化对人物形象的感知与领悟。

让人印象深刻的还有获得特等奖的河北省张银燕老师带来的《奇妙的关键句》。张老师整合教材上的《富饶的西沙群岛》和丛书的《庐山的云雾》《九寨沟》《香港，一颗璀璨的明珠》三篇文章，以“我发现—我寻找—我会用”为线索，先听故事认识中心句，再学习课文《富饶的西沙群岛》，学会寻找中心句的方法，了解中心句的位置和作用，接着迁移学法，快速阅读整合的几篇文章，找到并画出中心句，即关键句，然后学以致用，以“泰山真美呀”为中心句练习说一段话。课堂在轻松的氛围中推进，张老师带着孩子们快乐旅行，最后借助单元导语，双线并行，升华爱乡爱国之情，让在座的人也为之动容。

最后一天下午，我们赴万境水岸小学参加了专家点评活动。本会场由吴亚西专家对组文阅读课程进行点评，她要求我们立足整体，从单元整体的高度来促使文本的学习。老师要深入研究文本、课堂，减少课堂上教师的讲和问，把更多的时间和空间留给学生，从而实现学生在课堂上的主体地位，促进语文教学思想的根本转变，推动课堂教学的改革，促进学生语文核心素养的提升。

本次山东跟岗学习行，让我们互相成长，交流，共同进步。虽然跟岗学习活动已经结束，但留给我们工作室成员的思考还在延续。学无止境，任重道远，每一次学习都能让我们受到启发，回顾过去，感悟当前，我们会将本次所收获的东西灵活运用到自己的工作岗位中去。

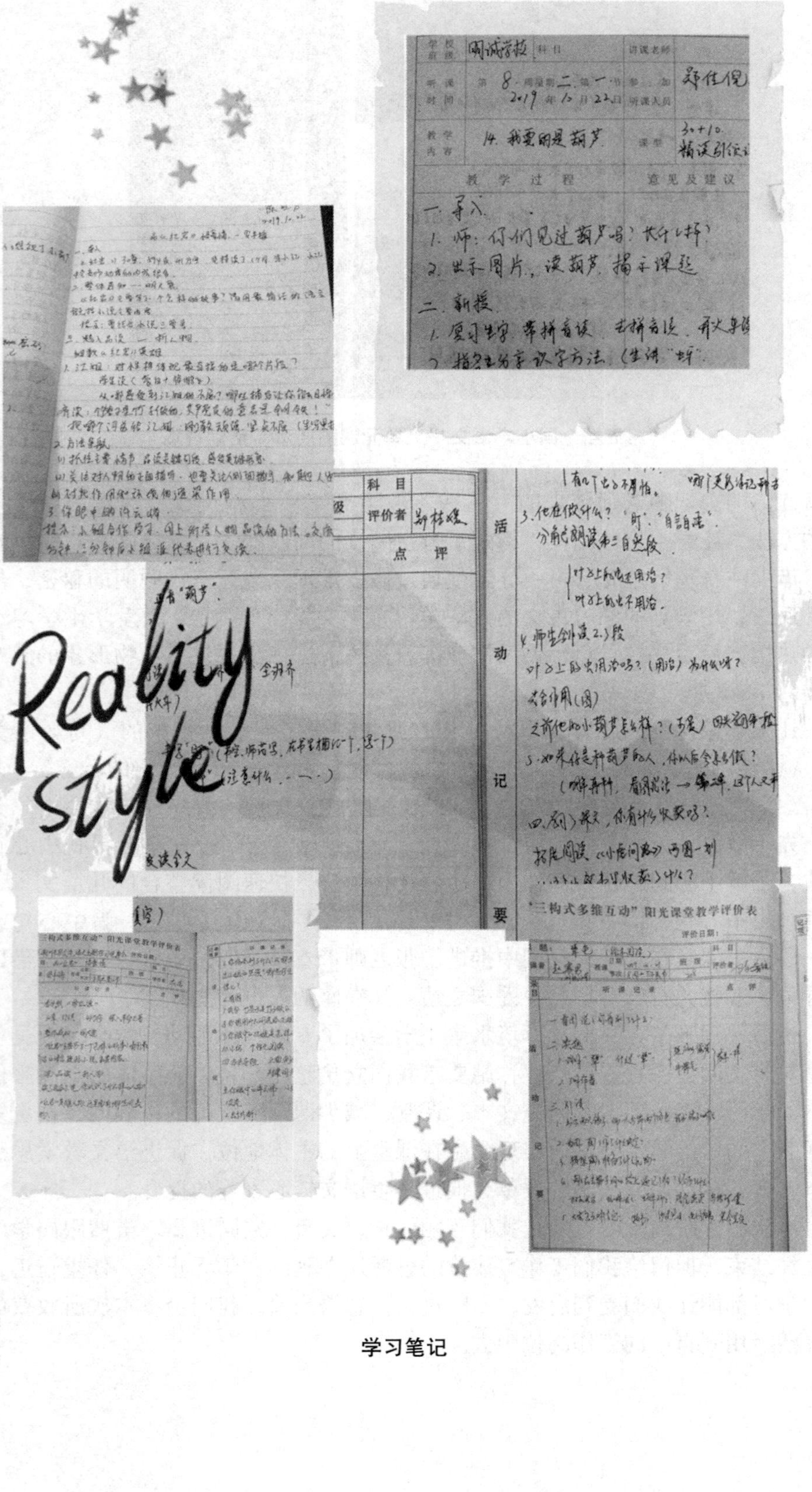

学习笔记

解密南通高品质工作室建设

——记城南小学陈萍老师参加高品质工作室建设之南通样本研习活动

“全国教育看江苏，江苏教育看南通。”2019 年 7 月 15 日至 20 日，广东省柯秀红名教师工作室全体成员在主持人柯老师的带领下，到江苏南通参加由中国教师研修网主办的“解密南通，高品质工作室建设之南通样本研习活动”，城南小学陈萍老师参加了此次研习活动。

本次研习活动，内容丰富、形式多样。有专家讲座：江苏省南通市中小学名师培养导师团团长王笑君的讲座《南通名师培养机制创新》；江苏省南通市中小学名师培养导师团副团长郭志明的讲座《品牌，名师工作室的灵魂》；南通教师发展学院院长、江苏省高中语文特级教师鞠九兵的讲座《工作室品牌建设路径》；原南通市教育局副局长、原南通市科研所所长严清老师的讲座《解密南通教育》；南通市教育科学研究院副院长、江苏省特级教师冯卫东老师的讲座《点亮教育人生的“灯”》；南通市教育科学研究中心初中语文教研员李凤老师的讲座《名师工作室成果申报艺术》……还实地观摩了王笑梅、顾娟名师工作室等。每一项研修活动无不折射出南通教育人的智慧与辛勤，让研修成员感慨不已！

广东省柯秀红名教师工作室主持人柯秀红老师也向在会人员介绍了工作室的文化建设路径、工作室的精神、教学主张与目前的研究成果，受到专家们的高度好评。

在最后一场专题研讨的分组活动中，来自全国各地的工作室成员分学段围坐在一起共同研讨、交流想法，冯院长为每个分享的团队精准把脉，进一步点亮团队发展的明灯！

高密度、高强度、高品质的研习活动，如同盛夏的丁香气息浸润了每一个研修成员的心田！南通教育人催人奋进的教育精神深深感染着每一位研修成员！我校陈萍老师表示：教育高地南通之行，是体验名师成长的心路历程与教育思想之旅。她将学习南通教育人的精神，从自身做起，不忘初心，心系教育，精耕细作，为教育事业贡献自己的微薄之力！

南通样本研习活动现场

学习培训，精彩无限

——记城南小学陈惠玲老师参加粤东西北校地合作项目中小学音乐骨干教师培训活动

2019 年 10 月 18 日至 11 月 2 日，为提高我省中小学音乐教育教学研究水平和课堂教学质量，推动提升音乐教师业务水平，促进学生音乐学科核心素养和音乐审美能力的提高，广东省教育厅、广东开放大学在东莞市举行 2019 年广东省“强师工程”粤东西北校地合作项目中小学音乐骨干教师培训，城南小学陈惠玲老师参加了本次培训。

本次培训共分理论学习和跟岗学习实践两大板块。为在本次活动中充分展示我省中小学音乐课堂教学成果，并借此推动全省中小学音乐教学研究深入开展和教学质量提升，真正让全体学生成为艺术教育的受益者，广东省教育厅、广东开放大学精心安排了课程，包括《音乐手机微课程的开发与运用》《合唱指挥理论与实践》《新课程背景下的小学音乐教学设计》《音乐与律动》《柯达依教学法在小学教学中的实践与运用》和《课堂歌曲配弹简易技巧》等，内容丰富、到位。

本次培训主要针对音乐教师素养参差不齐、音乐技能与学科教学方法经验欠缺等问题开展专题培训，专家对音乐老师们教学过程中采用的教学方法及策略进行了渗透、优化，与老师们研讨交流，内容涉及面广，通俗易懂，在互动中学习，在学习中思索，在思索中提升，老师们深受启发，获益匪浅。

理论学习

在第二板块的跟岗学习实践中，老师们去到各重点小学，感受了东莞市校园文化建设氛围的浓厚、教育教学理念的先进，聆听了名师的成功经验，提升了自身的教育教学水平。

此次的跟岗培训学习让老师们对教学理念有了更加深刻的理解，教学能力得到了提升。

润泽心灵，提升自我

——记城南小学教师参加第八届广东省中小学班主任工作论坛活动

班主任是学校德育工作的主力军，学校的发展和教育教学的稳步提高与班主任的辛勤努力是分不开的。为了进一步提高班主任班级管理的水平和艺术，寻找全新的工作思路和方法，我校于2019年7月13—16日，组织欧阳钿、何洁丹、刘小红、陈培君、张细铃、陈玉等几位老师前往广州参加第八届广东省中小学班主任工作论坛。

一、重视活动，做好部署

出发前，我校张奕主任代表学生成长、督导中心就此次外出学习活动的方案和意义、学习任务、人员安排、外出安全等方面进行部署。

二、认真学习，提升自我

广东省中小学德育研究会会长韩东才教授做开坛讲话。他指出本次论坛主题是：新时代的劳动教育，班主任的新使命。我们要在学生当中弘扬劳动精神，要教育引导学生树立热爱劳动的思想，养成热爱劳动的习惯，培养一代又一代高素质的社会主义劳动者。

德、智、体、美、劳全面发展是素质教育的要求，但劳动教育往往被我们忽视。“三十六行，行行出状元”，但今天职业被分为三六九等，普通的劳动者被轻视，劳动教育似乎与智育格格不入。熊丙奇教授的报告《劳动教育：教育理念与教育管理的创新与挑战》对推动劳动教育的原因、劳动教育与其他四育的关系做了深入的分析，并且提出了落实劳动教育的实践措施。

培养学生的个性、兴趣和责任心是目前班主任最重要的任务，因为真正的教育是个性化教育。来自华南师范大学附属中学（简称华师附中）的肖朝云老师和我们分享了《“三同”学农“五课”育人》，介绍了华师附中在劳动教育方面的尝试，让我们体会到劳动教育也可以这么有意思。

湖北第二师范学院的刘永存教授的《咱班的佛系学生怎么破》让我们认识到班主任并非“神”，作为班主任要有开放的心态，一个班级就是一个数据库，要懂得如何从数据里发现问题、解决问题。

李季教授《让优秀成为习惯——班主任专业成长之路》用丰富的经验告诉我们：优秀是一种成长生态，班主任要有一双善于发现优秀的眼睛；优秀是一种成长自觉，班主任要有成就优秀的成长性智慧；优秀还是一种成长性思维，班主任要有培养优秀的师者情怀。作为老师要在专业成长方面勇于探索、敢于创新，以最优秀的自己培养出一批批更优秀的学生。

中山纪念中学的韩宜奋老师是个充满教育情怀的即将退休的优秀班主任，我们看到她开展的每一项活动都充满了爱，都体现了“育人”二字。从“班龟”到“剪刀、石头、布”这三只鸭子，到带学生看电影，韩老师向我们展示了“育人”的路径是多方面的。教育是灵魂对灵魂的推动，作为班主任，我们要善于构建利于学生成长的“场”。

潮州市实验学校的陈少华老师《聚力教育，班主任领导力在行动》指出：班主任要了解社会需要，充分发挥领导力，通过整合和运用社会教育资源，促进全员全面共育。

全国知名班主任梁岗老师的专题报告《营造润泽生命活力的“文化教室”》，从他和学生相处的点点滴滴分享了他的实践经验。他放眼未来，引导学生进行人生规划；他把班级打造成一个温馨的家，所有学生都是兄弟姐妹。他用心浇灌的“花儿”，必将为祖国建设贡献力量。

佛山市三水区实验小学的陈锦颜老师向我们展示了一线班主任的用心教育。从“体验失败”微班会的耐挫教育，“假期打卡”活动的坚韧教育，“你是我们的骄傲”的自信教育，到“爱要用心做出来”和“爱要大声说出来”的感恩教育，每一个班会活动都能够从学生的心灵需要出发，抓准教育切入点，充分利用家校资源，让学生在活动中自主成长。

第八届广东省中小学班主任工作论坛活动现场

河源市第三小学是一个充满劳动趣味的学校，黄燕妮老师是一个教育的有心人。她的《你的能力将成为你的底气》介绍了他们的开心农场和开心饭堂，黄老师注重劳动意识的唤醒，让学生在多维度的劳动实践中成长，并且用多种评价机制激发学生对劳动的热爱。

珠海市第九中学的吴玩芬老师是个富有创意的班主任，为了将劳动教育贯彻得更好，成立了班级“人民代表大会”，开展了“下午茶制作大比拼”等一系列活动，但她不止于此，爱国教育也始终贯穿在劳动教育中，将个人发展与国家发展相融合。劳动容易，培养热爱劳动的素养才是最持久的教育。

陈春香老师的《从亲师沟通到亲子和谐——家校共育的实践与探究》以“第一次家长会”为例，作为班主任要打破传统局限，提升家长会格局，激发家长参与学校教育的驱动力。

河源市龙川县的农村教师赖冬美以诗句“我见青山多妩媚，料青山见我应如是”开场，告诉我们教育不是一个人对一班人的单恋，而是一个人与一群人心灵的推动。无论遇到怎样的教育难题，我们教师都要永葆初心，以德育为基础，以活动为载体，用爱沐浴孩子的心灵。

三、收获满满，润泽心灵

何洁丹老师：此次学习，让我如沐春风，受益匪浅！韩东才教授的论述，使我们进一步明白了劳动教育的重要性以及如何落实劳动教育；肖朝云老师的报告让我们对名校新颖多彩的劳动教育赞叹不已；黄燕妮老师和吴玩芬老师的经验分享让我们再次感受到作为新时代的教师和班主任应该不断提升自己，从不同途径、用多种方式来促进学生的全面发展。

陈培君老师：这次培训让我进一步明确了班主任工作的职责，拓宽了班主任工作的思路，学习到了班主任工作的优秀经验，并让我懂得了如何更科学合理地做一名新时期的班主任，如何用有效的方法管理班级，做学生们欢迎的老师。

刘小红老师：听君一席话，胜读十年书！班主任是一个班级的指挥者，扮演着多种角色，是学生的家人、友人、知音。身为班主任，我们应当立足于学生的长远发展，重在方法指导和道德培养，用心用爱拓宽教育之路，发挥班主任角色多元价值。

欧阳钿老师：本次班主任工作论坛，我聆听了很多专家的专题报告和名班主任的发言，受益匪浅。劳动容易，而形成劳动素养是不容易的！班主任要重视培养学生热爱劳动的素养，让我们的孩子有操持家务的能力和健康强大的身心，让劳动能力成为孩子的底气。分论坛的名班主任的个案分析，也拓宽了我的思路。最后，引用中山纪念中学韩宜奋老师的话来提醒自己：如果，你足够慈悲，你能把学生当成自己的孩子，教育就不难！

张细铃老师：普通的劳动者被轻视，劳动教育似乎与智育格格不入。出席本次活动的专家、名师们用他们的教育实践向我们证明：劳动教育并不会影响其他四育，反而能在劳动中使其他能力得到更好的发展。劳动教育在新时代必须得到重视，班主任应有使命感，在劳动教育方面敢为人先。

习总书记 2014 年在乌鲁木齐接见劳动模范和先进工作者时，指出："我们要在全社会大力弘扬劳动光荣、知识崇高、人才宝贵、创造伟大的时代新风，促使全体社会成员弘扬劳动精神，推动全社会热爱劳动、投身劳动、爱岗敬业，为改革开放和社会主义现代化建设贡献智慧和力量。"学校是教育的主阵地，经过这次学习，我们深知作为班主任，要给学生完整的素质教育，即德、智、体、美、劳五育缺一不可。要以德育为基础，以班会活动为载体，寻找教育契机，引导学生树立正确的价值观。培养学生热爱劳动的素养，做一个合格的社会主义劳动者，是德育的核心和灵魂。

第六章

好老师专业成长个例篇

习总书记曾经说过："一个人遇到好老师是人生的幸运，一个学校拥有好老师是学校的光荣，一个民族源源不断涌现出一批又一批好老师则是民族的希望。"我校通过一系列培育"四有"好老师的活动，着力培养一批专业素养高、教艺精湛的好老师，他们成为学校教育改革的领头雁、先行兵。

这些好老师中，有担任校长多年、致力探索不同类型学校文化建设的广东省"书香校长"傅小莺校长；有被评为"广东省先进工作者""广东省省级骨干教师培养对象"的蔡泽副校长；还有敬业乐教、治学严谨的方逸绵主任、唐永嘉副主任、庄溯澜副主任、郑桂媛老师、陈萍老师、孙玉瑶老师、陈培君老师等等。

这一大批优秀教师，用行动默默诠释着太阳底下最光辉的职业的风采，用满腔热情对待教育教学工作，用一颗真诚之心对待学生。在学生们的眼中，他们亦师亦友。让我们一起来聆听他们的好老师专业成长之路吧！

从问题导向到项目管理

——我的学校治理之路

【作者简介】

傅小莺，中共党员，城南小学校长，小学语文高级教师。国家级课题优秀主持人，主持省、市课题获优秀教育教学成果奖及粤东基础教育课题成果优秀等次。获广东省“书香校长”，省“校园阅读推广人”，省、市“星星火炬奖”，市优秀教师，区名教师，区优秀教育工作者等荣誉。担任校长多年，致力于不断探索不同基础学校的学校文化建设。

小时候的我，总喜欢在家里的门板上写字画画，让椅子当学生，自己当老师。那时候，心里就有一个美好的愿望：长大后我要当一名人民教师。1981 年我考上了潮州市师范学校，1984 年我以优秀的成绩毕业，从此踏上讲坛，从事太阳底下最光辉最神圣的职业，小时候的愿望终于实现。三年难忘的师范生活，铸造了我坚定的信念：热爱祖国、热爱党、拥护党的教育方针、忠诚党的教育事业并为之奋斗终生。

日月如梭，一晃三十多年过去了，我由一名普通教师成长为中层干部、校长，这期间我一直默默坚守在一线，用行动证明教育不仅需要爱心，更需要专业。我成长的每一个脚印都凝聚着组织的信任、培养；每一个迈出的足迹都真实地记录着我爱岗敬业的精神及在实践中不断充实自我、锻炼自我、完善自我的成长历程，在枫溪小学、新春园小学、城南小学三所学校历经不同岗位，都留下了难忘的足迹。在这三十多年的教育生涯中，作为管理层面的工作比重较大，担任校长以后，我致力于不断探索不同类型不同基础学校的治理的方法和途径。

制心一处：从“问题导向”入手

2001 年，我被调到潮州市湘桥区新春园小学担任校长。学校位于城西绿茵路中段，是一所处于城乡接合部的公办农村小学，创办于 1992 年，是市政府为建设新春园解困房社区的配套设施。学校生源来自新春园、新利园、信怡园、新南、上埔五个社区居委会及上埔村学龄儿童、本市进城农民工子女及外地到潮州务工人员子女。这里的适龄儿童多数没有进过幼儿园，家长多从事小摊档生意，经济的长期窘迫使家长几乎不能为孩子多买书、订阅书报，更遑论购买计算机等学习用品。家长的文化层次、从事的职业、教子的修养等诸多短板，使学校的教育面临许多困难，特别是新课改好多内容很难在这里实施。同时，学校处于郊区，各方面基础薄弱，尤其是教师观念及学校管理相对滞后。面对缺乏实验基础的这样一所农村学校，我在切实分析学校现状的基础上，经过认真深入的思考，理清了思路：面对基础教育改革和发展的形势，抓住新课程改革之机着力提升学校的内生力，通过“改薄创优”，推进学校发展。

1. 以教师心为心

遵循“改薄创优”的思路，关键是找到学校治理的薄弱环节。学校管理制度的缺失是学校治理最薄弱的环节。我一直认为，一套良好的管理制度会让好人变得更好，它必须植根于学校的生态共同体当中，它必须为共同体的每一分子服务。说简单一点，就是学校管理制度的建设，必须围绕学校的发展、教师的发展和学生的成长为核心展开。其中教师的发展是核心中的关键，教师的发展最直接的表现就是教师的专业发展。学校领导一定要为教师的专业发展服务，这是学校治理的根本点和出发点。为此，我确立了学校制度建设的基本策略“让教师成为专业的教师——让教师成为课改的教师——让教师成为成长的教师”。在我的带领下，学校制定了教育教学方面的相关规章制度，有《校务监督小组职责》《新春园小学教学常规管理制度》《行政、教师值周值日笔记》《楼层教师行为准则》《教师教育教学工作责任书》《新课改实验管理、实验教师考核方案及科研成果奖励办法》《新课改教师成长档案》等。这些制度是以教师必备素质为评价基点，对课堂教学的改革、课堂效果的评价、教师的发展和教师业务素质的考核等各方面做了明确规定，使教师的发展这一关系到教师切身利益的问题透明化和可视化，使每一位教师明确自己的职责、使命和努力的方向。此举促使学校管理由过去的行政型向学术型转变，由集权型向民主型转变，极大地让广大教师回归职业本位，燃烧教育激情，产生了积极作用。

我在重视建立健全刚性制度的同时也注重软性制度的建设，尊重、理解、信任与关心教职员工，使全校上下形成和谐快乐的群体。我深入教育教学第一线，每天真实记录工作过程中的所见所闻、所思所悟所为，真切了解教师的心思、感受、情绪，真诚听取教师的意见，了解教师的意愿，真正帮助教师解决教育教学中的困难和问题；有关学校重大决策、规章制度修订等，都在充分听取全体教职工的意见和建议的基础上进行，使教职工体现自我价值，增强主人翁责任感；我们倡导健康新理念“身体轻松，才能轻松上阵”（前一个“轻松”指身体好，精神爽，后一个“轻松”指心态健康）。经常组织教师进行体育活动及听取心理健康讲座获取健康知识。每学期都开展趣味体育活动，如乒乓球、羽毛球、踢毽子竞赛，使每个成员之间的沟通与交流更多一些，形成“大家庭”氛围。人文关怀调动了教师课改的工作热情，唤起教师个体与学校群体的积极态度，主动转变观念及教学行为，并不断探索进取，攻克一个个难题并融入全区新课改大潮，与新课改共发展、同成长。学校各项工作在课改工作的带动下得到了良性发展。

2. **用心传帮带**

从事学校管理工作后，我感觉自己的视野更加开阔了，更能够跳出课堂教学来思考问题。我思考教师发展问题已不再局限于教师个人的职业生涯规划，而是教师团队的整体素质提升。只有教师团队的素质整体提升了，学校的发展目标才有坚实的基础。因此，我的学校发展思路是：新春园小学要发展，名师很有必要，但与其有一个名师，不如锤炼一个团队！

学校行政人员通过挂钩学科组、年级组的形式，根据教师现有的知识水平、教学能力、教育理论功底，采取分步走多种形式开展培训活动，帮助教师找出自己的弱点，找问题、找办法，确定努力方向，形成了“多”字诀的工作经验和思路：让老师们多听课、多评课、多模仿、多比较、多思考、多接受专家的指导、多走出去增长见识来提高教学水平；多学习理论、多看书、多读报、多交流来更新教育理念，提高理论修养；多阅读、多扩大知识面来更新知识内涵，提升综合知识水平。这几个“多”无形中使教师树立一个思想：我是课改的主角，不勤奋努力不成！

课堂教学就是一门艺术，一有时间，我总是喜欢走进教师的课堂去听听课。老师们都喜欢我去听课，因为我听完课后，总会平和地与授课老师交流听课中的收获和思考。我经常跟大家说：“教师仅有专业追求是不够的，还要在行动上拥有专业探索精神，关键是理性认识的提升。”我一直引导年轻教师注重科学精神、科学思维的培养。如果一个人的理性认识比较深刻，或者他的理性思维比较广，他会迅速地把对经验的反思上升到理论高度。否则，总是就事论事，就方法说方法，说来说去总说不出新东西。

学校还利用有限的经费让老师们多参加省级、市级、区级的培训，同时为他们创造一个个锻炼的机会，帮助他们在学生、家长、社会中树立起良好的公众形象。从面上把整个队伍托起，而培养拔尖人物的作用则是纵向的提拉。学校再借力广东省“千校扶千校”活动（接受东莞市樟木头镇中心小学为期三年的帮扶），整个教师队伍的素质迅速提高，精神面貌焕然一新。

3. **用心研究**

科研能力是学校综合能力的集中体现，是教师发展的关键能力，是教师专业发展的重要体现，更是教师职业生涯发展的关键所在。撬动教师的科研热情，除了教学改革，我引领老师们做课题研究，用科研推进教师成长，以科学思想引领学校发展。2002 年 3 月，我们参与研究潮州市湘桥区教育科研所的课题“新课程理念下的小学语文课堂教学与评价研究”，本实验重点研究课堂教学及评价问题，同时对小学生学习方式进行研究。2008 年，我主持潮州市教育科研“十一五”规划课题“小学生创新学习指导的方法和手段研究”，再一次研究如何促进学生学习方式的变革。我组织教师参加课题实验，与新课改的重点结合，成为课题研究的着眼点，把新课改的难点转变为集体研究的课题。老师们以课题为抓手，把每一堂课、每一次活动当成一次科研活动来对待，持之以恒地培养和提高学生的创新素质，从而加大课堂教学行为研究的力度和改革的深度。

我在新春园小学的十五年里，学校形成“文明进取、和谐有序”的校风，“敬业、爱生、严谨、创新”的教风，“勤奋、自主、合作、探究”的学风，借课改之机，承课改之力，走“自主奋斗型”的“改薄创优”以问题为导向发展策略之路，使学校在本片区八所农村学校中崭露头角，兼有区域内“优质”的口碑。教师在论文、教学观摩赛等活动中共获国家级奖项40个，获省市级奖5个，获区级奖28个，论文及教例刊登在市、区级教育刊物上近20篇。新课改带动学校各项工作逐步发展：舞蹈《旋律与绳》获第一届潮州市小学生艺术展演二等奖，棋类及作文比赛多次在区、市获一、二等奖。学校被城西街道授予“创建文明校园”先进单位称号，学校女工组织被湘桥区妇联授予“巾帼文明示范岗”。2003年湘桥区新课改经验交流现场会在我校举行，现场会以我校新课改促教育教学质量提升的事实，为湘桥区农村学校提供一个范例：在缺乏条件、基础薄弱、规模小的艰苦情况下如何立足农村学校实际，以课改为契机，推进学校发展。在区教育局推动下，我校的新课改经验在带农学校中得到推广。两项国家级课题圆满结题，学校被评为国家级课题优秀实验学校，我主持的潮州市教育科研“十一五”规划课题“小学生创新学习指导的方法和手段研究”获结题成果二等奖。学校2010年被评为广东省义务教育规范化学校，2011年被评为广东省“千校扶千校”先进集体，2012年被评为潮州市德育示范学校。

担任新春园小学校长，以问题为导向治理学校，这为我的学校治理实践提供了一次“解剖麻雀”的机会，取得了超预期的学校治理的宝贵经验。

制心一处：从项目管理开始

1. 思想引领，构想愿景

2016年7月，我调任潮州市湘桥区城南小学校长。创办于1901年的城南小学有着光荣的传统、极其辉煌的校史。城南小学承载着百年老校的品牌为潮州市民所瞩目。面对已取得显著办学成绩的城南小学，我顿觉肩上责任的重大，在区局领导的指导下不断明晰办学思路：在新时期新形势下，应该传承百年名校精华，不断挖掘校史中先进模范教育资源，激发全校教师不忘教育初心，牢记育人使命！应该使百年名校成为师德高尚、业务精湛、充满活力的高素质专业化教师队伍成长的摇篮，从而促进学校教育发展再上新台阶，提升百年老校办学品位。

我不敢有一丝一毫的懈怠，牢记职责，勤政务实，崇廉尚洁，心怀敬畏之心，全身心投入工作中。本着以师为本的学校治理理念，从教师的根本利益出发，我带领全体教师制定学校发展三级目标：一级目标“讲秩序、守规矩、改变”；二级目标“传承、夯实、发展，做‘四有’好老师”；三级目标：“优质·常态，做‘四有’好老师”，以问题导向为基础，以项目管理理论为指导，扎扎实实一步步朝着描绘的美好愿景奋进。

2. 以人为本，适切管理

学校要发展，学校的组织结构、干部队伍一定要得力。教育专家李希贵说过

“能用结构解决的就不用制度，能用制度解决的就不用开会”。在我主导下，学校进行扁平化组织结构的变革，以解决学校管理层级多、工作效率较低、部门之间时有沟通不畅、信息不对称等问题，进一步精简管理层级，校级干部担任部门负责人。原来的教导处、政教处、总务处等部门通过合并或拆分优化为“四中心、二处室、一分教点”。四中心：校长办公室①信息中心，校长办公室②校本教育科研中心，安全工作、评估中心，学生成长、督导中心；二处室：总务体卫处、食宿处；一分教点：开元校区分教点。同时根据教育、教学、后勤管理的功能和个人才干，对部分中层干部进行换岗或轮岗，尽可能做到人尽其才。

面对学校两校区、65 个教学班，近三千名学生的实际情况，我与管理层干部探索将管理重心下移，构建以级段为重心的管理模式，“把年级作为学校的运营核心”，集教育教学安全管理于一身。管理层的各个部门都服务于这个“运营核心”。鼓励百花齐放，一级一特色。级长承担年级管理职责，各年级通过设定工作目标，落实年级教师队伍建设，指导教师解决教学教育管理中的问题，抓好学生行为规范，及时处理学生突发事件，化解家校矛盾，年级综合管理职能得到落实和体现。同时，为促进良好班风、学风和校风形成，还辅之以实行“班自管自治为基础、级检查评比为促进、校督查表彰为加强”的三级管理模式，在每周各级评选“五星级文明班”的基础上，学校对在每学月中表现优秀的年级颁发“流动红旗”，对每学期综合成绩突出的级、班授予“优秀级段”“优秀班级”光荣称号，表彰先进。

为配套年级“运营核心”管理，学校将年级备课组提升为年级学科教研组，突出教研组长的作用，更好落实集体备课制度，重视教学质量的监测。推行级内听课、研课活动，作业互查活动，论文宣读评比活动，学科特色展示活动等，老师们迸发出了极大的教研热情，在教研活动中互学共进提升教艺，促进学生更好地发展。

为保障推进扁平化组织结构的变革及以级段为重心的管理模式的科学性和有效性，我组织大家研读学校原有规章制度，对照现实存在问题，研究讨论形成解决问题的思路、办法，在达成共识的基础上，从 2016 年 9 月开始至 2019 年 9 月，经过不断试行、调整，以校内文件的形式颁发 31 份精细的制度性文件，内容涵盖教学、德育、安全、财务、人事、后勤等方方面面，如《城南小学管理层干部纪律》《城南小学关于微信公众号及网站信息发布管理办法》《城南小学固定资产管理制度》《城南小学正副级长、正副班主任履职清单》《城南小学放学后教师子女管理规定》等服务学校管理的制度规范。新制度文件的制定过程，统一了思想认识，深化了老师们对制度的理解和执行力。学校以制度保障教师的成长和学校的发展。

为进一步锻炼管理层干部，严格遵守和执行制度，学会思考与协作，减少内耗，提高工作效率，带领教师把每一件工作踏实做好乃至做到极致，真正将制度落实到位，我适时推行项目管理。我要求管理层的每一位干部将自身所承担的工作作为一个总的工作项目，其中的一个个专题工作或临时承担的任务也作为一个个小工作项目进行规划、设计，制作成“方案”加以执行。我为大家设计模板，从题目到各大标题“活动或工作内容、时间、负责人及协助的职责、工作目标、总结报道、建立专档、附件（包括工作日程表、所需物品、资金预算、文件或通知依据等）”都做好详细规定，每一个大标题下每一个环节涉及的要点都有详细的要求。2016 年 9 月至 2017 年 11 月是准备、铺垫阶段，2017 年 12 月起是实施阶段，至 2020 年 4 月，共计 285 项工作项目得以实施。如教师年度考核、教师外出学习、消防演练、精准扶贫迎检等工作都制订了详细的项目工作方案，经行政会议审议通过后，在项目负责人的带领下，各个岗位各司其职，按部就班实施。经过历练，管理层干部能明确岗位职责，从不敢单飞到独当一面完成项目工作，取得喜人成绩。2016 年 9 月至现在，各个线条各个学科有 500 多篇项目管理工作的报道在学校公众号发布。多篇报道被粤东基础教育及湘桥教育公众号转载，《潮州日报》等媒体也相继报道学校的办学成果。学校在教育界及社会带来的良好反映也间接让老师们更有信心更有光荣感地工作。“项目管理”带来的职责清晰明了，工作更加有序，不走偏路和弯路，工作高效，合作愉快，扎实推动了学校教育教学质量的提升。

在处理家校问题上，学校也采用项目管理模式，尝试构建良好的家校关系。学校成立了湘桥区首个学校少工委，聘请优秀的家长为少工委委员、少先队校外辅导员，请家长共同参与学校管理，发挥了家长们的特长，整合了社会教育资源，吹响家校合作“和谐号”。在校内，家长是孩子成长路上的“见证者”。入队仪式、庆“六一”班级小舞台、毕业会上，家长们一同参与策划，一起见证孩子们成长的重要时刻。在校外，家长是孩子奉献爱心的“引导者”，家长们带着孩子走进山里，与山里的孩子手拉手；扶贫低保户，捐钱捐物，奉献爱心；走进社区开展服务，让孩子体验丰富的社会生活，引领孩子践行友善互助的社会主义核心价值观。在食堂，家长是孩子营养的“调配者”，参与制定孩子一周的菜谱，走进校园陪餐，监督管理。经过多年实践，城南小学家庭教育工作取得明显成效，家校合作日趋紧密，实现了“学校工作我支持，家委会工作我参与”的可喜局面。“家校携手，共育花开”，它不仅让家校联系多了一分和谐，也打开了教育的另一扇视窗，使城南小学的教育更加现代、开放、民主。

得益于项目管理，城南小学红棉护畅队已然成为学校一张亮丽的名片。在学校家委会的精心策划下，家长、交警、学校三方组建了“红棉护畅队”。通过科学策划，多层次培训，凝聚智慧，红棉护畅队成员每天齐心合力为学校三千多名师生开辟一条通畅、舒心、安全的道路。护畅中的感人场景使广大家长深受感动与启发，更多的家长自愿加入护畅的大家庭中，单一个学期就有 4 232 人次以上家长参加红棉护畅工作，大大改善了学校上下学时段周边路段的交通环境，切实保障学生上学、放学交通安全，营造了良好的道路交通秩序。学校每学期召开两次家委会工作会议，每学期都对参加护畅队的学生家庭进行表彰，大力弘扬社会正能量。城南小学的红棉护畅队工作获得了社会的高度评价。

我一直在寻找着让制度保持青春魅力的法子，也在思考着如何在实践过程中不断修正和持续优化制度。我除了要求干部具备“闭环思维”，做一个靠谱的人外，还通过推行督导制度，及时发现和解决学校改革和发展中出现的问题。近三个学期，第一学期着重督学方面，即督查学生行为规范方面；第二学期着重督教方面，重点督查教师教学行为规范；本学期在督学、督教的基础上，重点加强行政队伍督管，做到通过督导依法治校、依法执教，落实干部、教师履行岗位职责，将“优质·常态”贯彻落实到日常教育教学活动中，确保学校教育教学秩序的正常展开，使良好校风稳固形成。

3. 以点带面，全面开花

现在，我虽然不再担任语文老师，但还是和老师们一起备课、听课，一起研究，并把每一次研究都当作学习和积累的过程。我经常告诫自己，鱼离不开水，校长离不开教学，只是转换了一种实践方式。我倾心学校的学术性管理，学术的问题就应该用学术的手段解决，而不是非要通过行政干预。目前城南小学已经基本形成了以问题为纽带、项目管理为手段的教师文化。做有先进教育思想的教师，带着课题进教室，学习就是工作，不断进行深刻反思，这已经成为我校教师的工作常态。

学校要发展，关键是教师的专业成长。这一理念一直是我始终不忘的工作重心。学校 2017 年 3 月成立校本教育科研中心，聘请韩山师范学院黄景忠副校长、韩山师范学院教育科学学院王贵林院长为顾问，同时又和韩山师范学院共建专家工作室。校本教育科研中心在高校专家的指导下，通过“中国好老师公益基地校互通互助行动计划”、课题研究、红棉讲堂、粤东基础教育学科群名师工作坊等一系列培育“四有”好老师的研修活动，着力培育一批专业素养高、教艺精湛的课题团队核心成员。2018 年 9 月，城南小学成为湘桥区首批“语文主题学习”实验校。课题团队核心成员成为开展语文主题学习实验的种子，这一批骨干成为各个级段各个学科中的领头雁、先行兵。

在区教育局和华樾教育研究院专家团队的指导下，我校迅速着手用“项目管理”的方法规划语文主题学习实验工作，鼓励老师们“改变一点点，就能一点点改变，学校要借语文主题学习实验活动促进教师的专业成长，推进书香校园的创建，与学校课题研究进行整合，全面带动学校内涵建设与教学质量提升”。我们还以工作室为引领，全面提高教师专业发展水平。2019 年 3 月 27 日，学校成立了湘桥区郑桂媛小学语文主题学习名师工作室，通过郑桂媛名师工作室的示范、引领、辐射作用，举行教学研讨课、专题讲座、送教下乡、研修培训等一系列活动助力优秀教师快速成长。近两年来，多层次的培训使得老师们不断更新教学理念，了解掌握各类课型的模式，熟悉主题学习单元整合的策略。在学校校本教育科研中心主导下，我校在湘桥区率先成立“郑桂媛语文主题学习名师工作室”之“各年级名师工作坊”。我校“语文主题学习”的实验研究在全区处于领先地位。好老师的成长最终回归于促进学生的全面发展。学校以语文学科积极推进“语文主题学习”实验活动为契机，带动学科互联及跨学科研究。2016 年 9 月以来，学校单举行校级公开课专题研讨活动就有 70 多场次，有语文、数学、英语、思想品德、音乐、美术、潮汕文化等学科，采用“（教师）上课—（教师）说课—（专家、同行）评课”的方式进行。研讨活动以开放、平和的心态共同探讨教学热点、难点问题，点燃老师们乐于参与教学研究的热情，引领老师们努力朝着构建高效课堂的路上迈进。几年来，有 1 000 人次外出参加培训研修。

依托韩山师范学院的师资力量，学校于 2017、2018、2019 年连续三年为粤东潮州、揭阳、汕头三市教师搭建一个跨区域的教学科研交流平台，举办语文、数学、英语“名师工作坊”活动等，促进区域间学科教学的互动协作和教师的专业发展，在湘桥教育、潮州教育中发挥示范引领作用。

重视课程创新、重视美育、重视弘扬优秀传统文化是城南小学彰显个性战略的重要举措。城南小学陶艺特色课程为传承中国瓷都潮州优秀传统文化独辟蹊径，它是潮州市第一所陶艺进第一课堂的学校、潮州市第一所使用陶艺校本教材设置校本课程的学校、潮州市第一所参加省级大型陶艺现场比赛的学校、潮州市第一所学生陶艺作品获得国家级比赛奖励的学校、潮州市第一所陶艺课程接受省级电视台采访的学校、潮州市第一所有电窑配套设施的学校，成为潮州市教育界的一大亮点。

让学生在学习当中接受艺术的熏陶，培养艺术兴趣，激发学生艺术潜能，引发学生健康向上的审美情趣也是我着力的方向。几年来，学校探索开设了潮州讲古、童谣、陶艺、合唱、舞蹈、小主持人、鼓号队、创意画、手工、健美操、中国武术、跆拳道、足球等特色课程，均以项目管理的形式取得了良好效果。2018 年和 2019 年学校分别举行了主题为“坚定文化自信，坚持立德树人”和“听党话 跟党走”的大型文艺汇演活动，向家长们、老师们、孩子们集中展现在创建教育现代化先进市的大背景下学校课程建设的成果。活动的精彩场景令人震撼，刷爆了家长们的朋友圈，社会各界好评如潮。将美育与各学科教学和社会实践活动相结合是城南小学探索美育教育的另一个途径。百年名校城南小学，用艺术教育这把金钥匙，开启学生美育大门，已收获累累果实，“红棉花儿开，美中放光彩”。

2017 年、2018 年，学校与湘桥区文化馆共同承办“非物质文化遗产传承日”活动，让非物质文化遗产走进校园，通过组织亲子体验活动增进了家长和孩子们对潮汕优秀传统文化的了解，让传统文化在下一代人心中扎根。

4. 心之所向，硕果初现

“一分耕耘，一分收获。”学校的办学思路进一步清晰：以“求正、求是、求真”的治学精神为行事准则，以“坚定文化自信，坚持立德树人”为办学宗旨，以“四有”好老师为标准，促进教师的专业发展，服务于培养德、智、体、美、劳全面发展的社会主义建设者和接班人，使名校永焕光彩。学校课题“教育现代化背景下中国好老师的培育研究——以城南小学为例”荣获粤东基础教育课题优秀奖、潮州市教育科研成果奖；学校获潮州市中华优秀文化艺术传承示范学校、潮州市禁毒预防教育示范学校、潮州市文明校园等荣誉称号；家校共育品牌——红棉护畅队以志愿服务活动联结人心、温暖湘桥，充分发挥湘桥区作为新时代文明实践中心试点单位建设的模范作用、阵地作用、聚力作用、辐射作用，被授予 2018 年度潮州市“最佳志愿服务项目”。学校荣获广东省“书香校园”称号，荣获第十一届广东省中小学“暑假读一本好书优秀单位奖”，荣获广东省“三八”红旗集体称号。

四年来，学校师生共获得国家级奖项 29 个，省级奖项 201 个，市级奖项 369 个，区级奖项 450 个。有 34 名教师获得正高级、副高级、中级职称，有 10 多名优秀教师被提拔为学校校级、中层干部，一批教师成长为骨干教师。

总结：初心不改，且行且思

三十多年来，党和人民给予了我很多荣誉称号：湘桥区教育系统名教师、优秀教育工作者，潮州市优秀教师；共青团省委、省少工委授予的“星星火炬”奖，省中小学校长高级研修班“双优”学员，省“书香校长”……还曾经光荣地担任湘桥区人大代表。

从事教育教学工作三十多年来，我始终怀着一颗爱岗敬业、勤勉踏实的纯粹之心，待人以德、敬业以精，给予老师和孩子们的不仅仅是谆谆教导，更多的是为人处世的良善之心。在教育这块神圣的沃土上，我用自己的无私和挚爱、信念和执着书写着幸福与快乐！

青春，在教苑里积淀

——我的成长历程

【作者简介】

蔡泽，中共党员，城南小学副校长，小学数学高级教师，先后被评为“广东省先进工作者”“广东省省级骨干教师培养对象”“潮州市优秀教师”“潮州市首批‘十百千工程’第一批名教师”“湘桥区教书育人优秀教师”“湘桥区教育系统名教师”“湘桥区数学中心组成员”，小学育苗杯数学竞赛一等奖指导教师、潮汕星河杯数学竞赛优秀指导教师。

一、我从教的第一段经历——上岗

1997 年的暑假，刚刚拿到中专毕业证书的我，接到了踏上教师工作岗位的通知，来到了东湖小学报到。对于一个“非师范类专业”毕业的学生来说，这一切既突然，又充满了挑战。

1. 我的实习期

凭借着读书时对数学的兴趣和对体育的热爱，我承担了数学和体育学科的教学任务，还当上了高年级的班主任。面对着只比自己小 5 岁的学生，我就像一个大孩子带着一群小孩子。我们约好了每天清晨一起跑步，放学了一起踢球。不经意间我把师生关系处理得非常融洽，为开展教学工作铺平了道路。在学校领导和老前辈的精心指导下，我边进行教学实践，边调整自己的工作方法，顺利地完成了实习期的教学任务。这一年充满了挑战、充满了欢乐……

2. 我的函授教育

经过一年的学习，我开始爱上了教师的工作，喜欢和孩子们在一起“玩”的感觉。我思考着如何与学生们进行交流，如何开展教学活动。于是，我报名参加了韩山师范学院的教育学和心理学的培训，不断地学习和调整与学生们相处的方法，努力使自己成为一名合格的教师。

由于我学的是建筑设计专业，早在 1994 年的时候就开始接触电脑了，父亲从二手市场买来的电脑，为我提供了“实操”便利。“编程”和“游戏”让我对电脑产生了深厚的兴趣。

在韩山师范学院培训期间，我又一次接触了大型的网络教室，这使我下定决心，一定要学习计算机知识。于是，我报考了成人高考，开始了函授专科和本科的7年学习生活，专业就是韩山师范学院的“计算机应用”和“计算机科学与技术”。

利用自己的专业和学到的电脑技术，根据平时上体育课的需要，我尝试为学校的操场进行重新规划，用电脑画出了第一张图纸——学校操场平面图。

3. 我的第一次比赛

教师工作进入第三个学期，桥东教委办开展青年教师教学观摩比赛。初出茅庐的我参加了比赛，由于缺乏教学经验和大赛的临场经验，在台上紧张得打哆嗦，最后只获得了三等奖。但经过这次比赛，我学到了很多教学方法，积累了比赛经验，也第一次学习用电脑制作教学课件。

这一年，又恰逢桥东教委办开展小学生田径运动会。凭借着跟学生们融洽的“朋友”关系，我很快就组建了学校田径队，并把放学后的踢球时间改成了训练时间。平时良好的活动习惯，为我们获胜创造了有利条件。最后还是因为经验问题，我们与冠军失之交臂，但第二名的成绩已经足够让我们兴奋。经过这次比赛，学生们尝到了团结拼博取得胜利的喜悦，明白了团结协作是集体生活的力量源泉。这也为接下来的学习开辟出了一条光明大道，使我们班在期末考试中刷新了学校的成绩纪录。

二、我从教的第二段经历——奥数

2000年我调到了母校振德街小学工作。遇到了以前教我的老师，我既紧张又高兴。在老师们的鼓励下，我继续承担数学和体育学科的教学工作。因学校操场的限制，在学校的体育活动时间减少了，但研究数学的时间增加了。在一次偶然的机会中，我得到了一本奥林匹克数学竞赛教材，出于对数学的兴趣，我开始研究里面所讲的内容。这是我第一次看到“奥数”，一下子就被里面有趣的规律吸引住了。

随后学校成立了“数学特长班”，从各班选拔了一些数学尖子进行集中培训，于是我第一次成为学校的“奥数教练”。在与学生的交流中，我不断受到启发，一次又一次调整教学方法，从多个角度思考这些奥数专题的教学方法及策略。我在“学”中“教”，在“教”中“学”。

2002年的暑假我被学校推荐到了“湘桥奥校”担任教练，这给我创造了一个与湘桥区数学名师们近距离接触的机会。在这里，我学习着名师们的教学方法和策略，研究着各个年级奥数专题的内容，使自己对小学数学的认识进行了一次升级更新。这也是我第一次走进城南小学，以一个特殊的身份在这所百年名校中上课。

三、我从教的第三段经历——进步

2004 年我调入了城南小学，高年级数学和奥数的任教经历，让我在这里很快找到了适合自己的职位，同时很快融入了这个大家庭。

1. 首战告捷

当时，城南小学正在开展“数学活动课”的教学研究。我参与到这项研究中，通过听课、学习、开公开课，教学理念、教学方法都大大地提高了。

2005 年，我接到了参加湘桥区青年教师数学说课比赛的任务。这给我提供了一个展示自我的机会。学校成立了一个强大的辅导团队为这次比赛提供强有力的支撑，有专业指导老师、软件制作、发音指导、后勤保障等。第一次感受到如此强大的团队力量，我有点受宠若惊。这股力量也不断地鞭策着我向前进。经过数十次的试上、研讨、修改，历经两个多月的准备，在指导团队的精心辅导下，我终于不负众望取得了比赛第一名的好成绩，并代表区参加市的说课比赛。

参加市赛又是一个艰辛的过程。在团队的帮助下，我对比赛内容进行了调整，反复地练习，思考着每一个细节，规范着每个动作，最后声音沙哑、咳嗽不止。在大家的支持鼓励下，我终于踏上了比赛的讲台，顺利地完成比赛，拿到了潮州市小学数学说课比赛一等奖。

经历了这次比赛，我又一次深深地感受到了团队合作的重要性，体会到“不经历风雨，怎能见彩虹”的含义。比赛过后，我也将这次比赛中的感悟、教学设计形成过程中的变化撰写成了教学论文，获得湘桥区论文评比一等奖。

2. 奥数竞赛指导

2004—2012 年，我在城南小学一直担任数学特长班的指导教师，有数学特长辅导、育苗竞赛辅导、潮汕星河杯数学竞赛辅导、六年级数学拔尖辅导等。每一个学年，挑选出一批学生进行培训，我通过制订一整套完整的培训计划和适当的训练方式，让参加培训的学生经过系统的训练之后对数学产生深厚的兴趣，并在竞赛中考出好的成绩。

在我的精心辅导下，有多名学生参加市、区的数学竞赛并获得好成绩。我于 2004 年至 2012 年连续 9 年获得“小学数学育苗杯通讯赛一等奖学生辅导教师”称号。2005 年我辅导的学生在“潮汕星河杯”数学竞赛中分别获得一等奖和三等奖，我也被评为潮汕“星河杯”中小学数学竞赛潮州赛区初赛优秀辅导老师。

3. 角色的转变

因为我在数学竞赛辅导方面取得了一定的成绩，2010 年我被提拔为城南小学的教导处副主任，主管数学科工作。这次从教师到行政的角色转变，既给我带来巨大的压力，又为我搭建了一个新的平台，为我提供了更多的发展机会。

作为数学科主管行政，我经常有机会参加省、市、区的各种教研活动，有目的、有计划地自学和进修，使我有系统的、扎实的理论水平和专业知识，让我不断更新教学观念、改进教学方法。

除了完成上级规定的继续教育课程外，我还参加了“广东省第四、六、八届小学数学说课比赛活动”“广东省第八届小学数学优质课观摩比赛”“国培计划(2011)——义务教育骨干教师远程培训项目中的小学数学学科培训”“2014年国培计划——示范性教师工作坊高端研修项目小学数学培训”“潮州市小学数学骨干教师培训”“潮州市中小学十百千人才培养工程项目的培训”“潮州市省级骨干教师的培训”等等。

此外，我还能参与学校多项省级、市级课题的研究工作。每参与一次课题研究，都给我带来很多新的知识，每次课题研究都是我提升工作能力的一次机会。我先后参与了学校的省级课题研究3个、我自己主持研究的市级课题1个、区级课题1个。

我把平时在教学过程中积累的教学经验和参加课题研究的心得体会撰写成论文和教学案例，多次在国家、省、市、区的论文和案例评比中获奖。其中有：2008年2月课件《角的初步认识》获广东省计算机教育软件评比优秀奖；2009年7月论文《为学生构筑民主、自主学习、生活化的阳光课堂》获2009年湘桥区小学数学教学论文评比一等奖；2010年3月论文《我们的阳光课堂》获2010年潮州市小学数学教学优秀论文评比二等奖；2010年5月论文《拓展社会实践活动空间，树立学生正确人生观和价值观》获2010年度全国中小学思想道德建设优秀成果展评活动二等奖；2011年7月论文《网络环境下的阳光课堂》获2011年湘桥区小学数学教学论文评比二等奖；2011年11月论文《合理运用多媒体技术，提高数学课堂的有效性》获广东教育学会2011年度学术讨论会征文评比二等奖；2012年12月论文《让我们的阳光数学课堂，绽开灿烂的德育之花》获广东教育学会2012年度学术讨论会征文评比二等奖；2012年12月论文《利用同课异构，探索有效教学》获广东教育学会2012年度学术讨论会征文评比二等奖；2013年8月论文《激活课堂活力，实现有效教学》获潮州市教育教学论文评比一等奖；2016年8月《圆柱的体积》教学设计获2016年度广东省优秀教学设计征集评选一等奖。我把这些论文发表在《广东教学报》《潮州日报》《湘桥教育》等报纸杂志上，还在学校的教研活动中进行交流，为老师们树立了良好的榜样，起到了模范带头作用。

4. 以老带新，做青蓝工程的引路人

作为教导主任，我担负起学校青年教师成长的指导任务，每学期都会开展新教师摸底听课、“四个一”的教学活动、备课组活动、“导师带徒展示课”活动、青年老师跟岗听课活动等，促进教师之间的交流与合作，推动全校教师的专业成长。

在众多教研活动中，我印象最深刻的是：2012年指导唐永嘉老师参加湘桥区、潮州市、广东省青年教师优质课比赛均获一等奖，并获得全国录像课评比二等奖。

2012年的春天，大家都在为开学的事务忙碌着，数学教研组接到了参加湘桥区青年教师优质课比赛的任务。我向校长汇报后，迅速确定了唐老师为参加比赛的选手，并立刻搭建了一个指导团队，我就是该项目的负责人。经过讨论，我们确定了参赛的内容，制订了参赛方案，提出的目标很明确，就是要争取参加广东省的青年教师优质课比赛。一切的工作都围绕着这一目标展开，大家日夜加班，随时随地开展教研，不断地琢磨每个细节，终于在 4 月份的比赛中获得了湘桥区的一等奖，并取得了市赛的资格。在区专家的指导下，我们展开了新一轮的备赛工作，短短一个月，我们围绕这个比赛开展的教研活动就有十多次。每次都是根据学生课堂出现的问题开展讨论，寻找解决办法，力求在比赛过程中万无一失。作为组长的我，也丝毫不放松，对唐老师上课的每一句话、每一个动作，学生的每一处表现、每一个问题、每一个环节都进行推敲、完善，力求精益求精。经过大家的共同努力，我们又向最终目标迈进了一步，取得了参加省赛的资格。到这个环节，我们这个课试上了 30 多次，教研活动开展了 40 多场，台上老师的每一句话、每一个动作都深深地印在我的脑海里。由于压力特别大，我和唐老师经常失眠，有一天晚上，我躺在床上梳理比赛过程时，脑海中突然想出把这两场比赛前后过程进行对比，于是撰写出了《利用同课异构，探索有效教学》的教学论文，并获得了广东教育学会 2012 年度学术讨论会征文评比二等奖。此后，我们严格按照现场比赛的要求，不断寻找不同学生进行模拟上课，不断优化细节。我们在省比赛现场，充满自信。当比赛的下课铃声响起时，我们激动不已。当比赛结果揭晓时，我们满脸泪花。四个多月的备赛历程，100 多场的教研活动，100 多个日日夜夜的辛勤付出，此刻终于收获。2005 年我没能参加省赛的遗憾，在这一刻也得到了弥补。感谢所有老师们的辛勤付出，感谢所有专家和领导的大力支持。

由于我们数学教研组的团结合作，2012 年城南小学数学教研组被广东教育学会数学专业委员会评为“优秀教研组”，我也被评为“优秀工作者”。

5. 踏上校级领导岗位

2017 年春天在上级领导的关心和培养下，我从中层干部踏上校级领导岗位，角色再一次进行转变，肩上的担子更重了，但我还不忘开展教学研究。

我利用教师大会的时间，为城南小学全体教师做了题为“如何发挥教师的主导作用——小学数学几何图形的教学探讨”的专题讲座，将我的教学经验与全体老师分享。

我又向全校的老师和韩山师范学院实习老师们开展了公开课，在开课现场与韩山师范学院的数学老师进行现场辩课。通过现场答辩，开启了高校与小学的教研新模式，让在职老师和实习老师们受益匪浅。

我们还在 2018 年 11 月承办了粤东基础教育数学名师工作坊的任务，我指导郑佳佳老师执教《平行四边形面积》与北京专家进行同课异构。这也展示了我校的教学水平，同时让我们学到了来自全国先进地区的教学方法和思想。

此外，我还于 2017 年 6 月指导郑佳佳老师执教《长方体和正方体的体积》，获第三届全国小学数学课堂教学录像课评比一等奖。我自己执教的课例《小数乘小数》被评为潮州市教育系统 2018 年度“一师一优课、一课一名师”活动“优课”。我撰写的论文《让学生自己去探索数学知识》获 2017 年潮州市小学教学论文比赛一等奖。

我相信，在我们学校全体老师的努力下，我们的教学活动会开展得越来越好，我们的青年老师会不断成长，取得一个又一个成就。

我将满腔热情留在了三尺讲台，始终以一颗平常心，一份责任感，认真、踏实对待每天的工作，力求在工作中学习，在学习中进步，在进步中寻求更科学的教学与管理方法，“以毕生的精力书写教育的华章”是我的心愿和追求。

当好摆渡人，渡己亦渡人

——我的成长历程

【作者简介】

方逸绵，中共党员，城南小学教导处主任，小学语文一级教师，先后被评为“潮州市优秀教师”“湘桥区教育系统名教师”，参与和主持多项课题研究，多篇论文获省、市、区的奖励并在国家、市区等教学刊物上发表。敬业乐教，治学严谨。任教二十一年来，指导多名学生参加潮州市中小学生作文现场赛分获一、二、三等奖，2019 年在广东省中小学爱国主义主题征文活动中获“优秀指导老师”称号，同年被评为湘桥区至善教师。

“长大后我就成了你，才知道那块黑板，写下的是真理，擦去的是功利……”这悠扬的歌声从录音机里飘出。办公桌前奋笔疾书的我在歌声中搁笔凝望着窗外欣然绽放的夹竹桃花，在歌声中畅想着。“妹啊，教书就是渡船撑人过溪呀!”临近退休的刘主任慈祥地对我这个初出茅庐的新手说道。二十多年来，我不时想起这个场景、这一句话。怎样当好一个摆渡人？这个问题始终贯穿在我的教育教学生涯之中。

自渡，努力做最好的自己

新春园小学是湘桥区带农街道的一所薄弱学校。1998 年 7 月，我毕业分配到那里工作。学校刚刚清退了一批代课老师，迎来了我们 7 个师范毕业生。没有老教师的传帮带，我们作为科班出身的新手立马就担任班主任及学科教学工作。“初生牛犊不怕虎”，我心底里涌出一股莫大的勇气，一头扎进了工作之中。

我不断锤炼自己的教学基本功，用心上好每一节课。潮州市教育局教研员肖玩君老师要来学校调研，校长推荐我上语文公开课。为了上好《记金华的双龙洞》这一课，我利用在师范学校学到的美术知识画了一幅国画插图，在课上用简笔画演示作者进出洞的过程。肖老师听完课后，对许校长说：“没想到一个初上课堂的年轻老师，竟有这样扎实的基本功。”1999 年，我又代表学校参加了城西街道教委办举办的青年教师基本功比赛。我用八开白纸细心拼接，用黑线笔一笔一画地写下自己设计的说课流程图。整一个周末，我在家里全神贯注地制作图表，一次又一次地复述练习。终于，图文结合、简洁明了的说课流程使我夺得了第二名。“学然后知不足，教然后知困。”我是全校语文教师中第一个订阅《小学语文教师》期刊的人。我以各类教育教学专刊为老师，利用课余时间潜心阅读。许多在实际教学中碰到的难题，我在前辈们的经验中找到答案。假期里，同事们正在享受着悠闲的时光，我却全身心地投入自学考大专课程的学习之中。一个假期，我读完了两本厚厚的《古代汉语》。白天捧书苦读，晚上整理笔记。2001 年，我取得了华南师范大学大专汉语言文学教育专业的专科文凭。同年，经学校语文组教研组长举荐，我当上了学校的语文教研组长。我在学校语文科组中开展“阅读教学常见题型解题思路交流活动”、“有效课堂”教学反思交流活动、同课异构、专题教学课堂研究等一系列校本专题教研活动。我和科组的老师们一起沉醉于教艺切磋交流，在经年累月的持续学习中提升专业素养。学校语文科的教学质量一直在城西片区名列前茅。

凭借着扎实的专业知识和技能，我在一次次历练中成长。2003 年 7 月，我被任命为新春园小学教导处副主任；2005 年 7 月，被任命为教导处主任；2017 年调任到湘桥区城南小学担任教导主任。点亮自己，跟随自己的努力前行。我先后获得“潮州市优秀教师”“湘桥区教育系统名教师”“湘桥区至善教师”“广东省‘点灯人’”“校园阅读推广人”等荣誉。在二十二年的工作历程中，我用智慧与毅力做最好的自己。

渡人，用心当学生的良师

在多年的育人经历中，我用爱心激励，着力培养每个学生的自信心；用细心引导，妥善矫正学生的过失行为；用耐心辅导，用丰厚的学识帮助学生解决学习难题；用热心感化，让学生感受师爱的温暖。2011—2012 学年度我担任 602 班的语文科教学工作，班里的学生小淳是学校的“知名人士”，是出了名的“调皮大王”。他生性多动，调皮任性，课堂随意发言，带头起哄那是家常便饭。“大错没有，小过连连”，几乎每节课他都会受到任课老师的批评。然而，批评过后他依然本色不改，我行我素。经过一段时间的接触，我发现他富有强烈的好奇心和表现欲，只不过他把聪明用错了地方。我用心设计活动，让班里同学竞争上一节语文课。极富表现欲望的他精心准备，在竞选中夺得上课的机会。就是这一节课，同学们的不配合让他未能成功地完成任务。我利用课后时间，与他做了一次长谈，使他发自内心地体会到了课堂纪律的重要性，为自己以往的表现深感内疚，因为他深刻地体验到了老师备课的艰辛、组织课堂教学的不易。就是这特殊的一课改变了他，使他一改往日的顽劣，将精力逐渐转移到学习上来，学业成绩突飞猛进，出人意料地考入重点中学。

历任副教导主任、教导主任 14 年间，我认真做好分管的德育工作。本着“育人为本，德育为先”的思想，认真策划开展新生入学培训、《小学生日常行为规范》知识竞赛、做个文明有礼的湘桥少年、我有一个好习惯等主题活动，活跃学生文化生活，通过演讲、小制作、朗诵等活动展示学生的才艺，在潜移默化中培养了他们热爱祖国、热爱生活、热爱生命的价值观。“十佳少先队员”评选、“值日队员游艺”活动、清明节祭扫烈士墓活动、大队委选举、建队日主题活动是学校少先队大队部培养少先队员集体主义精神的重要活动。“六一”游园及合唱比赛、元旦文艺汇演、国庆手抄报比赛、校运会及趣味体育竞赛，寓教于乐，让学生在赛场、在舞台、在游戏中表现自我，体验快乐，迸发活力。每一项活动的开展我都亲力亲为，与教师们一起精心组织，分工合作，为每一个学生的快乐成长付出了艰辛的劳动。我默默地扮演着铺路石的角色，用心将每一个学生高高举起，让他们尽情地展示自我，绽放自信笑容。

师者，传道授业解惑也。我在多年的语文科教学中形成了“实、细、精、活”的教学风格，所教班级学业成绩进步明显。2011—2012 学年我所担任的 602 语文教学班，经过短短两个学期的努力，第二学期期终成绩比上一年度提高了 6 分，反超平行班 8 分，施永鑫等 10 名学生考入区四所优质初中前 600 名。学习成绩的提高让更多的同学充满自信心，对语文学科充满兴趣。学生家长们在家长会上对我赞誉有加，连连感谢。在语文学科教学中，我积极开展学科综合实践活动，如中秋赏诗会、走进汉字、“我最喜爱的诗歌”朗诵会、成长的足迹手抄报评比等。我还结合自身的专业特长寓教于乐，让学生们在多元的活动中丰富语文素养，感受语文学习的快乐。我重视习作教学，精心设计好每一节习作辅导课，从“思路导航—片段欣赏—技法点拨”等环节无不用心指导，我还经常与学生开展小练笔、同题作文竞赛，与学生一起分享写作的心得。2009 年，我指导学生林丹燕参加潮州市中小学生作文现场比赛荣获小学组一等奖。2011 年，我辅导的李雪銮同学参加湘桥区现场作文比赛荣获二等奖，参加市“潮汕星河杯”作文现场赛获得三等奖。我指导的学生黄文怡在 2012 年度潮州市“幸福潮州”征文比赛中荣获小学高年级组三等奖。2015 年，学生赵依敏参加潮州市小学生作文现场比赛荣获小学组三等奖。在这样高规格的赛事中获得奖项，对于一所农村小学来说是弥足珍贵的。2018 年，我辅导的学生参加广东省少儿频道“那些感动我的画面”主题征文比赛，荣获二等奖 4 人，三等奖 3 人，优秀奖 2 人。

回首二十二年的教书生涯，一路“教学相长”自我修行。我用扎实的脚步在奋进中成就自己、培育学生，努力做一名优秀的“摆渡人”。

砥砺学行　厚积薄发

——我的成长历程

【作者简介】

唐永嘉，中共党员，本科学历，小学数学高级教师，城南小学教导处副主任。常年任教中高年级数学，以发展的眼光看待学生的个性发展，不断探索完善自己的教学风格，广受学生和家长欢迎。从教以来参加各级现场观摩课、录像课、说课、微课、优课、教学设计比赛均获得市级以上奖励。先后获得了广东省第八届小学数学优质课观摩评比活动一等奖、录像课比赛国家级二等奖和省级二等奖，湘桥区教书育人优秀教师、“育苗杯”通讯赛优秀辅导教师等奖项或荣誉称号。

第一章：初出茅庐

2000 年 8 月，刚满 19 周岁零一个月的我从潮州师范普师专业毕业，在昔日同窗好友纷纷拿到重点大学录取通知书的时候，我也在潮州市湘桥区教师竞争上岗考试中以小学数学组中师第一名的成绩成功上岗，被安排到湘桥区太平教委办的太平路小学任教。

初为人师的我踌躇满志，担任五年级的班主任和数学科教学工作，当时总觉得凭着一腔热血，我一定能带着七十几个懵懂少年干出让人刮目相看的成绩。

现实却给年轻气盛的我泼了满满一大盆冷水。喉咙嘶哑，学生不服管教，知识点不懂，教学效果不好，似乎所有事情都是事倍功半。

在我灰心丧气的时候，教委办的老领导对我说：“弟啊，别着急，慢慢来，这是必经的阶段。但记住：无论如何困难，一定要学会教好书，教师的立身之本就是教好书。”初出茅庐的我当时还无法完全领会这句话的含义，只觉得老领导既然这么语重心长地对我说，一定是非常重要的。

第二章：转变风格

2004年8月我积极响应上级号召，主动申请成为第一批下乡支农的青年教师，到湘桥区意溪镇西都村小学支教一年。这个学校在当地算是比较大的学校，每个班都有60人左右。由于教师人手不足，课时量特别繁重，还经常需要代课，最高纪录每周要上22节主科课，兼任班主任工作。环境艰苦、交通不便，每天近2个钟头的路程加上繁重的工作令我无暇他顾。面对这些淳朴的农村孩子，我凭一腔热血蛮干，但效果不佳。我逐渐陷入困惑，开始反思自己的方法。

我沉下心来，利用中午休息的时间走乡串户，对全班学生进行家访，走进学生们的家庭，从根源上了解学生。不少学生家庭的贫困程度远远超乎我的想象，依然挣扎在温饱线上的他们对于孩子的学习可以说是根本无心顾及。而我的教学，却置学生这些实际情况不顾，离地空转。我逐渐领悟到教学工作一定要走近学生、了解学生，才能拉近彼此心与心之间的距离，教育教学工作才能有针对性。

一年后，我转到了城南中英文学校任教。从市区的普通学校到农村的薄弱学校再到学生家庭条件相当好的重点学校，各种客观因素变化极大。这里的学生与之前接触到的学生完全不同，个性非常突出。

有一次我匆匆经过操场旁边时，看到一位高年级的男同学坐在操场边的石椅上，脱下来的衣服已经掉到地上，他却毫不知情，依然和身边的同学谈笑风生。我想都没想便用高高在上、埋怨的语气提醒这位同学捡起掉落的衣服，结果换来的是他的白眼和转身之后的牢骚。那一刹那我突然明白：以往蛮力蛮干的方法已经完全不适用，学生不会接受的。自此，我也慢慢地从单纯地讲大道理向诙谐幽默、寓教于乐转变，慢慢拉近自己和学生心与心之间的距离。

这一转变，收到令人意想不到的效果。无论是教学方面还是教育管理方面，似乎一夜之间发生了变化，各项工作越来越顺手。我渐渐便有了飘飘然的感觉，放松了下来，将精力从教学方面转移到其他工作方面。这时另一位领导又对我说："弟啊，教师最重要的还是要教好书。只有教好书，才能以不变应万变，始终立于不败之地。"再次听到类似的话，我陷入沉思，但苦于阅历不够，当时的我仍无法完全领悟个中含义，只知道两个老领导都如此语重心长地对我说，那一定是有道理的，我一定要教好书。

此后我将更多的精力用在学习如何教好书上面。学习、实践、反思、总结……如此循环，逐渐得心应手。学生也与我越来越亲近，教学效果也逐渐显现。慢慢地，学校在每学期开放日的时候都会把我的课堂列为推荐项目，学校领导也总会将到校的领导、来宾领到我的班级来听课。

2010年11月我执教的《平行四边形的面积》在潮州市湘桥区小学数学教学录像课评比中荣获区级一等奖。同年12月在潮州市小学数学录像课评比活动中荣获市级一等奖。2011年8月参加广东省小学数学优化课堂教学录像课例评选活动，荣获省级二等奖。获得奖项的我没有满足，心里暗暗觉得录像课获奖的含金量不如现场观摩课比赛获奖的含金量大，总渴望试试现场观摩课比赛，证明自己的实力。

第三章：省赛之路

1. 未雨绸缪

2011 年 9 月，由于工作需要，我来到城南小学。又等了一年，期盼的机会终于来到。

按照小学数学教师教学比赛的规律，我们推测 2012 年下半年会有小学数学现场观摩课的比赛活动，我准备提前筹划，积极应战。2012 年的暑假，当别人沉醉于避暑休假的时候，我借来前几届省优质课比赛一等奖选手上课的录像光盘，反复观看、记录，分析、解读各位选手的风格与特色，找出与自己的共通之处。通过筛选，缩小选择的范围，我继续反复研究，认真揣摩，从选定准备参赛的教学内容出发，结合自己的教学风格，思考整体的教学思路，开始准备教案、课件、教具和学具。

通过 2 个多月的磨课、试上准备，到 10 月初，基本形成第一个版本的赛课，我随时准备上场应战。

2. 推倒重来

十月中旬，比赛的正式通知终于到来。很可惜，我们只猜对了一半：不出所料的是比赛的形式的确是现场观摩课。但我们没猜到的是，与前几届不同，这次优质课观摩比赛规定了上课的内容，而我们备赛组准备的上课内容恰好与之擦肩而过。无奈之余，只能全盘推倒重来。

由于规定了上课内容，赛场上就会出现许多同课异构的现象，如何在众多选手中脱颖而出，成了我们最需要考虑的问题。我们不敢轻视，第二次的准备反而比第一次更加慎重、更加认真。

磨课重新开始，虽然有了第一次的经验，但这次依然一步一个脚印、丝毫不敢懈怠。一次次的准备、一堂堂的试上、一场场的争论，一遍遍地修改、一句句地琢磨、一字字地推敲，经过备赛组的努力，第二个版本的赛课终于再次成型，我信心满满，准备上场应战。

3. 杀出重围

虽然对于区赛和市赛其他选手的水平，已有心理预估和准备，但选手们现场呈现出来的整体水准竟然高到超出预估。这让我们吓了一跳。我们及时调整心态，沉着应战，一路过关斩将，在 11 月份的区赛、12 月份的市赛我们均以一等奖第一名的成绩胜出，大伙都长长地舒了一口气。但现在还不是放松的时候，因为迎接我们的还有来年春天的广东省第八届小学数学优质课观摩评比活动。

4. 备战省赛

对于省赛，无论是学校还是我个人，都愈加重视。在接下来的四个月时间里，学校请来各级专家轮番指导，赛课的修改次数和修改幅度较之区赛、市赛都有了很大的提高，试上的频率和次数也比第一次多了许多。为了获得比较贴合实战情况的试上效果，早日发现存在的问题，及时制定相应对策，试上的时候都是选择没有教过相关内容的班级和学生。

为了不浪费每次试上、评课的机会，每次正式试上课前，我自己都会跑到空教室，在讲台上对着几十套桌椅自言自语试上几遍，一直到自己满意为止。

刚开始的时候，同年级借班，一个班一个班地试上；到后来随着教案的不断修改，本年级的班级数量已经不够上，我们便把一个班分成三份，供三次试上；再到后来又到中英文分校区借班试上；直到最后到其他年级借班进行试上……

过后粗略统计了一下，整个备赛过程中单是有学生、有听课评课的正式试上便有五十多次，再算上没有学生、没有听课评课的独角戏，数量还会翻上两三倍。备战的那段时间，我的神经时刻紧绷着。

这一年，我还担任六年级毕业班的教学工作和学校其他一些工作。六年级毕业班的紧张备考，五年级“育苗杯”通讯赛的赛前培训，还有协助政教处及学校午餐午休管理工作，紧张的神经、高强度的工作，导致我胃部经常疼痛不适，治疗时断时续。到二月底我终于撑不住，请假到医院做了胃镜检查，其间的痛苦三言两语实在无法表达。检查结束，我瘫坐在检查室外边走廊的椅子上，整个人完全动不了。

就在这时电话打来，原先预定过两天来指导的教研员因为行程有变，提前到校，无奈之下我拖着虚弱的身体回到学校，在几近虚脱的状态下，凭意志与教研员完成交流，将教研员的意见认真地记录下来。当天下午，我回到家中倒在床上起不来，但脑子里面仍然全是上课的内容。身体情况稍好转之后，我便动手修改教案、课件，两天后按教研员修改意见重新试上，顺利达到教研员要求的教学效果。

5. 肇庆折桂

2013 年 4 月的肇庆市端州区体育馆，坐满了来自全省各地市两千多名同行和专家评委。走台试课件的时候我环视座席，暗暗给自己鼓劲：这样的观众才够多！这才是我想要的！这才是我想要的舞台！加油！

因为选定的教材是五年级上学期的，到了 4 月份已是下学期，五年级的学生都已上过这个内容了。为了取得更真实的教学效果，我们上报给组委会所需上课的班级是低一个年级的四年级。第一次接触上课，这里的四年级学生能否完美配合？这对我的课堂调控应变能力是一个巨大的考验，我心里难免有些忐忑。

抽签时我抽到的是二号签，非常巧的是：在我前面的一号珠海选手上课的内容竟然和我完全相同。这更让我有些忐忑，俗话说得好：不怕不识货，就怕货比货。毕竟粤东地区和珠三角地区教育的整体水平差距还是比较明显的，两个来自不同地区的同课异构摆在一起比较，着实令我有点担心。正式上台前，我在后台不断鼓励上课的孩子们，也暗暗地给自己鼓劲加油。

微笑，上台，深呼吸，问好，上课，板书……此刻我反而不紧张了，一切流畅得如同之前演练许多次一般。在我的调动下，学生们配合相当好，评委们也频频点头露出笑脸。下课哨声响起，台下同行们热烈的掌声为这堂课画上了圆满的句号。在第一天比赛结束后的休息时间里，无论我走到哪里都能遇到来自各地的同行主动打招呼、问好。

几天的赛事过后，结果终于出来了。在高手云集的广东省第八届小学数学优质课观摩评比活动中，我的课以鲜明的教学特色、活泼生动的课堂、工整漂亮的板书、显著的教学效果征服了在场的专家评委和两千多名同行，最终获得广东省第八届小学数学优质课观摩评比活动一等奖。

我们整个团队都长长地舒了一口气，长达八个多月的付出，在此刻终于有了最好的回报。

第四章：以点带面

1. 送课下乡

为了更好地以点带面，助力教改，2013 年 6 月我参加潮州市教育局教研室开展的送教下乡活动，送课到枫溪区山边小学以及我战斗过的意溪镇西都村小学。当地学校的老师还有周边学校的领导老师都来参与听课、评课，课后纷纷给予了一致好评，他们均表示在家门口便能听到省赛一等奖的课，实属荣幸。

2. 课改展示

2013 年 10 月在潮州召开的广东省中小学课堂教学改革经验交流会对于潮州教育界是一大盛事。经推荐挑选，我的课例被选定在交流会上展示。

与会的专家教授在潮州的时间很短，只有两天半。专家在会议开始前两天的下午到埠，会议结束便离开。专家要求我修改课例，以贴合交流会的理念。也就是说在两天半的时间内，我要完成“试上→评课→修改→再试上→正式展示”的任务，难度可想而知。

第一天下午试上、评课，大幅度修改直到傍晚 7 点。当晚回家后调整思路、修改教案、打印装订、修改课件，对着镜子试上几遍。第二天上午 8 点，以全新的思路重上。专家称赞道：在如此短的时间内完成如此大幅度的修改调整，而且完全贴合他的修改思路，实属难得。第三天的展示课也得到了各地同行的一致好评。

3. 总结分享

点滴的积累都需要及时总结。我把教学过程中积累的教学经验撰写成论文和教学案例，多次在省级、国家级论文评比中获奖或在专业报纸、杂志上发表，为老师们树立了榜样，起到了模范带头作用。

论文《试谈“挫折教育”》刊登在《湘桥教育》2002 年第 4 期（总第 8 期）；

论文《德育工作不可忽视细节教育》刊登在《汕头日报》2009 年 5 月 25 日第 6 版；

论文《注重联系生活实际　强调培养动手能力》在 2011 年广东教育学会学术讨论会征文中被评为三等奖；

教案教例《“平行四边形的面积”教学实录与评析》刊登在《湘桥教育》2012 年第 1 期（总第 45 期）；

《让德育自然渗透于数学学科之中》在 2012 年广东教育学会学术讨论会征文中被评为三等奖；

论文《巧借优点促自重》荣获第五届广东省中小学班主任工作论坛论文三等奖；

论文《彰显教师个性，形成独树一帜的教学风格》刊登在《湘桥教育》2018 年第 3 期（总第 63 期）；

论文《“翻转课堂”延伸到课后的研究——从小学高年级数学科应用题的日常教学中想到》刊登在《广东教学报》2019 年第 3296 期。

4. 青蓝相接

我连续多年被学校聘为师范学生跟岗培训导师，指导的时候我毫无保留，尽心尽力地给予他们关怀和指导。每一次培训即将结束的时候，我也都会对他们语重心长地说道：“弟（妹）啊，教好书是教师的立身之本，如果你立志要走这条路话，记住：一定要努力学会如何教好书。”

第五章：奖项荣誉

经过多年的积极参与和不懈的努力，任职以来我参加各级说课、现场观摩课、录像课、微课、优课、教学设计比赛均获得市级以上奖励。我也于 2019 年 12 月被评定为“小学数学高级教师”。

星星火炬下，青春无悔

——我的成长历程

【作者简介】

庄溯澜，中共党员，本科学历，城南小学政教处副主任、少先队总辅导员，曾获全国优秀辅导员、广东省优秀辅导员、潮州市十佳辅导员称号。同时还担任“教育现代化背景下潮州特色文化进校园的研究”课题主持人。从事辅导员工作能紧扣时代脉搏，围绕党中央工作热点开展一系列丰富多彩的主题教育活动和假期特色体验教育活动，引导学生的思想时刻与党中央保持一致，这些活动也多次被湘桥教育、潮州共青团公众号推荐发布。

因为爱，所以爱

1999 年我从师范学院毕业，成为一名小学教师。此后我一直担任学校少先队大队辅导员，至今已历二十载。这么多年来，我一直在思考一个问题：是什么初心，让我执着地干了这么多年？答案是肯定的，那就是——爱！是对孩子的爱，是对少先队这个崇高大集体的爱，是对这份育人工作割舍不断的爱！这份爱犹如一颗种子，从小在我心里扎下深根，慢慢发芽生长，深深嵌入我的血液和灵魂。

少时，我就读的学校虽坐落于农村，却是 20 世纪 80 年代的全国红旗大队。学校的辅导员老师是全国优秀辅导员，学校的少先队活动丰富多彩，我的童年因此充满欢歌笑语。一切仍历历在目：在全校体育节上，我代表中队参加踢毽子比赛；学校入队仪式上，我帮一年级弟弟妹妹戴上鲜艳的红领巾；在全镇少先队鼓号队比赛上，我代表全镇少先队员高举队旗走过检阅台；在全县少先队暑假夏令营里，我第一次走进军营，第一次摸到真正的坦克；在全市少代会上，我代表全市少先队员上台献词……少先队组织在我心中留下的，是满满的幸福回忆。那时的我，深爱着胸前飘扬的一抹红，并为之感到无比骄傲和自豪！与少先队的这份渊源，一直延续到我参加工作。这二十年来，身为少先队辅导员，我深刻明确自己从哪里来、到哪里去，牢记立德树人、教书育人的职责与使命，不忘为胸前的红领巾增添光彩。

爱，是我的初心；爱，更让我坚守。我把少先队仪仗队队伍建设当成工作常态来抓，每学期组织开展一系列丰富多彩的假期特色体验教育活动，致力于地方特色文化的传承推广。更因为我是从农村走出来的，所以支农担任农村小学少先队辅导员的那一年，也没有把自己当成一个“流水兵”，我规范了开学的第一个升旗仪式；为入队的孩子举行了简单而又庄严的入队仪式；带领孩子们第一次冲出“亚洲”（当时学校的老师喜欢把所在的街道比作“亚洲”赛区），代表街道学校参加了湘桥区“迎奥运”朗诵比赛。看到孩子们在台上精彩表演，看到他们洋溢的笑脸，何其甜蜜，何其幸福！我完全忘记每天下午跟同事们加班加点排练的辛苦；忘记自己强忍着面部过敏，咬着牙花了一周时间，用彩色喷剂在巨大的布上一点点喷出奥运火炬图案时的辛苦。我想，这就是辅导员的幸福！是对星星火炬执着的爱！

爱，是可以延续的，更是可以传递的。我把满腔的爱化为动力，经常放弃假期，精心排练节目，为社区群众送上一台台精彩的文艺演出；定期带领少先队员到湘桥区老干部活动中心、社区开展服务活动；走进农村“结对一帮一”，开展“书赠农村学子，同享快乐阅读”等帮扶活动；联合潮州市民生志愿者协会开展阳光帮扶活动，带领队员参加“助力六城同创，共建美丽潮州”公益环保活动。点点滴滴的公益活动，把关爱传递给社会，也传递给队员们，让他们从小学会关爱他人，关爱社会，在关爱中体悟，在关爱中成长。这一番心血没有白费，孩子们开始主动参加各种公益活动，多人次被评为省、市、区的南粤最美美德少年。

坚持做一件事，收获另一种成长

都说做一件事不难，但是坚持做下去就很难了。20 年来，我没有做过轰轰烈烈的大事，只是把辅导员工作的小事、琐事坚持做下去，在这些平凡的事中收获着另一种成长。

1. 在感悟中成长

我组织开展过非常多的少先队活动，很多活动也被湘桥教育、潮州共青团、湘桥共青团等公众号报道发布；我主持潮州市少先队大队主题队日活动，全市、区的辅导员参加观摩。我想作为一个大队辅导员水平也就到此为止，但在我参加完省少先队辅导员大赛后，我的想法有了很大的转变。

在全国少先队改革开启之年，团省委、省少工委和省教研院联合主办了“2017 年广东省少先队辅导员岗位风采大赛”。大赛历时三天，分为个人赛与团体挑战赛。全省 21 个地市代表队共 145 名参赛人员展开了激烈角逐。我有幸作为潮州市推荐的 2017 年广东省“十佳少先队辅导员候选人”，代表潮州市参加“2017 年广东省少先队辅导员岗位风采个人赛”。

那次比赛淘汰晋级方式非常残酷，个人赛选手在抽签后必须参加《少先队活动》课程说课、笔试、现场情景答辩、活动策划与宣传、才艺自选表演及“国旗下讲话”等，连环闯关，逐级淘汰，最终决出全省前三名。接到比赛任务时，只有半个月准备时间，先不说后面比赛环节如何准备，就说第一关说课，我就遇到了最大的问题。根据比赛要求，必须按规定的教材提前在本校召开中队主题活动，再根据中队活动实况视频、相片进行课后说课。而我，根本没有比赛规定的教材，通过各种途径都没能购买到，当我拿到出版社寄来的教材时，离比赛只剩下一周时间……

明知山有虎，偏向虎山行。虽知比赛艰辛，但我没有像其他选手那样临场放弃比赛，最终虽然只获得优胜奖，但是我觉得能参加如此规模的大赛，是我的幸运，因为大赛为我们全省辅导员搭建了相互学习、相互交流的平台。特别值得一提的是深圳、东莞这几个地区的专职辅导员们，他们说课构思新颖有趣，个人才艺突出，国旗下演讲时散发着满满的自信；团体赛中他们现场设计的海报充满了时代感，组织的少先队游戏创意无穷，鼓号演奏水平相当专业，特别是在赛场上整个年轻团队所散发出来团结拼搏向上的力量感染了台下的每一位观众，也带给我很大触动，让我对辅导员发展有了更深的领悟。一个教师要成长为一个合格的辅导员只要具备基本政治、道德、能力、文化、心理素养和有一定的组织能力就足够了；要成为有自己鲜明特色的辅导员，就要爱上辅导员工作，充分发挥自己特长，学会有创造性地去完成工作，创建有自己独特、一贯特色的少先队活动品牌；但要成为一个有影响力的辅导员，就要学会用发展的眼光管理少先队工作，通过交流学习促进自身成长，成为本单位乃至本区域少先队领域的中坚力量，用自己的经验和感悟去影响身边的年轻老师，用发展的眼光去培养他们，全力推进本单位少先队工作持续优质发展，因为一个人的优秀力量是单薄的，团体的优秀力量是无限放大的。

2. 在学习中成长

2018 年是我辅导员生涯另一个里程碑，在学校领导的大力支持下，我参加了全国少工委办公室、中央团校组织的“国培计划”（2018）中小学骨干少先队大队辅导员培训活动。7 月 14 日，我带着满满的期待和激动来到首都北京，踏入中央团校。来自全国 56 个民族的少先队辅导员齐聚一堂，共同学习、交流、切磋、探讨。学习时间虽短，收获甚丰，授课的华耀国、郑宁远、赵国强和李沧海四位奋斗在少先队战线上的专家和前辈，知识渊博，理论精深，态度严谨，课堂内容信息量大，授课方式幽默。华耀国老师下飞机后赶到教室上课，三个小时的授课侃侃而谈，连一口水都没喝过，课后马不停蹄赶回上海，连一分钟都没停留休息。70 多岁的郑宁远老师全程站立上课，示范动作，严格规范每一个动作细节。他不顾高龄，在全国各地陆续开了 263 场讲座，只为了让全国的少先队辅导员对少先队礼仪有最新、最系统的理解。这次学习带给我强烈的震撼，前辈们的严谨、敬业和对辅导员工作的执着、热爱给我上了终生难忘的一课。他们身体力行，催人奋进！正如老师说的，有目标的人比没有目标的人跑得快、准！我重新思考、调整和确立我的工作目标。我知道了该往哪里跑，该到哪里去，怎样跑到前方，如何突显新时代精神。我深深明白，在今后的工作中应该不忘初心，做好表率，发挥星星之火可以燎原的精神，引领广大少年儿童听党话、跟党走，从小学习做人、从小学习立志、从小学习创造，为实现中华民族伟大复兴的中国梦时刻准备着。

学习回来后，我把我所学所感付诸实际行动，以创新的思维工作，用队员们听得进、学得懂、记得住的方式，在升旗仪式上举行队徽仪式，做好少先队员的政治启蒙和思想引领工作。结合学校实际，全力推进少先队改革，成立了湘桥区第一个学校少工委；聘请优秀家长为校外志愿辅导员，构建“校内辅导员 + 校外志愿辅导员”基本工作队伍；隆重举行了城南小学的第一次少代会；全力推广少先队员的传统文化作品，借助学校公众号平台，率先在全市开设了以传播潮文化为主要内容的《童声潮音》栏目，其覆盖面之广、影响力之大，开创了传统文化传播途径的新局面…… 这一系列扎实的工作推进，效果立竿见影，很快便打响了“城南品牌”，在团省委少年部副部长、省少工委办公室主任饶玲同志率督查组下访期间，城南小学的少先队工作给他们留下了深刻印象，饶副部长对我们的工作给予充分肯定。我被共青团中央、教育部、全国少工委授予 2018 年度“全国优秀少先队辅导员”称号。

3. 在历练中成长

我一直坚信，一个辅导员的成长永远离不开学校领导的引领和支持，我很庆幸我是一个幸运儿。2019 年为迎接中华人民共和国 70 周年华诞、庆祝中国少年先锋队建队 70 周年，学校举行了“听党话，跟党走”少工委成立、新队员入队仪式暨庆“六一”迎校庆系列活动。第一次承担如此大型活动，我倍感压力，但是傅校长不断鼓励我，耐心地指导我如何去策划组织好整个活动；在遇到问题时，校长及时引导我该如何去交流、去协调、去解决；偶尔出现小失误，校长也是及时指正，教导我以后如何更好、更有效地开展工作。特别是在活动方案设计之初，傅校长给了我很多关键的建议，还建议我考虑把一年级家长都请到现场，一起见证孩子成长的重要时刻。在校长一步步的引领下，在全体行政和老师的支持下，在家长和学生的配合下，活动开展得非常顺利，影响非常大，庄严隆重的仪式刷爆了学生家长的朋友圈。当天晚上，队员们纷纷自发地写下自己学戴红领巾的感受，兴奋激动得无法入眠！家长们也抒写自己的感受，对孩子的成长寄予厚望！有的说“庄严隆重的仪式感使每个一年级的孩子心中留下无比神圣和难忘的记忆”“被这隆重的入队仪式感动了！听党话，跟党走！做一名骄傲的少先队员”“感谢所有台前幕后的老师们”。而我，也在微信朋友圈激动地写下：“不忘初心就是 20 年坚守不变的情怀，就是为孩子们戴上红领巾时的幸福感！”这种幸福感来自亲手为孩子们戴上红领巾时的感动，更来自一个辅导员成长的感动。辅导员要当好少年儿童的老师、朋友，要做好少先队活动的引导者、参与者，更重要的一点是：要学会积极协调组织各方资源，从而更好地服务少年儿童。

习近平总书记在 2013 年同各界优秀青年代表座谈时说：“人的一生只有一次青春。现在，青春是用来奋斗的；将来，青春是用来回忆的。”我愿以青春作桨，以梦想为帆，脚踏实地、奋勇担当、敢拼实干，在星星火炬下书写不悔的人生。

呕心化春雨，倾情撑蓝天

——我的成长历程

【作者简介】

郑桂媛，中共党员，小学语文高级教师，城南小学语文学科带头人，湘桥区“小学语文主题学习”名师工作室主持人。曾获“湘桥区优秀班主任”“湘桥区教书育人优秀教师”“潮州市第四届尊师重教优秀教师”称号。2018年参加小学语文青年教师阅读教学观摩比赛获得湘桥区第一名、潮州市一等奖。

年华似水，岁月飞逝，我已在教育领域里耕耘了二十个年头。回顾自己走过的教学之路，有喜悦、有感动、有辛酸、有泪水。工作以来，正是有了领导的关怀，同事间的互助，师生间的灵犀，才让我更快更好地成长。在每一个与孩子为伍的日子里，我都感受着喜悦的幸福，脸上总是有着美美的笑容，心中总是装着满满的快乐。我把自己的那一份愉悦、那一颗爱心、那一种执着都无私地奉献给孩子们。

一、破土之辛，春晖雨露爱

2000年8月工作至今，我一直从事班主任及语文教学工作。现在担任城南小学年级语文备课组长、副级长，校长办公室②校本教育科研中心主任助理，湘桥区“小学语文主题学习”名师工作室主持人。所带的班级多次被评为学校文明班，获得校级表彰奖励多次，所教班级的语文科成绩在全级名列前茅，工作深受学生、家长、领导和同事的好评。2008年被评为“湘桥区优秀教师”，2015年被评为“湘桥区优秀班主任”，2018年被评为“潮州市第四届尊师重教优秀教师”，太平街道“优秀党员”。在收获满当的今日，回望入门之路，我感触颇深。

1. 如源泉般的爱——让我走上了教师之路

记得小时候，我最喜欢的就是老师带着我们唱那首《长大后我就成了你》。学生时代的我，是家长老师、邻里亲戚眼中的乖乖女，遵纪好学，文静乖巧，自立懂事。我最崇拜的就是我小时候的启蒙老师——辜老师。记得一次闲聊时辜老师对我说："我之前有机会当医生的，可是想起每天总是要面对着愁眉不展的病人，我还是选择当老师好，你瞧，每天和你们这群小毛孩一起，老师越活越年轻。"从那时起，当老师这个小小的心愿像种子一样一直在我的心里萌发着。

在我的努力下，1997 年我顺利考上了潮州师范学校，三年后通过竞争上岗，我以全区第二名的好成绩分配到了中山路小学任教。工作以后，总是有同伴问我，你一定要当老师吗，工资不高活儿也不轻松！是啊，当初还真说不上一个正经的理由来。现在我总算明白了，就如李彦宏所言，人一定要做自己喜欢并擅长的事。我喜欢孩子，擅长与孩子交流，所以选择了这个职业。当走过教室聆听悦耳的朗读声时、当走上讲台看着学生那渴求知识的双眼时、当收到孩子们表达喜爱的纸条时，我就更能确定自己身为一名教师是何其有幸。我喜爱与他们共同成长，永葆童心，永享他们的勃勃生机与奇思妙想。虽然这条路已经走了二十年，但不论何时何地，只要我看到稚气可爱的孩子们快乐地学习，我就非常高兴。带着喜好和对孩子们的爱，我走上了教师之路。爱，是我投身教育事业的原动力。

2. 如春晖般的经历——让我教学经验不断丰富

说起我调任到城南小学当教师之前的经历，可谓"传奇"。2000 年 7 月，我在潮州师范学校毕业，在中山路小学任教，当时教的是丁版教材，任教四至六年级；2003 年 9 月语文新课程改革，改用人教版，我又从一年级跟班至六年级毕业。2009 年中山路小学撤并，我被分配到意溪中学支农，教初一；2010 年支农结束，又分配到城基中学教初二、初三。也就是说在调来城南小学之前的 12 年里，每年任教的内容从没有重复过。纵观整个湘桥区乃至潮州市，像我这样一次性经历小学到初中大循环的教师应该为数不多，这"传奇"的任教经历也极大地丰富了我的教学经验，让我对九年义务教育有了更深的了解，也为我以后的工作奠定了扎实的基础。

3. 如雨露般的支持——让我拥有了坚强的后盾

我在教师这个岗位上已经工作二十年了。回顾这二十年来的教学之路，我深深地感受到个人成长离不开自信、钻研、毅力，更离不开学校环境和教师群体所形成的强大的后盾。首先我得到了领导的支持，再加上同事的帮助，给自己的教学奠定了很好的基础。2012 年 9 月，我调入城南小学，至今已 8 个年头，我们学校这几年的快速发展，给了我个人成长的宽阔舞台，在这里工作就像是在一个和谐的大家庭一样。几年来，在自己的努力和领导、老师们的帮助下，我进步很快，出色地完成了各种任务，教学成绩显著，得到了领导、老师、家长、学生和同行的认可。所以我是幸运的，可以说学校就是我成长的摇篮！

过去"传奇"的经历像太阳一样源源不断地给予我思考的能量，而一直以来学校领导、同事、家长提供的支持又如甘霖雨露一般，总是在我需要的时候给予我前行的勇气。爱与春晖雨露让我真正破土而出，从此一发不可收拾地爱上教育行业。

二、初长之路，厚积欲薄发

1. 学习——让我得到了不断的超越

参加工作以来，我从没有放弃过学习。工作伊始，我利用下班时间学习本科课程，考取韩山师范学院汉语言文学本科。与此同时，我意识到一名语文老师拥有深厚文化素养是基本素质，自此培养良好的阅读习惯，倾心于名家著作、生活百科，留心优秀的教育期刊，以增长见识，吸取经验。我还积极参加各种学习和培训，不断地充实自我，使我的教学能力不断提高，同时在教学上虚心求教，有疑必问，在各个单元的教学上都积极学习优秀老师的方法，探讨教学心得、体会与收获；多听其他老师的课，做到边听边记，学习别人的优点，克服自己的不足，并常常邀请其他老师来听课，征求他们的意见，改进工作，博采众长，提高教学水平。不仅如此，不管工作或是家庭生活多繁杂，我都会及时反思，整理过程，写下随笔，进行理论总结。长时间的学习积累，也让我收获了不少，撰写的教育教学论文有 6 篇获奖，4 篇文章在正式出版物发表，1 篇教学论文在区级学术会上宣读。

2. 实践——让理论不断得到验证和完善

我不断地在实践中修正和总结，在平时工作中多一份投入，多一种学习，多一点爱。在平时的教育教学中，我通过解决教学中遇到的困惑、问题，关注自己的实践，和领导、同事探讨，从而不断提高自己的业务水平。我还参与了 5 项市级以上的课题。

课堂教学是一门艺术，有领导、专家指导的公开课更是提高教学水平的快车道。于是每学年我都主动承担上学校公开课的任务。每一次上完公开课，对于领导和老师们的评课，我都一一记录在一本小本子里，时刻提醒自己下一次上课不可再犯。一次在我上完一节识字课后，傅校长给予了高度评价，并借用“有趣的语文课堂上站着的是极富情趣的老师”这句话，称赞我的课堂灵动活跃，扎实有效。2018 年湘桥区举行小学语文青年教师教学观摩赛，我有幸参加，每次试上，我都用手机把自己的教学过程录下来回家细听，每天在家里对着镜子练习，把发现的问题记在心里，争取在下节课改进。一次次教学设计，一次次试教，推翻了，再重来……经过了二十多场跨班试上，最终一炮打响，《咕咚》一课获得了湘桥区一等奖第一名，并代表湘桥区参加市赛，再获殊荣，获得潮州市一等奖。

3. 反思——让我体验到了成功的快乐

通过多年来的实践，我认为做好一名教师必须做到三点：一是有一定的专业知识；二是有一定的组织教学能力；三是对新课改教学的领悟要比一般教师深。那么如何来做呢？一方面教师的专业知识只有在具体的教学情境中才能被激活；另一方面教师的专业知识要在不断地对教学现场的知觉、体验和领悟中，才能够重构和提升。只有在教学活动的真实情境中，教师才能够审视问题。所以在平时，我们要做好案例的积累工作，逐步悟出其中的道理，不断反思，积极投身研究，时时进取。

三、花开之时，春风吹万树

1. 三尺讲台存日月，一支粉笔写春秋

“捧着一颗心来，不带半根草去。”从教 20 年一直担任班主任，我始终怀着一颗爱岗敬业、勤勉踏实的纯粹之心。我把每位学生都当成自己的孩子，放学后，穿街走巷忙碌家访；作为语文老师，我一视同仁，用欣赏的眼光去发现孩子的闪光点，不放弃任何一个孩子，培优辅差，所带的班级成绩名列前茅。

暑期收到好多学生的消息，很多孩子告诉我，通过自己的不断努力考上了一所理想的中学或大学。听到他们这些好消息，我也替他们高兴，而且还有一种小小的成就感。对于一个班主任来说，没有什么比这样的消息更能让我开心了，因为他们都真正地长大了、成熟了，都可以独当一面“闯社会了”，这一点比什么都重要。

带了这么多年班，陪他们成长的过程中，他们也回赠给我无数欣喜与感动。印象深刻的是刚参加工作不久时，在班里组织了一次“纸条对话”活动，师生互赠纸条，彼此交流。我收到的纸条五花八门，有调皮孩子的“保证书”——老师，我一定好好学习！有孩子向我倾诉了自己的小烦恼。有乖巧懂事孩子的“慰问”——老师，您辛苦了。也有孩子说喜欢我。当时收到孩子们真心接受我、肯定我的纸条真是开心极了！我回到办公室，发现桌面还躺着一个用米黄色卡纸包装好的信封，我打开信封，呈现在我面前的是一个褐色的小本，封面写着：“梦想”，里面是小新用铅笔写得歪歪扭扭的一行字——老师，我将来要做一个像你一样的语文老师！这是一个当时让我寝食难安的学生，对他的教育，我付出了不少心血，但就是这个让我头疼的孩子对我说出了让我很自豪和欣慰的一句话。教师要传承的不仅是知识、文化，还有高尚的道德情操。都说“亲其师，信其道”，只有我在孩子们心中做得足够好，令人信服，他们才会以我为榜样啊！一句“我将来要做一个像你一样的语文老师”，真是莫大的褒奖！这个信封我一直保存着，这句话也陪伴了我往后十几年的职业生活，直至今日，它仍让我感到欣慰自豪，更让我深深地领会到了习总书记说的“人民教师无上光荣，每个教师都要珍惜这份光荣”这句话的深刻含义。

2. 半亩方塘长流水，呕心沥血育新苗

“问渠那得清如许？为有源头活水来。”我深信，教育是一个永无止境的探索过程，课堂必须创新，才能充满活力。

参加工作以来，我积极参加省、市、区有关新课标的培训，认真听讲学习，班主任工作和语文教学工作都能在学校中发挥模范带头作用。2010 年参与湘桥区名班主任培训。2016 年被聘请为粤东基础教育学科群小学语文学科骨干教师。2017 年 12 月参加湘桥区语文部编版教材教师教学研讨集训活动，在活动中表现突出，深受领导好评。2018 年被任命为湘桥区小学语文主题学习名师工作室主

持人。

作为学校语文备课组长，我积极组织老师们学习和培训，积极实践新课改理念，走进新课程，勇敢探索，大胆创新，鼓励老师们努力更新观念，提高科学研究能力。我还经常加强新理论的学习，结合自己的实践，深入浅出地指导学校班主任和语文老师，很好地发挥了“带头羊”的作用。

作为湘桥区小学语文主题学习名师工作室主持人，仰之弥高，钻之弥坚。我对教学精益求精，总是潜心钻研教材与教法，努力探索语文主题学习的各类课型，构建语文高效课堂，从归类识字课、看图写话课、达标提升课到读写结合课、组文阅读课、单元预习课等，多种课型的建构使我校“语文主题学习实验”的课堂有了较为鲜明的特色。我带领工作室的老师们一起研课、磨课，通过区级、校级公开课，送教下乡，开讲座分享经验，还作为特邀嘉宾赴海南省五指山市第一小学参与名师沙龙活动等。工作室取得了可喜的成果。

3. 甘为孺子育英才，克勤尽力细心裁

面对繁杂的工作，我总是有条不紊地计划“班主任的一天”；面对惹事好动的学生，我宽严并济，耐心做学生的思想工作；面对成绩退步的学生，我从情绪上安抚他们，从方法上指导他们。多少届孩子，作文里总是提及“郑老师是那个最让我们感恩最让我们尊敬的人”“是我们最喜欢的启蒙老师”。

人们都说“干一行，爱一行”。我是在不知不觉中爱上了这个职业，更确切地说，我早已把它当作毕生的事业来做了，正如习总书记所说：“教育是一门‘仁而爱人’的事业，爱是教育的灵魂，没有爱就没有教育。”

每接手一个新的班级，我都会做好学生的思想品德教育，为每个学生做小档案。通过填写信息采集表、个别访谈、书信交流或者家访等方式深入了解学生，并找准契机及时教育引导学生。每次考试我都精心保存每位学生的成绩，并作细致分析，让教学更有针对性。为了激发学生的语文学习兴趣，每学期还在班上征集学生优秀作品，制作成册。

4. 新竹高于旧竹枝，全凭老干为扶持

“一枝独秀不是春，百花齐放春满园。”这是我一直信奉的格言。作为粤东基础教育学科群小学语文学科骨干教师、湘桥区小学语文主题学习名师工作室主持人和学校年级备课组长，我率先垂范，始终走在教研的最前沿，是新课改实验的“领头雁”。每个年轻教师的成长，都离不开老教师的传帮带，在学校的教研活动中，我经常与同事们分享自己的备课、上课、赛课体会，和青年教师一起研究如何备课、磨课。只要青年教师向我请教，我都精心指导，毫无保留地分享教学经验；带领同组教师积极进行教学研究和教学改革，参与了粤东和市级的多个课题。

指导名师工作室成员洪洁老师、陈培纯老师上的区级实验课获得与会老师的一致好评；陈培纯老师上的《语文园地二——识字加油站》获得第五届全国小学语文大单元展示活动一等奖，我也获得优秀指导老师奖……这些青年教师，短短几年已成长为学校乃至全区、全市的教育教学骨干。我还为师范实习生做班主任工作经验介绍，充当实习生、见习生导师；在学校党日活动中作为优秀教师代表做经验分享，为学校班主任做教学叙事案例分享，开主题班会示范课、思品课。我以一片赤诚，丹心热血沃新花！

5. 绿野堂开占物华，路人指道令公家

今年所带的208班在期末被学校评为优秀班级，在学校合唱比赛中获二等奖和最佳创意奖；班里的周怡彤同学参加学校二年级语文主题学习实验学生丛书讲故事比赛获得二等奖；在2018—2019学年度湘桥区“阅读能力测评”活动中表现突出，我班被评为“阅读先锋班级”，我也荣获一等奖。我还组织了学生参与“让梦飞起来——广东省中小学爱国主义教育影片放映活动”之《那些感动我的画面》主题征文活动，本班有20名同学获奖，我被授予优秀指导老师称号。208班还获得2018—2019学年度“湘桥区优秀班集体”的荣誉称号。

四、结果之余，落红作春泥

“起始于辛劳，收结于平淡”是对我们教育工作者人生的写照。史烟飘过，回看今朝，我无怨无悔。二十年的教学生涯，讲台上，教书育人；讲台下，为人师表。虽感忙碌、虽感辛劳，但每天沐浴着太阳的光芒，呼吸着雨露的清香，在那些活力四射的孩子身上，我感受到生命的神圣和美丽。或许我干不出惊天动地的伟业，但追求者本身就是美丽的。我用自己的无私和真爱、信念和执着书写着一名普通人民教师那份独特的幸福与快乐。

记得刚工作时看过这样一个故事，某跨国公司在辞退一位员工时，老总和员工有一段精彩对话。员工说：“我有30年的经验……”老总说：“不，你只有一年的经验，只是将它重复了30次！”这段话一直鞭策着我，让我丝毫不敢倦怠，尤其作为一名青年教师，倦怠的背后是失去竞争力和生存力！

我们经常说每一个学生都是一颗种子，每一颗种子都有自己的花期，有的很快开花结果，有的只是默默生长，无论快与慢，最终总会开花。而陪伴在学生身边的我们，又何尝不是这样呢？教师之路，雨水浇灌、阳光照耀后，终会开花结果。所以，一辈子做老师，一辈子学做好老师——这就是我的追求。

孜孜不倦，成就更美好的自己

——我的成长历程

【作者简介】

陈萍，英语本科学历，中共党员，小学英语高级教师，广东省柯秀红名教师工作室成员。任教十九年来，培养了一批又一批优秀的学生参加全国、省、市、区各类英语竞赛并获一、二等奖。撰写多篇论文及教学设计在省、市、区各类评比中获奖。2017 年在潮州市青年教师说课比赛中获小学英语教育组英语专业特等奖；2017 年参加首届广东省中小学青年教师教学能力大赛（小学英语组）荣获三等奖；2019 年获潮州市第五届尊师重教优秀教师。

小时候，因为崇拜老师，为了实现当老师的梦想，一直努力地学习。后来又因为喜欢英语，报考了英语专业。也因为成绩优秀，在 2000 年 8 月的竞争上岗中，以第一名的成绩脱颖而出，从此踏上讲台，当了一名小学英语教师，开始自己梦寐以求的“ABC”教学生涯。转眼间，从教 19 年，缘于喜欢，教于热爱，回顾自己的教学之路，既漫长又短暂，虽艰辛但幸福，有汗水、有泪水也有收获。感恩学校领导的栽培、同事的帮助，让我有了孜孜不倦的干劲，有机会看到自己的成长与进步！

一、在教育教学实践中学习、成长

1. 在日常教学中总结经验

刚踏上讲台的我，既教英语又教数学，还当班主任，对教学工作满腔热情，每节课都认真备课，教学环节一再斟酌，撰写教案，连课堂用语都一句句详细地写出来。可能是因为年轻活力足，设计的教学活动很吸引学生，因此课堂氛围非常活跃。看到自己花心思上的英语课如此受到学生的喜爱，我备受鼓舞。

可是，学生们的第一次考试却给了我当头一棒——很多在课堂上热情参与教学活动的孩子却没能取得理想的成绩。这是为什么呢？我焦急万分，赶紧请教同科组的老师。当时我是英语组里最年轻的老师，前辈们很关照我，对我不吝赐教，我才明白：原来我的教学只注重于形式上的丰富多样，只顾营造热闹的课堂气氛，而忽视了学生掌握知识的程度；我还缺乏对教学内容的系统把握，常常只关注一个课时的教学内容，缺乏对整个单元甚至是学生已学知识进行整合。吸取失败的教训之后，我在平时的备课中重整思路，在钻研教学内容上花更多功夫，在布置作业的形式、内容与反馈上倾注更多心思。

2. 在初次观摩课比赛中反思教学方法

2003 年，由于领导对我的信任，只有两年工作经验的我有幸第一次参加了湘桥区青年教师观摩课比赛。初生牛犊不怕虎，我信心满满地参加了比赛，可听了其他参赛老师的课后，才猛然发现自己的教学方法太陈旧了，还在使用实习时的教学方法！因为当时小学英语课程刚全面铺开，新的课程改革才刚开始，缺乏经验和良好的指导方法的我跟其他参赛老师的水平相差甚远。当时失落的心情，至今记忆犹新，但那是我英语教学起跑线上的一大收获。它让我反思自己的教学方法，重开我学习的大门。

比赛之后，我经常上网查阅有关小学英语教学的论文，汲取精华；购买全国优秀名师的课例光盘，认真观看，琢磨名师们的教学方法。十分幸运的是，我观看了第一届全国英语青年教师观摩课比赛一等奖获得者田湘军老师的课例，他轻松自然幽默的教学风格、教学内容与教学方法的完美结合让我茅塞顿开，原来英语课可以让学生听得这般津津有味，学得这般轻松上手。当然，教师得先拥有扎实的画、说、唱、跳、演的基本功。所以，在以后的课堂教学中，我努力尝试各种教学方法，想方设法让学生在快乐的课堂中掌握语言技能。

3. 在各级各类培训中提高教学技能

自毕业就分配在重点学校的我是幸运的，也是幸福的，因为学校十分重视教师的专业成长，通过多种方法和途径提高教师的专业素养，我也自然就拥有很多外出培训与学习的机会。

我的英语教学技能提升的分水岭是 2004 年参加了在广州举行的中英合作小学英语教学技能培训。在为期 14 天的培训中，来自全国各地的优秀名师和外籍老师亲自任教。名师们的授课方式不仅将教育教学理论与课堂教学活动相结合，还分小组让每个学员进行实践并考核。真是不虚此行，我在思想上和实践操作上都有了很大提升。

多年来，我参加过潮州市中小学幼儿园骨干教师培训、港粤文化交流培训以及广州、深圳、顺德等地的名校教学交流……正是有了一次次外出培训、学习的机会，我的教学能力逐步提高，为以后的展示公开课、参加各类比赛打下了坚实的基础。

4. 在辅导学生参赛的过程中体验教学的乐趣

一直以来，对于学校的班级任课、夜修课、校本特色课、特长班辅导课、英语角活动课等工作安排，我不仅毫无怨言，从不推辞，而且勇挑重担，以积极热情的心态完成各项工作，以高度的责任感教书育人。在小学英语教育这块热土上，我挥洒着青春与汗水，爱在其中，乐在其中。学生参赛获得荣誉是我强大动力之一。

记得休完产假回校上班，我努力克服种种困难，不向学校提出任何被照顾的申请，遵守上下班刷卡制度，坚持出满勤。在小孩刚满周岁的时候，我挑起辅导英语特长班的重担，辅导六十位学生备战全国小学生英语竞赛，每天早出晚归，经常将在学校未批改完的作文与习题带回家，周末也放弃了亲子时光，认真备课。2010 年我辅导的学生参加全国小学生英语竞赛取得全市最优异成绩，获一、二等奖的人数位居全市榜首，刷新了学校的纪录。

我多次担任学校英语特长班的辅导工作，如英语“脱口秀”特长班、六年级听说特长班，培养了一大批优秀英语特长生，在国家、省、市、区各类比赛中屡屡获奖。我也多次获得优秀指导老师奖——国家级奖项 20 次、省级 4 次、市级 6 次、区级 1 次；还被学校评为“首席英语教师”。学生的一项项荣誉，让我不断地体验到教学的乐趣。这些用辛勤汗水换来的果实，让我更加热爱教学工作。因为热爱而更努力，我继续用饱满的激情投身小学英语教育事业。

二、在各类公开课及比赛中积淀、提升

1. 每一次公开课和比赛的磨炼都是珍贵的财富

因为年轻有干劲，也因为勤奋好学，更因为有着脚踏实地、大胆创新的工作作风，所以我认真对待每一学期的“四个一”公开课任务。无论是普通的校内公开课，还是对外兄弟学校的开放课，我常常绞尽脑汁，深入研究教材，上网查找资源；为了一个精美的课件而挑灯夜战，在电脑前一坐就是五六个小时，亲自录音、裁剪图片，制作课件；为了成功展示一节真实、高效的课堂而反复试上，废寝忘食地修改教案。

机遇总是垂青那些有准备的人。2011 年 4 月，我第一次在潮州市小学英语阅读课教学专题研讨会上展示示范课。备课期间，我幸运地得到市英语教研员柯秀红老师的亲自指导。历经一周钻研教材、撰写好详细教案的我沾沾自喜，以为会得到柯老师的几句赞许，但是她肯定了我认真工作后，细心、精辟地分析了我教学目标的定位、教学策略的运用、教学活动的设计等。原来，小学阶段英语阅读课的主要目的是培养学生的阅读兴趣，使学生能够阅读简易的英语短文，并掌握简单的阅读策略。教师应该采用任务教学途径，运用思维导图教学策略，让学生在教师的引导下，通过自上而下和自下而上相结合的阅读模式，自主学习，合作学习，让学生在阅读篇章的过程中感悟文本的内涵，从而让他们在阅读技巧、英语思维能力及写作能力等方面得到立体发展。在柯老师的细致指导下，我重整思路，修改教案，经过反复试上，终于为全市小学英语老师展示了一节优秀的示范课。

这节优质课的展示为我注入新的教学理念，为我以后参加湘桥区、潮州市英语青年教师说课比赛提供了宝贵的理论支撑。而在区和市的说课比赛中均获一等奖的荣誉又激励着我攀登更高的教学、教研之峰。

2. 成功属于锲而不舍的人

人的成长也离不开贵人相扶！对我帮助最大的“贵人”就是傅校长！她是激励我向更高目标努力的引路人。

2017 年 9 月底，为了选拔参加首届广东省青年教师教学能力大赛的青年教师，学校接到通知，推选几名优秀英语教师参加第一轮湘桥区的筛选。按参赛的常规要求，我已经超过 35 周岁了，也已经取得了不少关于说课、教学设计、录像课比赛的荣誉，本该把任务交棒给年轻教师了，但在傅校长的鼓励下，我还是报名参加了，结果“中奖了”。9 月 30 日下午，我接到了参加潮州市说课比赛的通知，日期定在 10 月 9 日。天啊！要在这么紧的时间内完成选课、设计教学过程、撰写说课稿、制作课件、背诵稿子、准备教具的任务，我的压力顿时倍增。但拥有多次比赛经验的我比以前更加成熟了，心中只有一个信念：不畏困难，努力做好每一件事就是成功！

当天晚上，我就开始从我擅长的阅读课入手选课，确定了教学内容后，国庆七天假期，我放弃了和家人去旅游的难得机会，在家专心准备，用微信时刻与学科主任保持联系，进行教研。我连续三四天废寝忘食地工作，终于确定说课稿，课件和教具等也准备就绪。紧接着，就是闭门背诵说课稿了。假期最后一天，我和几个其他学科参赛老师一起到学校演练。在领导和同事的指导下，我对一些细节做了调整，回到家里又反复演练了几次。隔天回校上班，我又在英语教研组会上，向全体英语老师展示了一节完整的说课。时间虽短，但有了充分的准备，我信心百倍地参加了说课比赛。

过了几天，廖主任将胜利的消息传来，我获得特等奖，惊喜！后来了解到，我脱颖而出的原因是我的教学理念和教学方式与时俱进——我将近期提出的英语核心素养理论运用于教学设计中；此外，我在比赛过程中表现出来的沉着的心理素质和扎实的教学基本功得到市教研员柯老师和市英语中心组其他老师的赞赏。

“成功属于锲而不舍的人。”这是我在本次比赛中又一次悟到的。

3. 拓宽视野，登高望远

2017 年 11 月，是令我难忘的。经过区级、市级说课比赛竞选，我光荣地代表潮州市参加首届广东省中小学青年教师教学能力大赛。备赛的一个半月里，傅校长的关怀、潮州市英语教研员柯老师的指导、同事的帮助令我感动。这次比赛再次让我收获满满。

最大的收获是自己更懂得感恩！特别感恩傅校长对我的信任与关爱，使我有机会参加这高层次的比赛。从教 17 年，我参加过观摩课比赛、说课比赛、录像课比赛、教学设计比赛，但这样高层次的比赛还是第一次。记得刚接到参加省决赛通知时，我的心忐忑不安，连续几天茶饭不思，傅校长多次找我谈心，给予我信心，帮助我释放压力。还有其他几位领导也不断地给我鼓励打气。在我刚开始对比赛内容还很迷茫的时候，傅校长亲自开车带我去市教育局请教教研员柯老师，坐在车里的我暗暗下定决心：好好备战，争取好成绩报答校长的关怀！以后要更努力地工作，不辜负校长的栽培！

得到柯老师对我的详细指导后，我立即进入紧张的备战训练。在此期间，廖主任不仅组织学校课题组全体老师针对比赛内容进行交流研讨，还不断打电话咨询她在东莞的同学，了解更加详细的内容。另外，在下班时间还多次打电话与我分享她的想法，帮助我拓宽思路。还有我的城南好同事，英语课题组的全体老师在比赛的筹备过程中，为我出谋献策，提出修改意见，查找故事资源，陪我进行故事演练，帮我纠正细节。401 和 402 班的两位班主任也大力支持我，多次与我换课，使我专心应对比赛。我很荣幸能在这温暖的大家庭中工作，感恩领导和同事们对我的关心、支持与帮助！

备赛的过程是紧张的、辛苦的，却是充实的。本次省技能大赛决赛第一阶段的比赛内容是：第一项，现场抽取一份试题，根据要求设计一项评价活动。第二项，现场抽取一份阅读材料，10 分钟准备，然后在 3 分钟内将故事演绎出来。刚接到比赛通知时，我和英语组的老师们都十分迷惑，平时教学中的评价不就是在课堂上针对学生回答问题的情况进行表扬或指正其错误吗？不就是将学生分组竞赛吗？不就是在学生测试后进行表彰鼓励吗？这评价活动该如何撰写？最重要的是设计的这项评价活动的结果还需供学业报告使用！一时间，我毫无思绪。于是，我认真学习了省英语教研员张荣干老师有关评价内容的理论分析，还仔细地将英语课程标准的每一页内容进行深入研读，又上网搜索了大量相关论文。同时我将自己所理解的理论与廖主任及学校课题组全体老师一起交流探讨，初定设计模式。设计了第一份评价方案后，我又积极地请教市教研员柯老师、市英语中心组的成员老师，针对大家提出的修改意见，继续完善评价方案。经过六七次修改，评价方案基本定型。遗憾的是至今都不知那份评价活动设计是否科学合理，因为结果未曾公布。不过在此过程中，因为有所学习，有所思考，我对教学评价的内容、方式、方法有了进一步的认识。

在准备应竞第二项英语讲故事的过程中，老师们为我准备了不同难度的故事共二十个，不厌其烦地听我讲故事，指出我应注意的细节，柯老师还召集了市小学英语中心组的老师指导我演绎故事。半个月来，高强度的训练使我的英语阅读理解能力与英语组织能力、表达能力也得到了提高。

参加省赛不仅提高了我自身的专业素质，而且开阔了我的视野，使我有机会取长补短。

比赛是一个很好的学习和交流平台。比赛那天，我很高兴地见识了全省各市特别是珠三角发达地区选手高水平的展示，他们精彩的故事演绎使我大开眼界，让我意识到自己的不足，学到改进的方法，如讲故事前用歌曲吟唱导入。更重要的是，我深刻体会到大家好学上进、积极拼搏的精神。参赛选手中有几位四十多岁的老师，他们的参与鼓励了我：这么大年纪的老师都这么上进，我还有什么理由不努力呢？

省决赛第一轮成绩揭晓时，我忧喜参半。遗憾自己没能进入第二轮决赛，为学校、为潮州市争取更好的荣誉；高兴的是经过这次比赛，自己成长了很多。

正如傅校长所说，参加省级比赛是宝贵的经历。在竞争激烈的比赛中，我没能够脱颖而出，只取得省三等奖的成绩，但是因为这次比赛，我多了一次站在更高平台上锻炼自己、超越自我的机会。在这次艰辛的备赛、比赛的过程中，我的理论素养更丰富了，我的思维更活跃了，我的视野更开阔了，我的教研能力更强了。

三、在省名教师工作室中成就更美好的自己

尽管多年的努力结出了累累硕果，但我仍然不骄不躁。2018 年，我再次得到傅校长的关爱与培养，幸运地加入广东省柯秀红名教师工作室。这是一个活力无限的科研型团队，在经验丰富、干劲十足的主持人柯老师的示范引领和无私帮助下，我又在忙碌却充实的工作中成就更美好的自己。

我定下自己的成长目标——成为科研型教师。为实现目标，我不放过每一次工作室学习、锻炼的机会，积极参加各种培训活动和每一场听课评课活动，认真聆听讲座、做笔记、撰写心得；在空闲时间阅读《我的教学主张》等教育著作，汲取更先进的教育教学理念；还乐于撰写读书笔记，结合自己的教学实践撰写教学反思和论文。

一枝独秀不是春，百花齐放春满园。作为广东省名教师工作室成员，我在自己成长的同时，也积极承担着传播先进教学理念、推广优秀教学模式的工作。在加入工作室的这两年里，我主动承担了 2018 年的潮州市小学英语会话课研讨暨广东省柯秀红名教师工作室与国培专家田湘军老师同课共研活动研讨课和 2019 年粤东基础教育英语学科群“名教师工作坊”展示课，向粤东潮州、汕头、揭阳三市的小学英语教师做“四境促说”会话课教学模式的推广。此外，我还在饶平全县英语教师培训活动上做《小学英语“四境促说”会话课教学模式的应用》的讲座，到潮阳百斯达国际学校送课，在义务教育阶段英语教师专业成长路径与经验交流研讨会上做《让英语教学充满生活气息》的教学主张演讲，参与课题研究，参加省初中英语微课资源的编写与录制……两年来，我又多次在市、区录像课比赛，教学设计比赛，论文比赛中获奖。

回顾自己成长的历程，收获的喜悦中夹杂着辛勤的汗水和辛酸的泪水，很多同事都说我“能者多劳”，我却想说“多劳者能、多劳者得贵人助”。一直以来，我就是凭借一股马不停蹄的冲劲学习着、工作着。我坚信，自己的孜孜不倦终将成就更美好的自己！

博学之　审问之　慎思之　明辨之　笃行之

——我的成长历程

【作者简介】

孙玉瑶，小学美术一级教师，广东省青年美术家协会会员，潮州市美术家协会会员，全国少儿美术杯艺术展评特等园丁，多次荣获湘桥区科技创新科幻画“优秀辅导教师”称号。荣获广东省中小学美术教师基本功“五项全能”二等奖、潮州市中小学美术教师基本功“五项全能”一等奖、广东省教师规范汉字书写大赛一等奖。美术作品入选国家级展览，获中国书画大赛“天马金奖”、全国书画大赛“龙腾杯”铜奖。辅导学生参加广东省科技创新科幻画比赛多次获取省、市、区一等奖，辅导学生参加“星河杯”潮汕青少年现场书画比赛获得绘画一等奖。

时光荏苒，日月如梭。我从师范学院毕业后当上一名光荣的人民教师，现已在教育领域耕耘了二十一载。这期间有徘徊与压力、兴奋与紧张、成长与磨炼、泪水与感动、沉淀与收获。“学者必求师，从师不可不谨也。”“认真治学”是我一直秉承的理念。我通过美育广泛而深入地影响着学生的情感、想象、思想、意志和性格，提升学生的文化精神生活，激起学生的情绪体验，培养学生高尚情操。

一、我的择业经历——立志成为一名美术教师

因为父亲的原因，我从小就喜爱绘画，七岁时便能将徐悲鸿的《马》临摹得十分逼真，十岁时便立志成为一名画家。可是命运像一股强大的洪流，把我推向不同的方向。初二时我生了一场病，最后只能耽搁了学业在家休养。休养期间我从未放弃学习，不但自学了所有课程，还跟随老师学习了国画，这段时光对我的人生产生了很大的影响。我不但没有错过学习的时光，反而对学习产生了极大的兴趣。在家的时间可以自由支配，我阅读了许多课外书籍，对一切都充满了好奇，充满了求知，回校之后在老师与同学们的关怀帮助下，我的成绩名列前茅。可是，由于年龄比别的同学大，我最后决定报考师范院校，这让我与教师这份职

业结下了不解之缘。三年时光转瞬即逝，毕业时我面临第一次教师上岗考试，而学校鼓励我继续深造，我以专业分第一的成绩考上韶关教育学院，同时以总分第一的成绩考上教师岗位（当时全市只招一位美术教师）。经过慎重的考虑，我选择了教师这个职业，虽然我没有实现当画家的理想，但是同样可以通过美育用优美感人的艺术形象去感染许许多多的人。

二、我的学习经历——不断提升拓展自己的专业能力

《礼记·中庸》十九章有云：“博学之，审问之，慎思之，明辨之，笃行之。”这说的是为学的几个层次，或者说是几个递进的阶段。“博学之”意谓为学首先要广泛地猎取，培养充沛而旺盛的好奇心。好奇心丧失了，为学的欲望随之消亡，博学遂为不可能之事。因此博学乃能成为为学的第一阶段。“要给学生一滴水，教师要有一条长流活水”，自己必须有比学生更丰富的知识。在互联网时代，也是知识和信息爆炸的时代，科技、文化、社会发展日新月异，知识和信息都在扩增。学生通过互联网可以获取大量的知识和信息，很多是教师不知晓和没有掌握的。作为一位教师，一定要与时俱进，不断获取新知识、掌握新方法，才能成为源源不断的“活水”。这就需要我们不断去畅游知识的海洋，汲取大千世界之精华，丰富自己的知识储备，提高自己的水平能力，才会让山常青、水常绿，才会有细水长流，因此我利用业余时间不断学习。在职期间，我继续报考韩山师范学校（今韩山师范学院）美术教育专业，自学了汉语言文学教育专业，参加全省各项教师专业培训，参加美院绘画研修班，参加美术教师基本功比赛，参加中国美术家协会组织的各项比赛，不断地提升自己的专业水平。

“读万卷书，行万里路。”“没有生活做中心的教育是死教育，没有生活做中心的书本是死书本。”我深知研学游历的重要意义，利用寒暑假时间到国内外多个地区进行研学游历，例如游历柬埔寨的吴哥窟给学生分享吴哥之美，让学生了解和尊重其他民族的歌声、舞蹈、绘画、雕刻……了解那种来自东方静谧的微笑，了解那种用空间来塑造建筑的力量，像宋画中的“留白”，像书法中的“计白当黑”；游历苏州、杭州、扬州、无锡、上海，了解我国独有之建筑艺术——园林，给学生分享中国园林的花木池鱼、亭台楼阁、回廊的曲折尽致和门窗的屋宇点睛、长墙的起伏柔美、铺地的精彩绝伦、叠石的鬼斧神工……这些凝结着先人智慧的杰作，这些人与自然和谐相处的艺术，不应被我们遗忘，而应该细细研究品味！树立学、思、游相互促进的观念，走出从学校到学校、从课堂到课堂的封闭圈，我不断地拓展教育的边界，引领学生走向更为广阔的天地，让学生真正形成适应未来社会发展的必备品格和关键能力。

我注重学习新的思想与观念，经常参加各类前沿美术展览，观摩优质的公开课，问津本学科前沿和教学的发展方向，学习新的、有生命力的教学方式和方法。要让“一桶水”变为“长流的活水”，变为“一条奔涌不息的河流”，这河流里流淌的应该是有各种营养的“营养水”，而不是一桶死水或“蒸馏水”。我

深知自己距离“博学”甚远，只求朝着这个方向不断前进，在自己的一亩田地里，不断耕耘，做一名合格的美术教师。

三、我的教学经历——不断提高教育教学能力

“审问”是为学第二阶段，有所不明就要追问到底，要对所学加以怀疑。问过以后还要通过自己的思想活动来仔细考察、分析，否则所学不能为自己所用。“慎思”是为学第三阶段。“明辨”是为学第四阶段。学是越辨越明的，不辨，则所谓“博学”就会鱼龙混杂，真伪难辨，良莠不分。“笃行”是为学的最后阶段，就是既然学有所得，就要努力践履所学，使所学最终有所落实，做到“知行合一”。

我的教学也经历了“审问之，慎思之，明辨之，笃行之”这几个阶段。第一次站上教师讲台，第一次组织学校的比赛活动，第一次当班主任……我都会遇到许许多多问题。遇到问题时，我都会虚心请教经验丰富的老师，再根据自己的实际情况仔细分析，最后才做出决定。记得第一次参加公开课比赛，那是我第一次体会到磨课的痛苦。为了这一节课，我在网上看了不下 10 个教学视频，浏览了几十篇教学设计，常常备课到深夜。我在年级的六个班全部进行试讲。为了达到更好的教学效果，我还需要将课件和教具制作得十分精美。当我最终战战兢兢地上完这堂课以后，我没有放松，因为我知道，这只是开始！磨课的过程无疑是痛苦的，一次次的颠覆，一次次的重整，但对于一个初出茅庐的青年教师来说却是受益匪浅。这一次次的反思修改，一次次的试讲，一次次的理念冲击，就像蚕的一次次蜕变。

而后，每学期一次的青年教师展示课，对我来说都是一个思索和收获的过程。记忆最深刻的一次，是五年级上学期的一节展示课《呼唤环保小海报》。第一次试讲时，我的引入是让孩子们去观察身边的不环保现象，目的是让孩子们意识到环保的重要性。但是出乎意料的是，孩子们因为家庭作业多都没有时间去观察，给了我一个措手不及，课堂的展现也没有达到预期的效果。课后，我认真总结了问题所在：第一，学生课前预习非常重要；第二，我在备课时，忽略了学生课前预习具体安排，这属于典型的只备教材，不备学生。这次碰壁让我茅塞顿开，开始思考每一步的设计目的，要怎样才能更好地达到教学目标。最终这节课达到了我预想的效果。那种收获的喜悦，就像黎明努力登上高山看见日出时内心澎湃不已。反复的备课、上课、反思、总结，虽然烦琐，但我依旧一步一个脚印，走好每一步。

从教二十多年以来，我一直担任学校绘画特长班教学，学生取得的每一个成绩都让我倍感欣慰。我带着学生在专业的画室里一起学习，一起探讨。

在这里，我让孩子们丰富而自由地想象，艺术才情得到充分的展示。学生对我说的那句“老师，我将来会成为像您一样的懂得美、有理想有志向的人”，这让我最自豪、最欣慰。

在二十一年的教学生涯中，我也经常负责实习老师的带队工作。我通过开课、听课、评课来培养新教师，使实习老师们在社会实践中接触与本专业相关的实际工作，增强感性认识，培养和锻炼他们综合运用所学的基础理论、基本技能和专业知识，去独立分析和解决实际问题的能力，把理论和实践结合起来，提高实际教学能力。这同时可以检验实习老师们的教学效果，为进一步提高教育教学质量、培养新教师人才贡献自己的绵薄之力。

自 2017 年担任学校美术教研组长以来，我积极组织老师们学习和培训，做好美术教研组长的工作。我首先引领组内老师加强理论学习，把握教改动向，积极开展教学研究。然后，我认真抓好教学常规工作，开好每一次教研组会议，进行教学常规的规范和检查，发现不足之处立即纠正。接下来，我强化集体备课、听课，认真开展各项公开课。在开课前要求教师进行说课，其他教师提出建议。听课后组织集体评课，共同评议、反思、总结。指导了林雪青老师荣获 2019 年潮州市中小学美术教师基本功大赛综合一等奖和手工单项第一名。

我组织开展陶艺、手工、绘画等各类美术兴趣活动，组织学生参加各项竞赛活动，辅导学生在“创·想”“小纸盘，大创意”“感党恩、颂祖国”“我的小发明”“听党话，跟党走”“庆六一，迎校庆”“我的图书馆心意卡”“手绘地图”“广东省科学幻想绘画比赛”“潮州市青少年航空”“反邪教，促和谐，迎大庆”等多项美术比赛中都取得了优异的成绩。

为了美化校园环境，提高校园艺术氛围，我跟老师们一起布置学校的画展。如以“创·想”为主题的师生书画作品展、“感党恩、颂祖国”绘画展、手工比赛及展览，“小纸盘，大创意”美术比赛及展览、“我的小发明”比赛及展览、“庆六一，迎校庆”学生现场书画比赛及展览等活动，从撰写方案、组织老师们评选作品到填写资料、作品标签、收藏卡，组装移动画板，我都参与其中。活动进行得有条不紊，提高了我校师生的艺术修养和审美情趣，营造了校园艺术氛围。

在编写校本美术教材时，我发挥了“领头羊”的作用。提出总目标、制订方案、拟定编写内容、分配编写内容、拟定排版形式、设计封面、出版打印成教材等等，面对这些繁重的工作，我引领大家出谋划策，齐心协力，共渡难关，共同编写出校本美术教材。

四、我的职业展望——不忘初心、静待花开

“善之本在教，教之本在师。”这是对我们教育工作者最大的鞭策与鼓励。想让学生成为有理想的人，教师先要是一个为理想而不断努力的人。我相信榜样的力量远远大于说教。然而事情往往“初心易得，始终难守”。例如参加国展比赛的经历，让我印象深刻。首先，工作之余时间无几，想要学习难，想要学习与创作更是难上加难。参加国展比赛需要画大型的绘画作品，需要大量的时间与精力。创作期间，我通常利用下午五点半到晚上十一点的时间到郊区老师的工作室

进行绘画创作。由于时间限制、创作消耗精力、比赛压力，我整个人瘦了一圈。其次，周围同事的不解。记得有位同事问我："你参加这些教育系统以外的比赛有什么意义?"（"理想"这个词，似乎已经成为这个社会"空中楼阁"似的词语）我不敢言语，只是微微一笑。正是因为心中的理想与家庭的支持，我克服了种种困难，坚持了下来，并取得了很好的成绩。这次的经历让我开阔了眼界、增长了技艺、结识了挚友，更重要的是带动了学生。这段时间是我最快乐而充实的时光，让我有了阶梯式的成长。

"理无专在，而学无止境也。"这次的经历让我知道，机会总是青睐有准备的人。我要继续不懈拼搏，做一个永远"有准备的人"。寻找榜样——自我设计，对照规范——自我完善，我会从教材钻研能力、课堂教学能力、教学基本能力等方面找出自己的亮点和不足，学习和吸纳新的教育理念，在实践中学习提升，全面提高自己的教育教学能力。让我们用那赤诚的爱，唤醒迷惘，哺育自信，点燃青春，催发征帆。

选择与坚持：班主任成长路上的奔跑

——我的成长历程

【作者简介】

陈培君，小学语文一级教师，城南小学一年级“语文主题学习”名师工作坊坊主。曾获“潮州市优秀少先队辅导员”“湘桥区优秀青年志愿者”称号。撰写的论文多次在国家、省、市获奖。

对于学生来说，教师高尚的人格和真挚的情感是任何力量都不能替代的最灿烂的阳光。用真情唤起真情，用人格影响人格，用爱心培育爱心，用心灵照亮心灵。

——题记

梦想·选择

除了父母，老师应该是我们成长道路上给予影响最深的人了。在我的人生中，遇到了许多良师，对我来说记忆深刻乃至影响我一生的恩师有两位：第一位是我的启蒙老师——陈赛娥老师，她是我的班主任兼语文老师；第二位是我初中的班主任兼语文老师——陈银霞老师。

还记得陈赛娥老师教我的时候已是临近退休的年纪了，但她一点也不呆板无趣，她亲切有耐心，她那爬满皱纹的脸上总是带着微笑，她的讲解总是那么生动有趣，她的课堂总是充满欢声笑语。从枯燥的拼音到艰涩难懂的古诗，她带着我们在知识的海洋里遨游，带着我们感受真、善、美。

陈银霞老师是我见过的最“不务正业”的语文老师了，她的语文课不走寻常路。她带我们去爬山，让我们感受什么是“一览众山小”；她教我们唱歌，我会唱的第一首粤语歌曲《红日》就是她教的；她还教我们交谊舞，什么华尔兹、恰恰舞、自由舞……在她的课堂上，我们没有老师学生之分，甚至还可以嗑瓜子。这样的语文课看似“乱”，其实正是陈老师高明之处，所谓“亲其师，信其道”，一次又一次的“非主流”活动，把全班同学的心都拧在了一起，我们班是全级最团结的班，也是全级语文成绩最好的班。

我逐年长大，一路上遇到很多对我有帮助、有影响的人。他们存在于我人生的某一个阶段，对我后来人生观、价值观以及世界观的塑造和形成，产生了极其重要的影响。而陈赛娥和陈银霞两位老师用她们高尚的品格和高超的班级管理技巧在我心中种下了美丽的教师梦，当我选择做一名小学教师，真正面对孩子们那一张张可爱的笑脸时，我也开始体验到跟她们一样的欢喜和劳累。

标杆·初心

走出校门，走上三尺讲台，我是幸运的。我有幸与丁惠珠老师、陈自勉老师同级，耳濡目染着她们的行事风格。两位老师对工作一丝不苟的敬业精神、对学生的严而有爱深深地影响着我。她们每天早早到校进班，学生走了才离校回家，勤于跟班，勤与学生交流沟通，善于做学生思想工作，一心扑在工作上。每一堂课，每一次活动，每一次谈话，无不倾注着她们的心血。她们对学生严而有爱，使学生既有敬畏之心，又有亲近的意愿。

记得一次，丁惠珠老师生病了，几天无法来校上课。那天我正在代课，当丁老师的身影出现在窗外时，孩子们的眼睛亮了，班里沸腾了。看着孩子们激动的神情，我深深地被感动了。这就是优秀班主任在孩子心目中的地位，这就是优秀老师独特的魅力！

是呀，教师是多么神圣、高尚的职业，有幸能够成为其中的一员，我是幸运的。我要做像丁老师、陈老师那样受学生敬、受学生爱的好老师！这一想法深深地根植在我的脑海里。

实践·探索

一个学期后，我终于可以自己带班了，虽然是中途接手的班，虽然有过担心，害怕自己胜任不了，但我还是欣然接受了这一富有挑战性的工作。我立即进入状态，做好交接，了解班情，仔细观察，找学生谈话。三天后，我就认识了全班70多位学生并记住了他们的姓名；一周后，我就在班里确立了自己的“统治”地位。我每天积极跟班，学生到之前我先到，学生走之后我再走。

在班级管理中，我的秘诀就一个字——“爱”。学习好的，爱；学习一般的，爱；学习差的，也爱；活泼的，爱；文静踏实的，爱；内向拘谨的，也爱；“金凤凰”，爱；“丑小鸭”，更爱。

当时，班里的学生小陈因身体原因，落下课程较多，导致学习成绩不理想，在班里被同学排挤。我经常与他家长联系，及时反馈该生在校表现，家校协作共同督促教育；利用课余时间多次和他谈心，紧抓其渴望得到肯定与尊重的心理，在学习和生活方面给予他帮助；采用榜样教育法，用自己的言行举止影响班里的孩子们。我发现小陈劳动很积极，便经常将各种劳动任务交给他，对他取得的点滴进步及时表扬，增强他的自信，同时努力消除其他同学对他的排斥思想，让他感受到来自集体的温暖。经过一学期的耐心教育与帮助，小陈的成绩有所提高，变得更加开朗自信了，同学们也不再那么排斥他了。

在我看来，爱学生是我们的天职，但是光有爱心是不够的，更重要的是“会爱”。像因材施教一样，爱也应该“因生给爱”，如体弱生爱在关心，调皮生爱在信任，学困生爱在鼓励，优等生爱在指引等。我极力让孩子们感受到我对他们的爱，只有无私的师爱才能化为孩子们成长的动力。

记得有一天，上课铃刚响，我走到教室门口，便听到教室里有吵架声，还有同学们的劝阻声。我立刻意识到不对劲，于是赶紧走进教室。看到我的出现，班里马上安静了下来，正在吵嘴的小乐和小楠也立刻停下了，但双方都怒气冲冲，互不相让。为了不影响其他同学学习，我决定冷处理，先上课，下课后再带小乐和小楠到办公室了解事情的来龙去脉。

通过双方辩解以及询问周围同学，我了解了整件事情的经过：小乐是当天的值日班长，上课铃声响，他发现小楠没有按要求进行课前静趴，于是警告了小楠，但小楠不服气，出言挑衅，所以小乐控制不住自己，推了小楠一下，以致矛盾激化，从而发生争执。

面对他们的争辩，我没有直接做他们的裁判，而是说：“我知道你们俩都很委屈，老师能理解，现在我只想让你们想想整个事件中哪些地方自己做得不够好，想好了再和我说说。”听我这么一说，他们都不吭声，低头不语。过了一会儿，小楠主动上前对我说：“陈老师，我不该违反纪律，还不服从班长的管教。”小乐一听，也连忙说：“陈老师，我不该动手推人。”我一看目的已达到，就用商量的语气问：“你们说今天的事情怎么处理?”最后，小乐和小楠相互道歉，握手言和。就这样，一场不大不小的风波平息了。孩子们之间的问题顺利解决了，但我的工作还没有结束。

小乐性格开朗，成绩优秀，是老师们的小助手。可最近我发现他在管理同学的过程中方法欠妥，几次对不服从管理的同学伸出了拳头，好心办了坏事。前两次，我只是和小乐聊了聊，指出他存在的问题，建议他使用更好的方法；这一次，我明确要求小乐自己把事情的经过告诉家长，并让他请家长跟我联系。其实，这几次我都有私底下提前联系小乐的妈妈，乐妈学历高，对孩子的期望和要求也很高。在交谈中，我肯定了小乐的集体主义感，也感谢他对班级管理的贡献与努力，并和乐妈达成了教育的共识，我建议她不要一味说教，可以创设相关情境，和小乐进行情景模拟。情景模拟后，小乐还和妈妈签订了《管理公约》，从此再也没有看到小乐对其他同学举起拳头了。

爱生之师，生亦爱之，爱便会化作前进的动力。接班一学期后，很多家长对我说：“孩子回家常说陈老师上课真有趣，陈老师办法可真多，陈老师真爱我们……”说话间家长也透着认可和感激之情。在这一瞬间，我觉得再累也值得，看着自己的学生慢慢改变，慢慢进步，这就是做班主任的“小确幸”。

学习·成长

从昌黎路小学、城南中英文学校，再到城南小学，我遇到许多高水平的领导和真诚相待的良师益友。回顾十五年的教学路程，我快速成长的阶段就是在城南小学任教的这六年里。在这六年里，我得到了区、市、省各级宝贵的外出培训和学习的机会。

2019 年 7 月 13 日至 16 日，我有幸参加第八届广东省中小学班主任工作论坛，期间听了钟杰、韩宜奋、黄燕妮等名班主任们的精彩报告。专家们从不同的角度指导和分享好班主任工作的理念和方法，沉稳、朴实、风趣、幽默的话语中闪烁着智慧的光芒，我聆听着、感悟着、成长着。

一次学习即一次成长，在学习中思考，在实践中总结，在探索中成长。班主任工作的特殊性和重要性决定了班主任角色的多元化，我如同孙悟空般苦练“七十二变”，在班级管理中一人分饰“六角”：

（1）当学生的知心朋友。每接一个新班，没跟学生见面前，我就已经提前背好学生的姓名，再对号入座，争取开学三天内认识并记住所有学生的姓名，力求做到无缝衔接，顺利过渡。每个学生的名字就是一段情，一个故事，它承载着家长对孩子的期望，记住学生的姓名是老师走进学生心灵的第一步，是沟通师生情感的纽带。

（2）当学生的学习导师。除了关注学生的成绩外，我更加关心的是他们的学习习惯。我会通过设计少、精、巧的课外作业，引导孩子们养成预习、复习、阅读、积累及合理安排时间的习惯，更高效、更快乐地学习。

（3）当学生的心理医生。在跟学生谈心时，我会暂时摆脱“教育者”角色，关心地倾听、平等地交谈，积极调动他们自身内在的力量自我疏导、自教、自律、自强。

（4）当学生的愿望瓶。没有不想得到好成绩的学生，没有不想得到表扬的孩子，赏识永远比批评有效。我把我的爱藏在数不清的点子里，藏在各式各样的想法里，总想着给学生更多的惊喜和鼓励，如愿望瓶里装的是进步和优秀的孩子的姓名，每周抽奖一次；新年红包里装的是各种“祝福”，也许是了解一个国家，或者是自由选择同桌（为期一周），也可能是积累一首古诗……

（5）当班级的管理员。“教是为了不教”，我在班里开展“承包责任制”，如“早读小老师”“礼仪小秘书”“卫生小能手”“纪律监督员”“牛奶快递员”“图书管理员”等，做到了“人人有事做，事事有人做”。从“扶”到“半扶半放”，再到“扶少放多”，直到最后“全放”，我在“扶”的过程中逐步锻炼学生的能力，达到放手的目的。

（6）当学校、家长沟通的桥梁。我会通过多种渠道、各种方法密切学校与家长的联系，及时了解掌握学生的思想行为动向，及时反馈，形成教育合力，促进学生健康成长。如变“说”为“看”，我会经常抓拍孩子们在校学习、生活的精彩瞬间，发到班级微信群里，让家长了解孩子的学校生活，共同关注孩子的成长瞬间。再如变“训”为“导”，孩子在成长的过程中会出现这样那样的问题，在家长面前，要多一点对孩子肯定的评价，而不是一味否定和指责，应一起想办法解决问题。

学习—收获—思考—成长，这让我更科学合理地做一名新时代的班主任，用有效的方法管理班级，成为一个研究型、智慧型、幸福指数高的班主任。

收获·幸福

我们经常听到一个词：幸福。关于什么是幸福，从古到今，人们一直争论不休。我想：作为人类灵魂的工程师，最大的幸福莫过于学生的喜欢和家长的信任。

冬去春来，我在城南小学带了三届一年级。一年级老师的艰辛是众所周知的，从把孩子们领入校园的那一刻起，我便全情投入工作，教他们学做人，学知识，学本领，不厌其烦地一遍又一遍做示范，无微不至地照顾每一个孩子。

在学校里，我是孩子们的老师，更是孩子们的妈妈。孩子们掉牙或者有什么心事会最先跑到我面前，把他/她成长的秘密与我分享。这时候，我很幸福！

清晨，当我迈着轻盈的步伐走进教室，孩子们那琅琅的读书声在我耳里是最美妙的晨曲。窗外微风在树梢吟唱，白云在天上漫步，我沐浴在孩子们的书声中。这时候，我很幸福！

当孩子们专注地听课时，我望着台下一双双充满期待和信任的眼睛，看着孩子们那一张张天真可爱的笑脸，什么辛苦，什么劳累，都飞到九霄之外了。这时候，我很幸福！

批改作业时也常有惊喜，在孩子们的本子里会夹着美丽漂亮的画，上面写着歪歪扭扭的字：“亲爱的陈老师，我们 ài 你！”这时候，我很幸福！

“陈老师您的每一点滴用心，犹如疼爱着自己的孩子一般深爱着学生们，默默地辛勤播种耕耘！辛苦您了，感恩遇见！”“老师，您不是歌唱家，但您让知识的旋律在孩子们的耳边回响；您不是雕塑家，但您能纠正孩子们的不良习惯，将他们的灵魂塑造。”“不是所有的牛奶都是特仑苏，不是所有的老师都是陈老师。”……一条条深情的短信，一句句炽热的话语，记录的是家长对我的信任和感谢。这时候，我很幸福！

我担任班主任工作十余年来，所带班级多次被学校评为“五星级文明班”，其中 401 班荣获湘桥区“文明小天使先进集体”称号，302 班荣获 2017—2018 年度“潮州市少先队先进中队”称号。我也荣获了 2018—2019 年度“潮州市优秀少先队辅导员”称号，2019 年 10 月作为潮州市辅导员代表参加中国少年先锋队广东省第七次代表大会。这时候，我很幸福！

成长的道路上有太多的故事，有太多的酸甜苦辣，绝非只言片言可以说清。这是一种修行，我的班主任成长始终在路上。但我很幸福，在教书育人的道路上我付出的是辛勤的汗水，收获的是一份份沉甸甸的情感。我也很幸运来到百年名校城南小学，感谢领导们的培养，感谢同事们的帮助，我将把一生矢志教育的心愿化为热爱学生的一团火，将自己最珍贵的爱奉献给孩子们，回报学校、回报社会！

第七章
社会影响

“一分耕耘，一分收获”，我们的努力和付出收获了累累硕果，得到了学生、家长、社会的大力肯定。近年来，我校师生共获得国家级奖项 32 个，省级奖项 232 个，市级奖项 505 个。

我校多个成果在《潮州日报》报道。尤其是2020 年春季，我校的“网络云课堂”研学活动被湘桥区教育局作为模板在全区推广。潮州市电视台、潮州市广播电台对我校的研学活动进行专访、宣传，引起了社会的强烈反响。

《潮州日报》特刊报道

不忘初心办教育　百年名校展风采

城南小学成立校本教育科研中心

百年名校城南小学校门

“万古不磨意，中流自在心。”城南小学校友、国学大师饶宗颐教授常说，治学要求正、求是、求真，方能立足于世。改革开放40年来，特别是近年来，城南小学在湘桥区委区政府与区教育局的关心与支持下，新一届领导班子以党的十九大精神和习近平总书记系列重要讲话精神为引领，传承百年名校优良传统，以“坚定文化自信，坚持立德树人”为办学宗旨，以“加强学校的内涵建设，夯实基础稳步发展出成绩”为主题，扎实工作，奋发进取，学校办学质量和管理水平得到进一步提升。

城南小学源追于南宋淳祐三年（1243）建立的书院，后屡易其名，至清光绪二十七年（1901）奉文改为城南学堂。民国年间及中华人民共和国成立后又多次更名，直至今名。学校现有2 993名学生，175 名教职工；学校各功能室俱全，拥有图书馆、电脑室、心理怡心室、红领巾电视台、手工创意室。校园书香气息浓郁，历代名流辈出，堪称圣贤摇篮：有李春涛、蔡英智、柯国泰等英雄先驱；有中央顾问委员会原委员梅益先生，毛泽东主席第一任俄语翻译柯柏年，左联作家薛汕、碧野；有国学大师饶宗颐、广东省原省长卢瑞华、驻芬兰大使郑锦炯等社会栋梁，他们是所有城南人的骄傲。

求正民主，规范有序推动学校一切工作

一所学校理想的管理状态，应该是风清气正，教师在其中享受职业的美好，学生在其中享受学习的快乐。城南小学历史悠久，底蕴深厚，人才辈出，这些都激励着城南人始终传承红棉花坚毅刚强的精神，保持清醒、敬畏、奋发进取的力量。因此，规范办学，民主管理，弘扬正气，实干能干，才能兴校育才。

党建为先，不忘初心。去年以来，城南小学党支部带领全体党员深入学习领会习近平新时代中国特色社会主义思想和党的十九大精神、习近平总书记的重要讲话精神，围绕牢固树立“四个意识”，切实增强“四个自信”，开展了一系列活动：组织重温入党誓词，学习总书记寄语广东‘四个走在全国前列”专题讨论，潮州党史报告会，“不忘初心、牢记使命”主题党日活动，党员民主生活会等活动。党员教师认真对照自己的工作、学习、生活情况，做好自查、反思、总结。

学校坚持党领导一切的工作，重大决策、资金使用、人事聘任、评优晋先等决议都必须报送学校党支部审议。广大党员干部都能自觉围绕学校中心工作，反思自己在顾全大局、自觉学习、精通业务、严格纪律、不断提高能力和素质、不断提高工作效率、育人成果方面的问题，努力让自身发展与学校事业共同迈上新台阶！

组织党员教师重温入党誓词

定规立矩，精细管理。管理制度规定着教育的基本秩序，规范着学校教育教学行为，影响着教育教学的深度和广度。近两年来，学校共出台了 33 份校内文件，内容涵盖教学、德育、安全、财务、人事、后勤等方方面面，确保学校各项工作有章可循、公开公正。例如：学校根据校内工作的具体情况，建立了《城南小学“一岗双职”安全责任书》《城南小学值日教师职责》《城南小学正副班主任履职清单》《学校财务管理制度》等制度，进一步明确了“谁主管、谁负责”的原则，严格要求各线条具备规范的工作操作流程，明确岗位职责及严肃履职。教师年度考核、教师职务晋升、评优评先、教师外出学习等都制订了详细的工作

方案，经教师代表会议审议通过后才实施。学校在党务、校务、财务工作上依规而行、精细管理，其公开公正透明，深受广大教职员工的好评及拥护。

补齐短板，推进“创现”。为了实现现代化课堂教学，学校筹措资金为多个班级安装了最新的触控一体机，通过直接操作大屏幕，能迅速获取信息，取得很好的辅助教学的效果，获得师生的好评。学校试用了一套教室录播系统，教师在录播教室中上课，系统自动将整个课堂录制下来，根据教师、学生行为自动切换镜头录制完成后，课堂实录可用于对教师教学行为进行分析，也可作为课堂资料存档。学校花大力气建设了校园监控系统，覆盖整个校园，实现公共区域无死角。监控系统对校园安全至关重要，对于安保安防，对于约束师生行为，对于事件的事后追溯，都起到非常重要的作用。

求真务实，“四有”好老师引领教师专业成长

习近平总书记在北京师范大学发表的争做“有理想信念”“有道德情操”“有扎实学识”“有仁爱之心”的“四有”好老师的重要讲话深深鼓舞着老师们。学校求真务实，引导教师外学内练，采取纵向横向的师资培育方式，从量从质使教师队伍素质不断提高。

他山之石，不断研修获真知。优秀的师资队伍在学校的发展中起着决定性作用，是实现教育理想、教育目标的重要保证。基于此，2017 年学校承担省级、市级立项课题“教育现代化背景下‘中国好老师’的培育研究——以城南小学为实践基地”。两年多来，课题组成员坚持开展研修活动近百场。老师们以视频、音频、美篇、PPT 等形式进行交流，内容涵盖学校管理、教育教学、人生哲理、学习心得等。课题研修活动发挥着辐射作用，引领更多的老师主动参与到教育教学研究中来。

为落实“中国好老师”公益行动计划中“互通互助”行动计划，今年 6 月，学校首次组织近百名教师分三批到北京师范大学厦门海沧附属学校开展跟岗学习活动。学习内容异彩纷呈，有语文、数学、英语、戏曲公开课，美术微讲座，大课间活动，社团活动……海沧附校合作办学、经费包干、用人自主、分配统筹的先进办学模式，多元化的教学模式和科学化的内部管理方法给学校领导和教师带来震撼与启发。

“走出去，带回来”，学校近年来共组织骨干教师外出参加培训近两百场次。一个人参加培训，一个团队受益：每一位外出参加培训的老师都肩负重任，回校后要举行校内专场讲座，介绍自己参加培训的过程及收获，传递最新的教育教学理念，分享学习成果。

“名师工作坊”，体现名校担当。2017 年粤东基础教育语文学科群和 2018 年数学学科群“名师工作坊”在城南小学举办专场活动。潮汕三市（县区）教研室、学科中心组成员及各校骨干教师、城南小学学科教师等近 200 人共同开展教学研讨。深圳市教科院教研中心副主任、教育部国培计划特聘专家赵志祥，北京

市数学骨干教师王化伦等受邀前来，通过同课异构、讲座交流等形式开展教研活动。活动中，城南小学教师以积极进取的心态和专家开展同课异构活动，开课教师的精彩表现获得粤东片区教学行家们的好评。“名师工作坊”活动带动了区域间学科教学的互动协作和教师的专业发展，也促进了学校教育教学理论与学科教学的深度融合，为学校的发展带来了深刻的启迪。

抛砖引玉，“城南红棉讲堂”得真传。好老师的成长，需要树立终身学习的理念，站在知识发展的前沿。学校成立城南小学校本教育科研中心，邀请高校专家及潮州教育名家进校园，举办“城南红棉讲堂”专题讲座10场。市教育局督导室原主任翁锡永、韩山师范学院王贵林教授等分别为学校老师开讲。新的教学观念、新的育人趋势对学校提出了新的要求。老师们深刻地认识到葆有对教育教学工作的极大热忱和努力提升专业素养的重要性。

以课带研，反复研讨练真功。近年来，学校举行了高效教学专题研讨活动20场，有语文、数学、英语、思想品德、潮汕文化等学科，采用“（教师）上课—（教师）说课—（专家、同行）评课”的方式进行。研讨活动以点带面，点燃老师们乐于参与教学研究的热情，学校以开放、平和的心态共同探讨教学热点、难点问题，真正落实有效性教学，努力朝着构建高效课堂的方向迈进。蔡燕华老师《畲歌畲兮兮》的公开课在学校庆“六一”迎校庆系列活动中获得家长们的一致好评！广东省电视台《岭南方言童谣》纪录片曾宪益编导和总导演陈菊芬对庄溯澜老师《红屐桃》课给予了高度评价。

学校数学组曾获广东省优秀教研组，本学期在学校率先开展六年级备课组集体备课展示活动。学校举办柯秀红名师工作室教学研讨活动及潮州市小学学科教学教研调研暨部级优课录像课交流研讨活动、部编教材培训等活动。学校还举行校性推门听课活动，通过听课、议课、考察班风等内容检视教师教育教学情况，以此指导教师提升教育教学技能。

搭设舞台，助力教师提素质。学校坚持开设小主持人、陶艺等特色课程，由专业技能出色的教师担任教学工作。通过特长班教学成果展示、师生书画作品展、陶艺作品义卖、学校红领巾广播站展播、微信公众号宣传、参与赛事等活动，为每一个教师学生提供展示风采的平台，促进师生全面而有个性地发展。

求是明理，立德树人内化于心外化于行

立德树人是学校教育的根本任务，学校通过丰富多彩的校园文化建设活动，使学生们明理，知行合一。

以“创文”为契机，形成优良校风班风。针对学生的思想现状和年龄特点，学校积极开展班级文化创建活动。如“尊崇宪法、学习宪法、遵守宪法、维护宪法、运用宪法”“扫黑除恶、弘扬正气”“社会主义核心价值观”“禁毒教育”等主题班会，培养班级的凝聚力和集体荣誉感。结合十九大精神进校园，开展“爱潮州，一起来”系列主题创建教育活动、“助力六城同创，共建美丽潮州”创文

举办庆“六一”迎校庆系列活动

明城市志愿服务活动。学校还与民生志愿者协会联合开展“让爱传递”活动，发起为凤凰镇凤山小学捐书活动，组织策划庆“六一”系列活动中的游艺专场活动。丰富多彩的教育活动，不断促进学生全面发展，形成良好的校风、班风。

良好习惯养成，重在细微与实效上。学校政教处着力做好“五星级文明班”评比量化工作。五项量化检查组的各位老师职责明确，组织各班选派优秀学生加入检查队。利用班会、中队活动、黑板报、红领巾广播站、少先队宣传栏等进行活动宣传，让更多的少先队员主动地参与到争创“五星级文明班”活动中来。新学期每周坚持组织一次对班级课前静趴、课间纪律、学生仪容仪表、个人卫生等方面进行的全面检查，督促学生养成良好的文明行为和生活习惯。利用周一升旗仪式对每周各班星级评比结果进行通报，使全校师生思想上重视、行动上体现，逐步形成了自觉的行为习惯，整个育人环境不断优化。

家警校护畅队，凝心聚力筑安全线。城南小学红棉护畅队已然成为学校一张亮丽的名片。在学校家委会的精心策划下，家长、交警、学校三方组建了“红棉护畅队”。通过科学策划，多层次培训，凝聚智慧，红棉护畅队成员每天齐心合力为学校三千多名师生开辟一条通畅、舒心、安全的上学之路。护畅中的感人场景使广大家长深受感动与启发，更多的家长自愿加入护畅的大家庭中来，仅一个学期就有 4 232 人次以上家长参加红棉护畅队工作，大大改善了学校上下学时段周边路段交通环境，切实保障学生上下学交通安全，营造了良好的道路交通秩序。学校每学期召开两次家委会工作会议，对参加护畅的学生家庭进行表彰，大力弘扬社会正能量。红棉护畅队工作赢得社会的高度评价。

在全体教职员工的共同努力下，学校工作高效扎实地推进，教师的专业成长、学生的综合素质得到长足发展，学校在建设教育教学现代化校园工作中取得喜人的成绩。两年来，师生共获得国家级奖项 4 个，省级奖项 42 个，市级奖项 128 个，区级奖项 175 个。学校曾获得“全国基础教育先进单位”“全国德育实验学校”“全国巾帼文明岗”“全国红旗大队”“全国‘双合格’优秀家长学校示范单位”“全国语言文字规范化示范学校”“全国中小学思想道德建设实践创新活动先进单位”“广东省安全文明校园”“广东省依法治校示范校”“广东省德

家警校护畅队

育示范校”“广东省第七届体育节活动先进单位”“广东省普教系统先进单位”“广东省中小学卫生工作先进集体”“广东省绿色学校”“广东省书香校园”“广东省三八红旗集体”“中国好老师行动计划基地学校”等光荣称号。

“今天，我为城南自豪！明天，城南为我骄傲！”在创建教育现代化先进区的行动中，城南人将倾力书写教育“奋进之笔”，夯实基础，扎实工作，以新的作为开启新的征程！

（本文刊登于《潮州日报》2018 年 12 月 11 日第 5 版）

教书育人不忘初心　永不停步再写辉煌

——百年名校城南小学努力办好人民满意学校加快发展纪事

城南小学始创于南宋淳祐三年（1243），至清光绪二十七年（1901）奉文改为城南学堂。后又多次更名，直至今名。校园书香飘扬，历代名流辈出，堪称“圣贤摇篮”。有李春涛、蔡英智、柯国泰等英雄先驱；有中顾委原委员梅益先生，毛泽东主席第一任俄语翻译柯柏年，左联作家薛汕、碧野，国学大师饶宗颐、广东省原省长卢瑞华、驻芬兰大使郑锦炯等社会栋梁，让城南成为底蕴深厚、大师辈出的百年名校。城南人承百年名校人文，扬时代教育风帆，在教育改革弄潮中，承载起城南腾飞的梦想！创新理念，多元办学、科研强校，学校先后被评为“全国基础教育先进单位”“全国德育实验学校”“全国巾帼文明岗”“全国红旗大队”“全国‘双合格’优秀家长学校示范单位”“全国语言文字规范化示范学校”“全国中小学思想道德建设实践创新活动先进单位”“广东省安全文明校园”“广东省依法治校示范校”“广东省德育示范校”“广东省第七届体育节活动先进单位”“广东省普教系统先进单位”“广东省中小学卫生工作先进集体”“广东省绿色学校”“广东省书香校园”等光荣称号，学校办学声名远播，名扬南粤！

党建引领　不忘初心岗位建功

为深入学习领会习近平新时代中国特色社会主义思想和党的十九大精神、习近平总书记广东团重要讲话精神的深刻内涵，牢固树立“四个意识”，切实增强“四个自信”，落实 2019 年湘桥区教育系统党建工作的通知精神，城南小学党支部开展了一系列的学习教育活动，以党建促进良好师德师风的形成，以党建引领教育教学工作。

党支部认真落实“三会一课制度”，定期召开学校党员大会、支部委员会、党小组会和上党课。以党的方针政策、时事政治、《党章》和党内政治生活准则等为内容对党员进行教育，如开展“加强学习、严守‘十项准则’、做‘四有’好老师”“牢记初心使命，发挥先锋模范作用”等党课学习。

利用主题党日活动，使广大党员增强党性观念，通过开展“坚定理想信念，牢记初心使命”“缅怀革命先烈、追忆革命历史”等主题党日活动，党支部引导

主题党日活动

全体党员，把学习宣传贯彻“十九大”精神作为首要政治任务来抓，牢记政治责任和历史使命，永葆政治本色。

党支部以“学习贯彻十九大精神，做‘四有’好老师”作为切入点，开展了“党建引领、高效教学”校级公开课研讨活动以及“陶艺进校园活动”“提质措施会”“当实习生的引路人”等一系列活动，营造了浓厚的教研、学习氛围。广大党员教师发挥先锋模范作用，立足岗位，建功立业。在第三届广东省中小幼陶艺教育教学成果展示活动中，学校获得一等奖 2 个，二等奖 3 个，三等奖 1 个的好成绩，陈雪香老师被评为优秀指导老师，学校被评为最佳组织单位。参加潮州市教育系统“一师一优课、一课一名师”活动，获评省级“优课”1 个，市级“优课”6 个。多篇论文在省、市的论文评比中获奖。近一年来，党员教师获得区级以上奖项近 30 个。

为教育引导青少年大力弘扬以爱国主义为核心的伟大民族精神，形成正确的世界观、人生观、价值观，学校组织了“腾飞中国、辉煌 70 年”主题教育板报、演讲比赛、讲中国共产党故事、收看爱国主义影片、红色基因教育等一系列教育活动。还通过校内外的标语、宣传栏、海报、移动展板、升旗讲话、黑板报等宣传手段，对十九大的会议精神进行宣传学习，营造浓厚的精神文明氛围，塑造文明校园。

多方联动，开展与社区党支部的共建工作。为切实有效地践行“枫桥经验”，探索多元化矛盾化解新模式，学校党支部派出四名同志参加“湘桥义警”，实现政府治理和社区居民自治的良性互动，以实际行动支持社区的建设。

学校党支部还联合开元社区党支部组织开展系列主题党日活动，引导全体师生牢固树立绿水青山就是金山银山的意识，在社区的爱绿护绿工作中发挥了党员的示范作用。

党建工作的顺利开展，为学校工作高质量发展指明了方向，城南小学先后取得了“广东省书香校园”“潮州市禁毒预防教育示范学校”“潮州中华优秀文化艺术传承示范学校”的荣誉称号，少先队大队部被评为 2018—2019 年度“广东省少先队红旗大队”，“红棉护畅”交通劝导志愿服务队被评为“潮州市 2018 年度最佳志愿服务项目”等。

科研导行 倾心培育“四有”好老师

党的十九大明确提出：“要全面贯彻党的教育方针，落实立德树人根本任务，发展素质教育，推进教育公平，培养德智体美全面发展的社会主义建设者和接班人。”城南小学是一所百年名校，师贤徒慧。为贯彻落实十九大精神，全面提升学校办学品质，学校成立了校本教育科研中心，统领学校教育教学工作，引领教师专业成长。学校以课题研究为依托，以专家讲座为引领，以学科实验教学为推手，全面提升教师专业素养。

近年来，学校开展的潮州市教育科学“十三五”规划科研课题“教育现代化背景下‘中国好老师’的培育研究”结题并被评为潮州市教育教学成果三等奖；2019 年 4 月，傅小莺校长主持的 2017 年粤东基础教育研究课题顺利结题并被评为粤东基础教育研究优秀成果。好老师的成长离不开持续充电学习，才能尽量弥补自己知识上的盲点，适应日新月异的现代教育形势。学校在研究课题的引领下展开多层次的教师研修活动，近两年来参加外出培训的教师高达 400 多人次。例如，全员参与北师大厦门海沧附属学校跟岗活动，观摩第七、八届广东省中小学班主任专业能力大赛，参加全国和湘桥区的中小学“语文主题学习”实验研讨活动，参与潮州市 2018 年小学英语会话课课题教学研讨活动等，大规模高规格的研修培训使老师们受益匪浅，及时接触与了解目前教育前沿德育工作、学科教学最新的理念与成果。

好老师的成长，需要树立终身学习的理念，站在知识发展的前沿。每学期，学校都邀请教育名家及高校专家进校园。两年来共举办“城南讲堂”专家讲座 18 场。特邀莅临学校的专家们以先进的理念、翔实的案例为老师们解读新模态教育教学的方式方法，从各个方面对老师们展开全员培训。赵志祥、强震球、李文会……教育名家们一场场精彩的讲座引人入胜，老师们受益良多。2019 年 4 月，韩山师范学院与学校共建“专家工作室”，为学校教师的发展提供更为精准的指导和服务。

城南小学成立“专家工作室”授牌仪式

2018 年 9 月，城南小学作为湘桥区首批开展语文主题学习实验的学校，开启了探索语文阅读教学新模式之路。学校以各类型公开课展示及集体单元整合教学全面铺开课内外丛书阅读活动，以级为单位开展形式多样的语文科综合主题活动及读书笔记创作活动，调动学生学习兴趣，形成阅读积累。郑桂媛老师倾力建设好名师工作室，充分发挥工作室示范、引领、辐射作用，通过举行教学研讨课、专题讲座、送教下乡、研修培训等一系列活动助力优秀教师更快成长，成为推动“语文主题学习实验”的生力军。

立德树人 “三全”育人成效彰显

学校学生成长、督导中心落实学校夯实基础，稳步发展，以做“四有”好老师为年度发展目标，将“立德树人”切实落实在育人全过程，展示城南名师风采。城南小学已着力形成全员、全过程、全方位的“三全”育人格局，培养德、智、体、美、劳全面发展的社会主义建设者和接班人。

争做崇德向善、礼让宽容好队员

行为引领，促习惯养成。以“创卫”“创文”为契机，开展“做创卫小主人，共建美丽潮州城”主题系列活动；以“护绿保洁，创环保中队”为目标，开展“我与小苗同成长”“爱绿护绿我能行绿色小课堂”“争做爱绿护绿小卫士”活动，通过“小手拉大手”开展社区亲子环保行动；推行校园无垃圾桶环保绿色行动，老师用榜样的力量引领孩子们成长，清洁教室、养护绿化角植物，孩子们保洁习惯良好，随身携带垃圾袋，减少不必要的资源消耗，师生共同营造出整洁优美的校园环境。孩子们在活动中不断得到锻炼成长，创卫生、文明校园成为所有城南学子的共同行动。

文化浸润，展名校风采。“书香校园”工程给校园文化建设带来巨大的变化，师生与好书为友，与经典为伴，沐浴在丰富多彩的读书活动之中。各班开展“快乐阅读——书香伴我成长”主题活动；各家庭创建书香型家庭，营造亲子共读的学习氛围；邀请名家进校园，开展“爱科普，爱阅读——走进奇妙的昆虫世界”“作家进校园——亲子阅读讲座”活动，践行“阅读生活化”理念。开展朝阳读书“我和我的祖国”爱国主义教育读书活动，如“为祖国点赞”“那些感动我的画面”征文比赛、“小小追梦人”小报比赛、“践行社会主义核心价值观，从我做起”“民族团结一家亲”演讲活动；组织“听党话，跟党走——庆‘六一’迎校庆”系列活动，开展“优秀毕业生”评选、“我心目中的好老师”征文比赛、一年级入队活动专场、陶艺展览、美术展览、校友专访、文艺游园活动，让书香浸润校园，展百年名校风采。

学校被评为第十一届广东省中小学“暑假读一本好书”先进单位、2018 年度书香校园；在 2018 年度广东省“扣好人生第一粒扣子”——我为家乡代言创意视频大赛中，陈宇楷同学获得三等奖；连樱慧同学获得广东省校园红领巾广播站优秀广播员；2019 年傅小莺校长获得“书香校长”“校园阅读推广人”荣誉称号，曾睿同学获得省级阅读之星荣誉称号；“让梦飞起来——广东省中小学爱国主义教育影片放映活动”之“那些感动的画面”主题征文比赛，学校被授予优秀组织奖，傅小莺校长获得优秀组织者称号，共 20 位老师获得优秀指导教师一等奖，学生获得特等奖 1 人、一等奖 27 人、二等奖 141 人、三等奖 334 人。广东广播电视台少儿频道《南方小记者》栏目也对我校“潮文化”和校园第二课堂特长活动进行了报道。

完善评优机制，重视志愿者队伍建设。完善先进集体、个人表彰奖励制度，将“每年参加志愿活动且服务时长不少于 40 小时”作为优秀毕业生推荐条件之一，评选优秀少先队员、优秀班干部、优秀文明班，培养班级的凝聚力和集体荣誉感，形成有校本特色的激励机制。

家校携手　城南少年茁壮成长

城南小学全面落实立德树人根本任务，以培育和践行社会主义核心价值观为引领，以提高家庭教育指导服务工作水平为重点，推动构建学校、家庭和社会协同育人体系，促进青少年儿童健康成长和全面发展。

校级家委钟爷爷在护畅

建立三级家校共育组织机构，构建全员育人网络。学校建立班级、年级、校级三级家长委员会共育组织网络，统筹规划家校共育工作。家委会定期举行家委会会议，参与学校重大活动，开展民主监督；发挥家长资源优势，开展丰富多彩的活动，拓展孩子们的学习和成长空间；主动参与管理，积极为学校排忧解难。

开展家校共育工作，打造家校共育品牌。学校家委会围绕支持学校发展、倡导红棉护畅社会公益这一追求，积极发挥资源优势，畅通家校交流渠道，打造了家校共育品牌——红棉护畅队！红棉护畅队自成立以来得到了广大群众的肯定，经过家长的辛苦践行，昔日凌乱的校门口，如今变得井井有条，潮州多家媒体对红棉护畅队进行了全方位的报道。红棉护畅队以志愿服务活动联结人心、温暖湘桥，充分发挥湘桥区作为新时代文明实践中心试点单位建设的模范作用、阵地作用、聚力作用、辐射作用，被授予2018年度潮州市“最佳志愿服务项目”称号。

构建良好的家校关系，吹响家校合作“和谐号”。学校成立了湘桥区首个学校少工委，聘请优秀的家长为少工委委员、少先队校外辅导员，请家长共同参与学校管理，发挥了家长们的特长，整合了社会教育资源，吹响家校合作“和谐号”。在校内，家长是孩子成长路上的“见证者”。入队仪式、庆“六一”班级小舞台、毕业会，家长们一同参与策划，一起见证孩子们成长的重要时刻。在校外，家长是孩子奉献爱心的“引导者”。家长们带着孩子走进山里，与山里的孩子手拉手；走进低保户，捐钱捐物，奉献爱心；走进社区开展服务，让孩子体验丰富的社会生活，引领孩子践行友善互助的社会主义核心价值观。在食堂，家长是孩子营养的“调配者”，参与制定孩子一周的菜谱，走进校园陪餐，监督管理食堂。

经过多年实践，城南小学家庭教育工作取得明显成效，家校合作日趋紧密，实现了“学校工作我支持，家委会工作我参与”的可喜局面。“家校携手，共育花开”，它不仅让家校联系多了一分和谐，也打开了教育的另一扇视窗，使城南小学的教育更加现代、开放、民主。

城南小学成立少工委活动现场

（本文刊登于《潮州日报》2019年8月23日第3版）

一场别开生面的“听党话，跟党走”活动

——记城南小学少工委揭牌、新队员入队仪式暨庆“六一”迎校庆节目表演系列活动

五月的潮州鲜花盛开，五月的校园歌声飞扬。日前，一场别开生面的“听党话，跟党走”——城南小学少工委揭牌、新队员入队仪式暨庆“六一”迎校庆节目表演系列活动在该校拉开序幕。

号角声声，队旗鲜艳，在仪仗队铿锵有力的鼓点声中，湘桥区第一个学校少工委成立揭牌了。600 多名新队员系上鲜艳的红领巾，唱队歌、宣誓、授旗，齐呼“听党话，跟党走”！一批学生家长被聘为校外辅导员。城南小学少先队大队部多次被评为省市少先队红旗大队，仪仗队在广东省第三届中小学行进乐展演行进打击乐组比赛中获奖，学校辅导员老师被评为“全国优秀辅导员”，少先队员多人多次获得“广东省优秀少先队员”“最美南粤少年”称号，特别是坚持了 16 年的少年团校特色教育活动更是得到了团省委的高度肯定，少先队组织已经成为城南小学一张闪亮的名片。

城南小学十分注重传统文化的传承，特色课程结出累累硕果，拥有潮州童谣、潮语讲古等各种特长班，还是潮州市陶艺特色学校。“听党话，跟党走”文艺表演把欢乐的气氛传递给每一个人，现场欢声笑声掌声响成一片。曾唯一代表湘桥区在省中小学生艺术展演活动获奖的舞蹈队首先带来舞蹈《快乐的布谷鸟》，开启了表演节目的快乐之旅。大家追随潮文化特长班同学的脚步，一起倾听潮语讲古《仙佛造桥》的故事，一起感受潮州童谣《年年冬节边》的喜悦。

傅小莺校长正在为新队员佩戴红领巾

由跆拳道、武术特长班师生共同表演的《少年当自强》展现了城南学子朝气蓬勃的精神风貌，斩获 2018—2019 学年度潮州市中小学生、幼儿健美操啦啦操比赛特等奖的学校健美操特长班携手一年级小朋友带来活力四射的健美操《同成长，共筑梦》，合唱特长班《年少的味道》唱出对党的感恩之情，表达

了“听党话，跟党走”的坚定信念。节目异彩纷呈，在《我和我的祖国》深情大合唱中达到高潮……

潮州童谣《年年冬节边》

校园师生书画、陶艺展览及陶艺作品义卖专场活动创意无限，带来让人称奇的艺术震撼，令人脑洞大开。现场展出的绘画、小发明、手工作品吸引了大家的眼球，给人愉悦的美感享受。陶艺义卖、师生作品收藏展示区域更令不少人驻足，展示的一件件艺术创意作品令人叹为观止，大家细细地端详着这些稚拙、有趣、生动，充满艺术创作灵感的手工陶艺作品，许多人连声赞叹太有想象力，太有艺术范了。不少人拿出手机记录下这令人享受的瞬间，并发朋友圈。

陶艺作品义卖现场

据悉，庆祝活动将持续到6月，继当天的专场之后，学校还推出观赏展览录像、班级文化会演、“六一”游园、“优秀毕业生”评选、“我心目中的好老师”征文比赛、校友专访等一系列丰富多彩的活动，展现城南师生全面发展、健康活泼、不断进取、积极向上的时代风采。

（本文刊登于《潮州日报》2019年5月27日第6版）

红棉花儿开　美中放光彩

——百年名校城南小学用艺术教育这把金钥匙开启学生美育大门，收获累累果实

习近平总书记强调："要全面加强和改进学校美育，坚持以美育人、以文化人，提高学生审美和人文素养"，"培养德智体美劳全面发展的社会主义建设者和接班人"，对学校美育工作提出了最基本要求。城南小学是一所百年名校，学校认真落实《国务院办公厅关于全面加强和改进学校美育工作的意见》《中共中央国务院关于深化教育教学改革全面提高义务教育质量的意见》《教育部与广东省人民政府签署学校美育改革发展备忘录》《广东省加强学校体育美育劳动教育行动计划》等各级文件精神，用艺术教育这把金钥匙，打开每个学生全面发展的大门，实现"每门课程都育人，每位老师都重要，每个学生都发展，名校永绽光彩"的办学愿景，一朵朵红棉花儿，在艺术的天地里绽放美丽的光彩。

全员参与，艺术教育彰显魅力

学校 2018 年举行"坚定文化自信，坚持立德树人"主题活动，2019 年举行"听党话，跟党走"大型文艺汇演活动，向家长们、老师们、孩子们集中展现在创建教育现代化先进市的大背景下，学校艺术教育的成果。活动的精彩场景令人震撼，刷爆了家长们的朋友圈，社会各界好评如潮。

城南小学庆"六一"迎校庆文艺汇演活动现场

2017 年、2018 年学校与湘桥区文化馆共同承办"非物质文化遗产传承日"进校园活动，通过组织亲子体验，活动增进了家长和孩子们对潮汕优秀传统文化的了解，让传统文化在下一代人心中扎根。

“听党话，跟党走”大型文艺汇演之讲古表演

承前启后，弘扬优秀传统文化

学校开设了合唱、舞蹈、潮州童谣、陶艺、创意画、手工、健美操、潮州讲古、中国武术、小主持人、鼓号队等19个特长班，让学生在学习当中接受艺术的熏陶，培养艺术兴趣，激发学生艺术潜能，引发学生健康向上的审美情趣。

为进一步传承优秀传统文化，让潮州讲古这一民间文化活动重焕光彩，学校特聘请中国语言资源保护工程发音人、工艺美术设计师、潮州文化讲座专家、潮州民间文艺家、潮州讲古师洪小帅担任授课指导老师，开设潮州讲古特长班。学校红领巾广播站开辟潮语栏目《千年潮韵》，学校公众号开设首个以传播潮文化为主要内容的《童声潮音》栏目，其覆盖面、影响力开创了传统文化传播途径的新局面。讲古班全体学员在各个公益文艺表演中得到了到场嘉宾的高度赞扬。

校级家委参与陶艺义卖

学校以《潮汕文化读本》为载体，深入开展潮汕文化进课堂课题研究，潮州市乡土文化教学高级研修班学员方逸绵、庄溯澜老师展示课例《吴潘强捏豆渣猴》《红屐桃》，向专家、全市同行汇报学校开展《潮汕文化读本》研究与试验的成果；陈雪香老师更是把陶艺制作巧妙地与《潮汕文化读本》教材相结合，用陶艺课《十二生肖的制作》对方逸绵老师《吴潘强捏豆渣猴》一课进行拓展教学，评课专家、同行对每节课都给予高度评价。老师们还走进农村开展“结

对子、种文化”活动，为香港上水宣道小学师生上潮州童谣课，让孩子们都能近距离感受传统文化魅力。同时学校承担了潮州市湘桥区教育科学研究课题“教育现代化背景下潮州特色文化进校园研究”。

拓展渠道，艺术教育影响深远

几年来，学校注重指导、引导学生的课余艺术生活内容及方式，把校内艺术教育与校外艺术教育结合起来，互联互补、共同发展。越来越多的家长带领孩子走进美术馆、民间艺术馆、音乐会，这让孩子和家长一起接受艺术熏陶的同时，提升了家庭生活的幸福感，为创建文明城市文明校园作出贡献。据今年的统计，全校学生课余参加乐器、书法、舞蹈、声乐等艺术培训学习近两千人次，占全校学生人数约60%，一年来参加各类艺术考级三百多人次，参加艺术类比赛获得全国、省、市、区奖达三百多项。

将美育与各学科教学和社会实践活动相结合是城南小学探索美育教育的另一个途径。在社会实践研学活动中，美术组老师设计了“寻找大自然的美——树叶贴画”活动，研学活动与艺术教育相结合，引导学生发现自然之美、生活之美、心灵之美。

红棉花儿，朵朵在美中绽放

艺术教育使城南学子在各种比赛中绽放光彩。2019 年广东省教育厅主办的广东省第六届中小学生艺术展演活动中，《红红的中国结》获得舞蹈类小学甲组省三等奖、市一等奖；少先队鼓号队展演的节目《仪仗威风》获得广东省第三届中小学生行进乐展演活动三等奖；城南小学合唱队获得 2019 年潮州市中小学生庆祝国庆合唱比赛一等奖；健美操荣获 2018—2019 学年度潮州市中小学生、幼儿健美操啦啦操比赛特等奖；潮州讲古节目被市教育局评为优秀原创艺术作品。2019 年，学校美育教师在省市论文、优质课、基本功比赛中均获得优异成绩，其中孙玉瑶老师创作作品入选中国美术家协会主办的《壮美内蒙古　亮丽风景线》全国第十届中国西部大地情中国画油画作品展，还荣获 2019 年省规范汉字书写比赛一等奖；林雪青老师获潮州市美术教师能力大赛一等奖；周琳老师获潮州市音乐教师能力大赛二等奖。美术组老师指导学生参加各项比赛获省级奖项 5 人次，获市级奖项 20 人次。学校被潮州市教育局认定为潮州市“中华优秀文化艺术传承示范学校”；获 2019 年省级示范性教师教育实践基地（美术）。

（本文刊登于《潮州日报》2020 年 1 月 20 日第 6 版）

传承潮州传统文化　促进学生个性发展

——城南小学庆“六一”迎校庆系列活动

26日上午，湘桥区城南小学举办“坚定文化自信，坚持立德树人”为主题的系列活动，庆祝即将到来的117周年校庆和“六一”儿童节。

城南小学庆“六一”迎校庆亲子表演

学校当天的庆祝活动以“家校协作”和“亲子活动”为载体，内容丰富多彩，有文艺汇报演出和亲子课程体验以及书画、手工作品展览和陶艺作品义卖活动。当天上午，活动在学校仪仗队演奏的《迎宾曲》中拉开帷幕，随后，《献礼十九大》朗诵、家校互动亲子节目《爱与梦想》及舞蹈《红红的中国结》《金色的童年》等节目先后亮相。演出结束后，嘉宾及家长代表相继到各展区参观有关展览，到各非遗项目教室体验制作“潮州麦秆剪贴画”“潮州剪纸”“潮绣”“潮州花灯”等。据悉，这些体验课程是该校为传承潮州传统文化，丰富学生课余生活，提高学生动手能力，培养学生对传统工艺的兴趣爱好，激发学生的学习和创作欲望，促进学生的个性发展而引进开设的。

亲子花灯制作

当天，学校还邀请湘桥区文化馆到校举办非遗进校园图片展览、图书展览以及现场为老师、家长和学生办理图书馆借书证。

陶艺作品义卖活动现场

（本文刊登于《潮州日报》2018年5月28日第6版）

陶艺课，我们的最爱

——走进城南小学陶艺室

第二届中国青少年雕塑大展现场

曾睿陶艺作品《三英战吕布》

不久前，在中央美术学院、中国美术家协会雕塑艺委会、大同市人民政府主办的第二届中国青少年雕塑大展中，来自国家历史文化名城潮州市湘桥区城南小学学生曾睿的陶艺作品《三英战吕布》获最佳制作奖，被中国雕塑博物馆永久收藏，获得奖金 3 000 元。作品完美地展现了古战场的战争画面：骑着骏马披着铠甲的勇士用手中的长矛在厮杀，连头盔上的璎珞仿佛都在飘动……这让人不由自主地回忆起一年前报道学校那场“陶艺秀”的精彩镜头：当天，城南小学“感党恩　颂祖国　创建文明校园”活动之陶艺赛、陶艺作品展及义卖系列活动在学校道德讲堂举行。上午陶艺现场赛上，进入决赛的选手们兴趣浓厚，创作热情高涨，完成了一件件充满创意而有趣的作品。下午陶艺展示和义卖活动，特邀校级家委、四年级家委参加活动，家长及孩子们热情参与。现场紧张而兴奋，异常火爆，活动开始不到一个小时，义卖作品已经被抢购大半。活动展示作品 600 多件，其中 400 多件义卖作品由陶艺课堂的四年级学生创作，义卖款项全部捐赠民生志愿者协会用于社会公益活动。在此之前，潮州电视台《天天好生活》

栏目组对学校陶艺班进行了专访，城南小学陶艺特色教学受到关注；南方电视台少儿频道《南方小记者走进潮州》来到城南小学，对校园特色课程进行采访，特长班学生首创用陶土创作“广济桥”，南方小记者对城南小学陶艺班充满童稚的报道在教育界引起广泛影响，在学生们心中更是留下无限遐思和期待……

同学们在进行陶艺制作比赛

陈雪香老师（右五）获优秀指导老师奖

城南小学六位选手全部获奖

城南小学陶艺特色课程为传承中国瓷都潮州优秀传统文化独辟蹊径，开创了潮州市第一个陶艺进课堂学校、潮州市第一个使用陶艺校本课程的学校、潮州市第一个参加省级大型陶艺现场比赛的学校、潮州市第一个获得国家级比赛奖励的同学、潮州市第一个陶艺课程接受省级电视台采访的学校、潮州市第一个有电窑配套设施的学校等一系列奇迹，迅速成为潮州市教育界的一大亮点，让我们随手撷取其中的一组镜头：2018 年“坚定文化自信，坚持立德树人”以及 2019 年“听党话，跟党走”的迎“六一”庆校庆系列活动中，陶艺亲子活动、陶艺展示及义卖活动让人眼前一亮，深受好评与肯定，收获累累硕果。陶艺作品拍卖活动报道在潮州电视台《青青园中葵》播出，在社会上引起强烈反响。那时候，学校陶艺特长班组织 12 位学生参加第二届广东省中小幼陶艺教育教学成果展示活动，林楷航、饶可昕、刘茗洺、廖悦涵、林可凡、许钰锋、蔡连博 7 位同学的作品从 1 200 多件作品中脱颖而出晋级决赛。6 月 23 日，决赛在广州举行，这是学校首次参加省级比赛，7 位选手全部获奖，拿到三个铜奖、四个优秀奖、最佳组织单位、优秀指导教师等奖项，满载而归。2019 年 6 月 22 日，学校再次组织学生到佛山市参加“陶塑锦绣中华·艺献七十华诞”第三届广东省中小幼陶艺教育教学成果展示活动，来自全省各地的 200 多名中小学生们用泥巴展示他们的奇思妙想，其中入选省决赛的城南小学六位选手的六件作品全部获奖，捧回一个银奖、两个一等奖、两个二等奖、一个三等奖，学校再次被评为最佳组织单位，陈雪香老师再次被评为优秀指导老师。

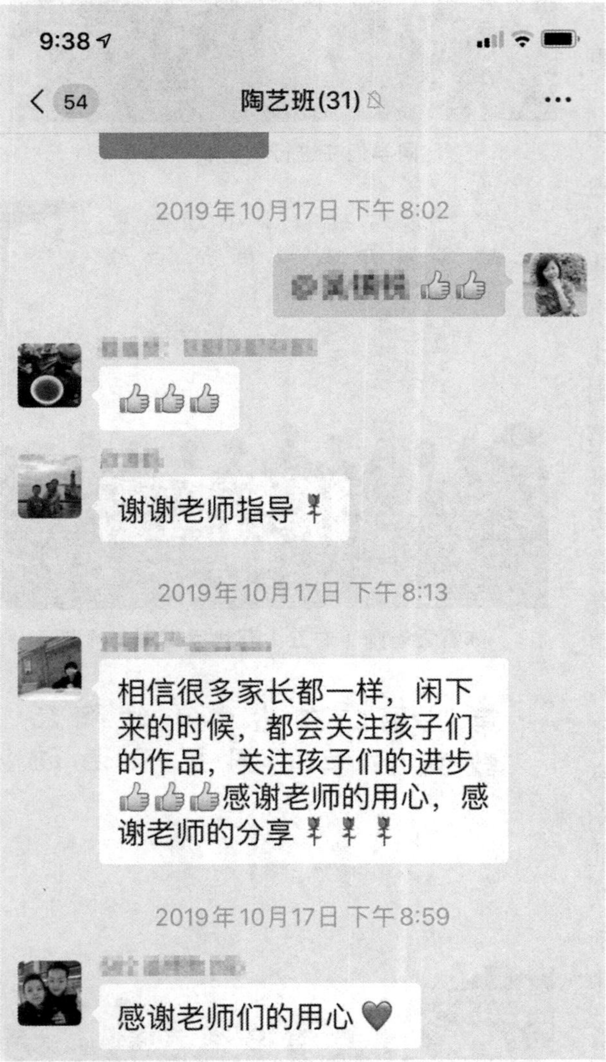

家长们在微信群感谢老师的指导

城南小学陶艺特色课程研究与开发两年多来，不断得到改革、发展和完善。2016 年傅小莺校长到任后，看到空置的陶艺室，萌发了开设陶艺特色课程的念头，2016—2017 学年度第一学期，开始多方筹备陶艺室设备，引进和培训师资，增建一台每次可以烧制上百件瓷器的电窑，聘请院校专家系统指导培训师生的陶艺技法，一批学生的艺术天赋开始萌芽，生长拔节，成为陶艺室的种子选手。下半学期，城南陶艺特长班开课。2017—2018 年，开始在一年级 3 个班尝试推广每周每班安排两节陶艺课，增设陶艺展示区，将创作区和展示区分开，为学生上陶艺课提供了更好的空间与环境。2018—2019 学年度开始，陶艺课作为校本特色课程在四年级正式开班，每班每周开设两节陶艺课。陶艺课堂上孩子们充分感受泥性，掌握团、搓、压、捏等基本技法，了解了陶艺创作的技能技巧。课堂穿插安排手工拉坯训练和施釉技法训练，让孩子们在玩中学，在学中玩。老师根据学生的年龄特征、艺术特长因材施教，由简单到复杂，让学生在每一场陶艺活动中有充足的时间享受艺术创作的快乐，发展能力，张扬个性。

现场比赛1

校长傅小莺为陶艺课程量身定制主持编辑的《陶艺》校本教材集知识性、趣味性于一体，引导孩子们认识陶艺、陶器的基本成型方法以及装饰方法、制作技巧。课本上那些关于中华民族优秀传统文化的作品展示，则让孩子们看到艺术不可思议的创造力，通俗易懂，充满童趣。附有每个人现场制作彩图的学生行为评价表是每堂陶艺课后每人必须完成的作业，每个人都要分享心得体会，内容丰富，妙趣横生，孩子们发自肺腑的感想跃然纸上，满满的都是对陶艺课的热爱，家校互动热烈而有意义。

现场比赛2

走近城南陶艺室，远远便传来欢声笑语。只见陶艺班上的孩子们说说笑笑，讨论着手中作品的构思。那圆脸小女孩捏出一个头上插花的村妇，手持芭蕉扇，悠闲生活，神情惬意。一个小男孩为他的塔楼精心安上门，花园里是一群栩栩如生的小动物趣味盎然的展示秀……孩子们自得快乐的神情让人仿佛回到了童年。一节陶艺课下来，孩子们手中的作品也有了个性。如同神奇的魔术师，那团泥巴经这些未来的小艺术家一番忙碌的搓搓揉揉捏捏之后，成为一件件充满童稚的陶艺作品，被赋予鲜活的生命：有菜园的农家小院、开心得翘起辫子的小姑娘、怀里抱着水果篮子的老大爷、荷叶上绽放莲花的挂件、披着一船龙鳞的赛龙舟、花园里的房子……一个小女生塑造出的古代仕女衣袂飘飘，闭眼害羞的样子甚至有几分王小波泥塑作品的神韵……课堂上，每个人都是能工巧匠，每件作品无不展示着城南学生无穷的想象力和丰富的创造力。这是一堂开心有趣的手工课，这是一个欢乐热烈的创作课堂，误堂上孩子们兴致勃勃，下课铃声响了，但老师和孩

现场比赛3

子们都浑然不觉，沉浸在课堂的创作氛围里，陶艺课陈老师说：“每次上陶艺课，孩子们下课了都不想走，差不多要用棍子赶了……”当孩子们看到自己课堂创作的作品已经上好釉烧制成为艺术品“新鲜出炉”时，他们的脸上洋溢着喜悦和成就感……

城南小学作为百年老校，秉承“每一个学生都重要”的教学理念，立足校情，利用每天下午放学后开展第二课堂特长教学。近年来，第二课堂活动在不断地探索与改进，逐渐向高质量、高水平发展，活动内容不断增加扩充，新颖的教学形式充分激发了学生的兴趣，发展了学生的个性，从而提高了学生的实践能力，增长了才干。多姿多彩的活动引领着孩子们开阔视野，增长智慧。“春风化雨，润物无声”，潮文化就这样植根于每一个孩子的心中。每年学生参加各级各类竞赛活动都摘金揽银，满载而归。孩子在潮汕童谣传唱、潮汕讲古、潮汕文化读本学习中潜心传承和发扬潮州优秀传统文化，各类特长频放异彩，屡结硕果。陶艺雕塑特长更成为城南小学的独特品牌，使城南小学在社会的影响更广更深。

雄关漫道真如铁，而今迈步从头越。展望未来，城南小学将继续走在创新发展求变的康庄大道上。

（本文刊登于《潮州日报》2020年1月21日第12版）

为了师生生命安全和身心健康

——城南小学复学前举办防疫科普知识系列讲座活动

为落实学校“优质·常态”，做“四有”好老师的年度发展目标，做好特殊时期师生疫情防控工作，提高学校疫情防控专业化水平，确保全校师生生命安全和身心健康，城南小学于复学前举办红棉讲堂专家讲座活动，围绕疫情防控、心理调适、营养健康等主题，对全校160多名教职员工进行通识培训。

科学防疫　从我做起

潮州市疾控中心流行病防治科李登峰副科长用通俗易懂的语言从“什么是新型冠状病毒肺炎”“新型冠状病毒肺炎怎么传播”“开学前应做好哪些准备”“开学后日常怎么预防”“发现可疑病例怎么办”五个方面进行了生动的分析、讲解，并现场演示如何正确佩戴口罩、如何正确洗手等日常防护方法。

这次讲座，进一步增强了学校全体教职员工对新型冠状病毒肺炎感染的科学认识及防护意识。学校王老师在认真聆听讲座后表示：“通过今天的《学校新型冠状病毒肺炎防控知识》的学习培训，了解到新型冠状病毒肺炎的病源学、流行病学和临床表现等，我感到新学期开学后的工作责任重大，防控工作至关重要。应注意落实学生晨午检工作和因病缺勤工作，做好学校环境卫生与预防消毒工作。”

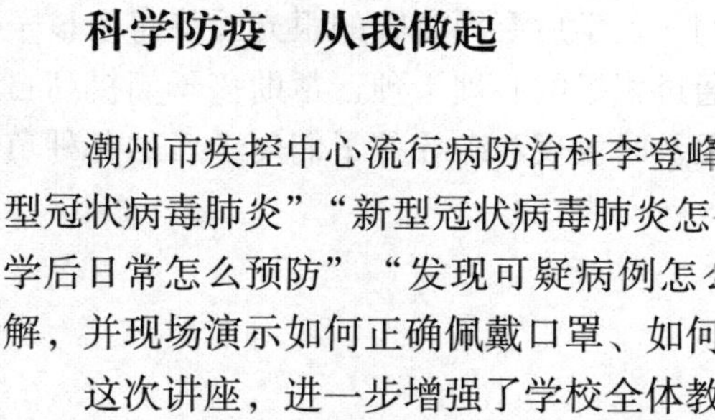

全校教师认真聆听讲座

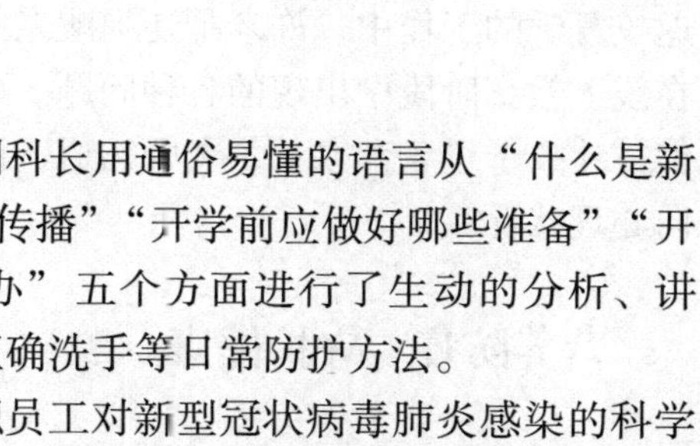

潮州市疾控中心流行病防治科李登峰副科长

用心防疫　积极传导

国家二级心理咨询师、家庭教育指导师，潮州市湘桥妇联心理辅导顾问，共青团潮州市青少年服务中心签约心理咨询师许怀国老师为我们带来《做情绪的主人——谈疫情期间的心理调适》专题讲座。许老师运用“正念一分钟”冥想法，用他富有感染力的声音，带领着老师们进入一个身心放松的冥想状态。接着，许老师为老师们做了一个心理绘画测评——把刚才冥想中看到的“那棵树”画下来。在这个过程中，老师们都得到了积极的心理暗示。许老师告诉大家，在平时教育学生的过程中，如果经常给予学生积极的心理暗示，对提高课堂效率和教学效果，是一个很好的助力。

许老师还针对老师们因为疫情期间相对封闭生活状态和线上教育而出现的各种身体和心理的不适，通过“穴位拍打法”，对焦各个负向情绪点，帮助老师们缓解不适，更好地调适好身心，提高睡眠质量，以饱满的情绪和积极的心态投入返校复学的工作中。许老师还提醒老师们，复学后要用宽容的眼光看待每个孩子在线上教育阶段中出现的各种问题。要通过积极的心理干预，帮助孩子们提高自信，让孩子乐于和家长、老师沟通，以便及时发现和疏导孩子们复学后的各种负向心理状况。

营养防疫　守护健康

民以食为天。复学在即，我们该如何合理膳食，吃得营养又健康，助力顺利开学呢？潮州市营养师协会秘书长、潮州市抗衰老协会顾问蔡美光老师带来专题讲座《平衡膳食营养健康》。蔡老师从“中国居民营养与健康现状”入手告诉大家，此次新冠肺炎的重症患者和死亡病例中，很大一部分都是原来有基础疾病的，所以相对健康的身体，能更好地抵御传染病，而健康的身体需要营养健康的膳食。蔡老师根据《中国居民膳食指南》，详细指导大家怎么吃才是平衡健康的膳食。正如蔡老师说的“吃对的，不吃贵的”，健康的膳食标准是“完整、均衡、及时、足量”。这些知识，很大程度上纠正了老师们以往一些不太正确的认识，让老师们明确，健康管理是增强免疫力的第一个环节，加强健康管理能有效降低病毒感染风险。返校复学后，为了自身健康，也为了能更好地投入工作中，老师们要努力做好自我管理，做到平衡膳食，营养健康。

科学防护，用“心”出发。在专家的引领下，城南小学的老师们以最充分的准备，满怀信心与期待迎接五月复学季！

（本文刊登于《潮州日报》2020 年 5 月 16 日第 8 版）

城南小学公众号报道选登

树百年名校　展巾帼英姿

2017 年 3 月 7 日下午，“巾帼心向党，扬帆新征程”潮州纪念“三八”国际劳动妇女节暨表彰大会在潮州市政府隆重举行。

城南小学被光荣授予“广东省三八红旗集体”称号。这一荣誉称号既是对我校女工工作的充分肯定，也激发了全体城南人的高昂斗志。

3 月 6 日上午，湘桥区政府举行了湘桥区庆祝“三八”妇女节大会暨“文明家庭、优秀创业女性”宣讲活动，湘桥区副区长陈庶主持会议，区领导、区妇联主席出席了会议，表彰了一批优秀家庭，我校教师黄萍家庭被评为潮州市湘桥区“廉洁家庭”。

城南小学是一所誉满南粤、名盛海外的广东省一级学校，这所百年古校励精图治，培养了层出不穷的优秀人才。学校不仅文化底蕴深厚，更是一个充满活力、充满朝气、团结协作的集体。现有教职员工 137 人，其中女教师 117 人，占

颁奖现场

教职工总数的85.4%。无论是领导班子成员，还是奋战在三尺讲台的一线教职员工，女性教师构成了学校的主体。她们是学校工作的中坚力量，以女性特有的睿智、博爱、执着，创造了一个又一个奇迹，取得了一个又一个骄人的成绩，实现了一个又一个新的跨越。

在以优秀女教职工团队为代表的全体城南人的努力下，学校得到了长足的发展，形成了以人为本、生动活泼的"阳光教育"特色，素质教育不断向纵深发展，师生的思想道德和文化素质得到迅速的提高。城南小学以锲而不舍的执着干劲，求真务实的工作作风，成为教育系统的"领头雁"，用实力赢得了社会各界与家长的肯定和赞誉！学校的教育改革在全市有带动力，教育品牌在全省有辐射力，教育模式在全国有影响力。这些骄人成绩的取得，无不浸透着城南女教职员工的心血和汗水。

城南小学是一个充满活力、迸发活力的地方；是一个放飞梦想、收获成功的地方。面对社会各界的关注和厚望，城南人正以坚定的信念、饱满的热情，行走在充满希望的路上！

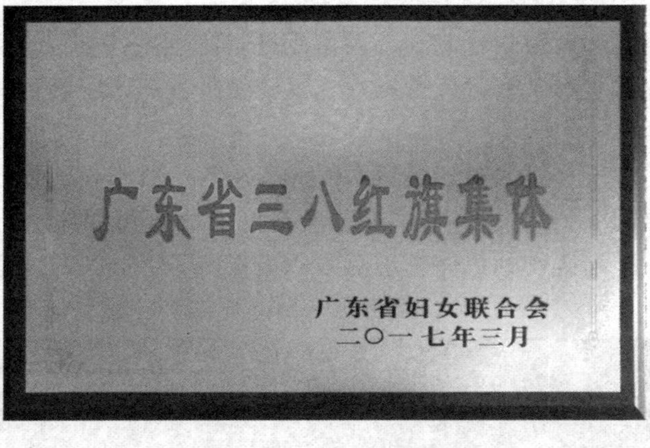

"广东省三八红旗集体"奖牌

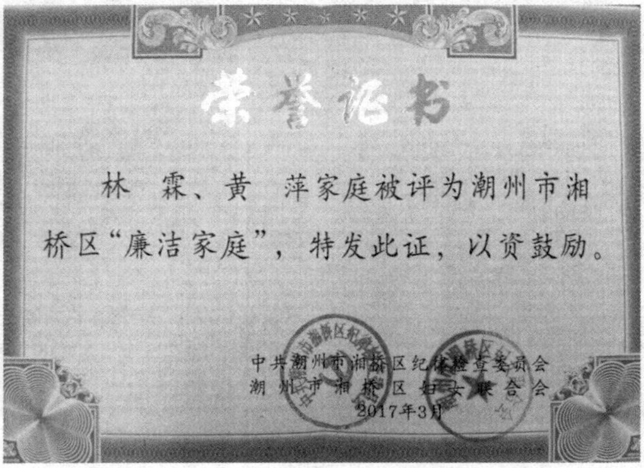

"廉洁家庭"荣誉证书

“听党话，跟党走”

——湘桥区首个学校少工委揭牌成立啦

为响应中央群团改革工作和少先队改革方案的要求，充分发挥少先队组织立德树人的重要作用，开创少先队工作的新局面，2019 年 5 月 22 日上午，中国少年先锋队湘桥区城南小学工作委员会揭牌成立了，这也是湘桥区在推进少先队改革工作中成立的首个学校少工委。

自少先队改革方案颁布以来，城南小学一直在积极落实少先队改革工作，并取得了一些发展成果。本次城南小学少工委的成立是对社区范围内服务于少先队工作的资源进行了一次有效整合，作为全区首个“学校少工委”，它对加强和改善我区的少先队工作必将起到积极的推动作用。

城南小学成立首个学校少工委

共青团湘桥区书记钟敏同志、区教育局团委负责人周秀钿同志应邀出席成立仪式。在成立仪式上，区团委书记钟敏同志代表区团委向大会的召开表示热烈的祝贺，并向城南小学提出了三点希望：一是希望城南小学少工委充分重视校队一体化建设；二是希望城南小学少先队能一如既往地发挥先锋模范作用；三是希望继续将少先队工作与新时代文明实践结合起来。钟书记希望城南小学少工委紧密与共青团“凝聚青年、服务大局、当好桥梁、从严治团”工作格局衔接，继续巩固少年团校工作，特别是要持续推进家、警、校三位一体的红棉护畅志愿服务项目，为我区少先队参与新时代文明实践工作做出积极生动的诠释；希望城南小学能继续发扬传统，将中国特色社会主义和中国梦宣传教育、社会主义核心价值观宣传教育融入教育全过程，以志愿服务培育青少年热心参与社会文明建设的激情，激发社会力量参与文明建设的能力和活力，进一步推动基层红领巾事业的发展。

城南小学党总书记、校长傅小莺以学校少工委主任一职做了发言。她首先代

表城南小学第一届少工委，向重视支持学校少先队工作发展和热心于少儿工作的各级领导、广大少儿工作者致以崇高的敬意！作为一所百年名校，作为全国、省、市的少先队红旗大队单位，学校成立少工委既是少先队改革的要求，也是少先队加强基层组织建设、整合优质教育资源、提升影响力的重要举措；有利于大队辅导员有效地开展少先队工作，有利于少先队员健康、快乐地成长。傅小莺校长表示学校少先队工作将以此次少工委成立为新的起点，抓住机遇，发挥优势，树立品牌，提升影响力，促进少先队改革纵深发展，谱写城南小学少先队工作更加绚丽多彩的篇章，为新时代党的星星火炬事业做出新贡献！

颁奖现场

队旗跟着党旗飘，少先队员的成长离不开党、团组织的关怀和引领。仪式最后，全体队员在大队辅导员的带领下，面对党旗、团旗、队旗庄严呼号，坚定了为共产主义事业奋斗的决心。

文艺表演

红棉护畅爱无声，文明实践志愿行

为深入贯彻落实习近平新时代中国特色社会主义思想和习近平在纪念五四运动100周年大会上的讲话精神，推动我区新时代文明实践志愿服务走在前、有特色、高质量发展，我区城南小学致力于打造“红棉护畅”交通劝导志愿服务品牌，以志愿服务活动联结人心、温暖湘桥，充分发挥我区作为新时代文明实践中心试点单位建设的模范作用、阵地作用、聚力作用、辐射作用，被授予2018年度潮州市“最佳志愿服务项目”。

一、红棉护畅队的成立

城南小学地处城市交通要道，每到放学时间，校门口周边区域就像菜市场一样繁杂，由于家长接孩子心切，扎堆在校门口等候，造成交通拥堵，每天上学、放学时段，校门口的交通安全总是令家长担心。针对校门口“肠梗阻”的现象和学生安全出行隐患等情况，城南小学联系交警部门和街道办事处等对学校周边路道和交通设施进行规划设置，形成护送学生安全区域。

同时，学校在2017年6月初通过家长委员会，积极发动家长，成立红棉护畅交通劝导队伍，志愿者每天轮流在早晨、中午、下午，分流车辆、疏散人流，不仅提高了通行效率，而且缓解了校门口交通拥堵现象，实现了“学生安全、学校安心、家长放心”的目的。

队伍自成立以来，从起初的399名志愿人员到1 720名，从1 720名到现在的全员参与，包括教师、公务员、经商人士、企业职工、退休市民等，真正意义上实现了人人志愿的服务精神。

二、家校警齐心勠力，护畅行动有序开展

城南小学门口的交通现象从“肠梗阻”到秩序井然，是家校警联手共建带来的积极效果。为加强校园周边道路环境治理，保障学生上学、放学安全，进一步提高学生、家长及其他市民交通安全文明意识，保障学生走好“上学最后100米”，在各有关部门的高度重视下，家校警携手成立红棉护畅队，由公安交警人员对队员进行分批培训，共同维护交通安全。

没有华丽的语言，校级家委用自己的实际行动无声传播“奉献、友爱、互

助、进步”的志愿者精神。在校级家委们的影响带动下，更多的爱心家长加入红棉护畅队伍中，共同维护交通秩序，全方位辐射安全教育，为学校的安全教育奠定坚实的基础，形成全民护畅新格局，赋予了“家校警”护畅共建共治共享新内涵。

无论晴天烈日或是刮风下雨，红棉护畅队无一日缺勤。每当学生上学、放学的时候，就是他们最忙碌的时候，有的协助交警指挥车辆，防止车辆随意掉头、乱停乱放阻塞交通；有的指挥接送学生的车辆停靠在路边指定停车点，待学生打开车门下车后立马拿伞上前护送，并让车主马上驶离停车位；有的手拿写着“携手平安、从我做起”“关爱孩子、为您点赞”等字样的提示牌，在斑马线上截停过往车辆，护送集中起来的学生安全过马路走进学校……

三、志愿服务美誉广播，携手奉献大爱无声

“有一种爱叫大爱，风雨无阻，无怨无悔；有一种美叫互助，情之所至，金石为开。”身穿橙绿色“红棉护畅队”队服的家长和老师们，俨然已经成为湘桥区一道最美丽的风景线，他们用忙碌的身影疏通乱象，他们用有力的臂弯护孩子周全，他们也许指挥交通的手势并不专业，但不妨碍他们奉献自己的爱心；他们也许也害怕吹风淋雨暴晒，但那一刻他们依然坚守在自己的岗位上。每一个队员都为共同维护交通良好秩序、确保学生安全上学而无私奉献，他们的善举深深感动着城南小学每一位师生，他们良好的服务态度也获得了市民的一致称赞，各方媒体平台争先报道“红棉花开”的力量，市民各种赞誉如“最美的背影”“雨天的保护伞”“最有爱的绿马甲”等。

每天护畅执勤行动结束后，队友们都会一起合照留念，绿色的马甲服将每个人的笑容都衬托得那么温暖明媚。

城南小学多次通过家长会、公众号、美篇、学生习作等方式对红棉护畅队的温暖志愿行为进行宣传，《潮州日报》、潮州电视台、南方网、凤城交警等媒体平台也对红棉护畅队进行了全方位的报道，每天的家长群、班群也时常涌现出各种对红棉护畅队的感谢之言，学生们在老师的带领下制作精美感恩卡片赠送给护畅队的家长们……红棉护畅队正用他们拳拳爱心坚守执勤的正能量潜移默化地影响着广大家长。

城南小学“家校警”携手打造的“红棉护畅队”志愿服务项目是将中国特色社会主义和中国梦宣传教育、社会主义核心价值观宣传教育融入教育全过程的生动实践，通过志愿服务培育青少年热心参与社会文明建设的激情，激发社会力量参与文明建设的能力和活力。今天，“家校警”护畅整装再出发，是湘桥作为全省新时代文明实践中心试点的一个新亮点、新起点。

（本文来自潮州市湘桥区共青团的报道）

我校“红棉护畅”交通劝导志愿服务被授予2018年度潮州市“最佳志愿服务项目”

城南小学红棉护畅队自建立伊始已迎来了第四个开学季，在这个时候获奖，意义重大！希望有更多的人可以借此机会关注校园交通安全，希望有更多的力量加入护畅中来，让孩子们的上学路变得更安全，让校园的道路变得更通畅，努力推动我市“创文”工作进一步发展，为建设我市沿海经济带特色精品城市奉献力量。

颁奖现场

荣誉证书

城南小学在“一师一优课、一课一名师”活动获佳绩

城南小学继上学期陈爽老师在“一师一优课、一课一名师”活动中荣获“部级优课”之后，本学期又有三位老师获得“省级优课”，分别是数学组郑佳佳老师、语文组黄兴梅老师、体育组翁奕霞老师。

这些沉甸甸的荣誉，凝聚了城南小学教师们努力和奋斗的汗水，是城南小学各教研组重视教研工作的结晶。本学期，城南小学请来专家教授开讲，邀请名师传经送宝，通过教学研讨活动，促进教师专业成长，在“十九大”精神引领下，城南小学教师争做“四有”好老师，一直在路上。

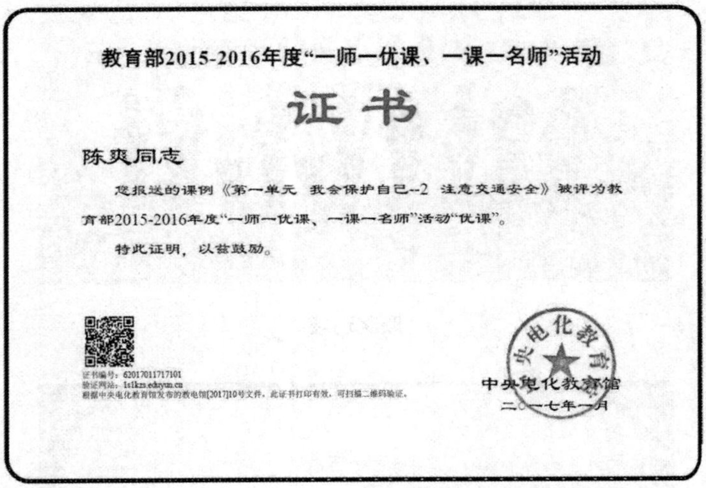

教育部2015-2016年度“一师一优课、一课一名师”活动

证书

陈爽同志

您报送的课例《第一单元 我会保护自已--2 注意交通安全》被评为教育部2015-2016年度“一师一优课、一课一名师”活动“优课”。

特此证明，以兹鼓励。

证书编号：62017011717101
验证网站：1s1kzs.eduyun.cn
根据中央电化教育馆发布的教电馆[2017]10号文件，此证书打印有效，可扫描二维码验证。

中央电化教育馆
二〇一七年一月

荣誉证书

省级优课郑佳佳《长方体和正方体的体积》

省级优课黄兴梅《少年闰土》

省级优课翁奕霞《龟兔赛跑》

“一师一优课、一课一名师”活动再传喜讯

在2019年“一师一优课、一课一名师”活动中，我校教师踊跃参与，共上传了课例76个，有8个优课获得了“市级”优课！

其中，黄丽芬老师的优课《乘法的初步认识》更是脱颖而出，获得省级优课！

获奖教师名单

教师姓名	课题	科目
黄丽芬	乘法的初步认识	数学
唐永嘉	分数除法	数学
郑桂媛	江南	语文
庄溯澜	大海	音乐
翁奕霞	小足球活动	体育
陈金洪	颐和园	语文
高斯钊	金孔雀轻轻舞	音乐
黄兴梅	月光曲	语文

黄丽芬老师的《乘法的初步认识》获得省级优课

以课带研，让现代信息技术助力道法课堂

城南小学参与了“一师一优课、一课一名师”活动，承担了“优课教研室”研讨项目，被遴选为全省10个承担“优课教研室”录制任务单位之一，该项目录制工作在3月28日顺利完成。本次活动有幸邀请到韩山师范学院全国微课大使、省培小学科学负责人黄俊生副教授，潮州市教育局教研员蔡伟俊老师，潮州市湘桥区教育局教研员陈兰老师作为主讲嘉宾。

城南小学陈爽老师的课例《注意交通安全》被评为教育部优课，“优课教研室”活动以该课为课例，着重探讨信息技术和道德与法治教学的深度融合。

活动伊始，部级优课获奖者陈老师畅谈课的设计理念、教学思路，展示该优课的精彩片段。

潮州市教育局教研员蔡伟俊老师从部编教材理念实施的应用方面对课例展开点评，他建议老师们在“道德与法治”教学中要做到：①把准教材理念；②促进教学创新；③实现教学转型。

湘桥区教育局教研员陈兰老师指出，陈爽老师的这节部级优课，通过多媒体教学技术手段的辅助，既充实了课堂学习的密度，又增强了情感的感染效果，两者相互配合又相得益彰。她特别强调在“道德与法治”的课堂上要注重加强生活性和增强思辨性，让学生“得法于课内，得益于课外，得益于生活”。

韩山师范学院的黄俊生副教授结合课例为我们介绍了多媒体动图的制作和微课的制作技巧，实时演示指导老师们如何巧妙利用微课技术助力道法课堂，提高课堂效率。

参与本次教研活动的老师们也纷纷与专家展开互动交流，专家们为我们带来了“道德与法治”教学最前沿的理念，为全体老师做了一场高效的通识培训。整场教研活动气氛活跃，老师们受益良多。

傅小莺校长介绍了城南小学在教师现代化信息技术培训方面的举措，尤其是努力使信息技术与教师的专业发展同步，总体推进学校创建现代化信息技术工作。

“心中有阳光，脚下有力量”，让我们认真践行习总书记的教育思想，通过有效的校本教研活动推进学校教师的专业发展。

陈爽老师（右三）的课例《注意交通安全》

“优课教研室”研讨活动

弘扬高尚师德，潜心立德树人

——记城南小学2018年度“尊师重教”系列活动获奖教师育人感言

“勤恳敬业，为人师表”是他们的职业准则，“热爱学生，业务精湛”是他们的人生追求！从教生涯里，默默耕耘的他们在平凡的岗位上潜心教书育人。

郑桂媛：潮州市2018年度“尊师重教”优秀教师

光阴荏苒，岁月如歌。十八年的教学生涯翩然而过，“静下心来教书，潜下心来育人”的座右铭一直烙印在我生命的年轮里，不曾褪色。作为一名教师，课堂是我们耕种希望的乐园，承载孩子们灿烂的童年和对未来的希望，我绝不能辜负那一双双求知若渴的眼睛、辜负每一个家庭的殷殷期待。正因为始终怀着满腔的敬业之情，我才能在这平凡的三尺讲台上奉献自己的光和热，十八年如一日默默耕耘，书写不平凡的人生。感谢城南这片沃土让我成长，平凡却充实，成长并收获。春华秋实路漫漫，扬鞭奋蹄永向前，桃李满园香远送，呕心沥血仍无言！

郑桂媛老师

庄溯澜：入围2018年感动潮州最美教师

庄溯澜老师

泪水伴着欢笑，辛劳伴着喜悦，蓦然回首，我在三尺天地上已忙碌了近二十个年头。回眸二十年，我内心感慨万千：我无悔，为我当初懵懂的选择；我无愧，我所从事的这份职业。“学高为师”，做学习型、创新型、反思型的教师，跟上新时代的潮流。“身正为范”，千教万教教人求真，千学万学学做真人，只有教师做真人，言传身教，才无悔于“人类灵魂工程师”的称号。有人说，教师的工作是十分平凡、十分平淡、十分琐碎的，但我愿在这平凡的岗位上砥砺前行。唱一曲《长大后我就成了你》，愿不忘初心、坚持梦想，用爱心、细心和耐心，对新时代优秀教育工作者进行完美的诠释。

郑菲：湘桥区2018年度“尊师重教”优秀班主任

郑菲老师

人生是一次不断选择的旅程，当千帆阅尽，最终留下的，就是那一片属于自己的独一无二的风景。纵观自己，自从选择了城南，在与城南结缘的这二十七年间，我不断成长，不断完善。时光匆匆，当年的一幕幕依然历历在目。二十七年，我见证了城南的点滴变化；二十七年，我在挑战中欣然成长。作为一名普通的老师，对待教学，对待学生，全凭着一颗心。平凡的我，也会得到不平凡的收获——在付出真心之后。在城南的日子里，总有那么一些人，那么一些时刻，让我明确地知道——真心无须言说，自是有人明了。红棉飞絮的时候，我会想，如果纯洁的白絮是童心，大抵老师的付出就是风了——平凡地、无形地、托扶着曾经陪伴过的孩子，给予他们飘飞到高空的力量……

郑佳佳：湘桥区 2018 年度“尊师重教”优秀教师

从教 20 年来，我时刻牢记要用理想和激情教书，用爱心和细心育人。我不仅在思想上关心学生，而且在感情上亲近学生，在生活上关怀学生，对学生动之以情，晓之以理，如春风化雨，滋润心田。在学生心中，郑老师就是妈妈，是亲人。在教学中，我勤于学习，善于探索，乐于创新，注重提升自我的业务水平和专业素养。我精心设计教案，上好每一节课，实现高效课堂，让孩子们不仅爱上我的课，更让他们从此爱上我所教的数学科。“汗洒春秋满校园”，在教育路上，我将继续默默耕耘，只望年年春尽，笑看满庭芳。

郑佳佳老师

黄泓桢：湘桥区 2018 年度“尊师重教”优秀教师

三尺讲台，问心境几许，能容乾坤天地？

廿载教龄，忆韶华何处，不觉寒暑春秋。

登上讲台近二十年，深感教师是一个有趣而艰辛的职业。从课堂上与学生斗智斗勇，到喜见老弟子茁壮成材，收获的是一份喜悦。而早出晚归的生活，深夜灯光下的教案、文章，又见证着为人师表的不易。传道、授业、解惑，是教师肩上的责任。这份责任是文明的传承，是未来的希望，教师说不上轰轰烈烈，却是兢兢业业，以其独有的方式，悄然推动着这个世界，不断向前。

黄泓桢老师

陈金洪：湘桥区2018年度“尊师重教”优秀教师

从教16年来，我一直坚持“以爱润心，细化教育，精诚合作”的建班方针，致力于班风建设，注重学生文明行为的养成教育；以班风促学风，通过开展“师生同读一本书”活动，以身示范，引导学生“爱读书·乐读书”，争当“读书之星”；充分发挥班级微信群的沟通功能，传播班级正能量，与家长亦师亦友，实现家校共育。连年来，所带班级被评为“湘桥区文明小天使先进集体”“潮州市优秀中队”“广东省先进中队”等光荣称号。

“在三尺讲台上，关注发展，启迪智慧，润泽生命”——这是我踏上讲台时立下的铮铮誓言。我将不忘初心，用爱心滋润学生的心田，用智慧启迪学生的心智，用和风细雨去唤醒埋藏在学生心底的潜能，促进其自主地成长，使生命发出灿烂的光辉！

陈金洪老师

不忘初心遵师德　牢记使命育英才

——我校一批教师在市、区教育大会上喜获嘉奖

金秋十月，丹桂飘香。值此第35届教师节到来之际，我校一批教师在市、区教育大会上喜获嘉奖。

陈萍：潮州市第五届“尊师重教”系列活动“优秀教师”

小学英语高级教师，中共党员，英语本科学历。工作勤勤恳恳，爱岗敬业，专业知识扎实，在教学中注重培养学生英语核心素养。任教十九年来，培养了一批又一批优秀的学生参加全国、省、市、区各类英语竞赛并获一、二等奖。撰写多篇论文及教学设计在省、市、区各类评比中获奖。积极参加各级各类比赛并获奖，如2017年在潮州市青年教师说课比赛中获小学英语教育组英语专业特等奖；2017年参加首届广东省中小学青年教师教学能力大赛（小学英语组）荣获三等奖。

陈萍老师

荣誉证书

陈培纯：2019年“湘桥区优秀班主任”

小学语文一级教师，中共党员，本科学历，湘桥区语文主题学习名师工作室成员。专业知识扎实，工作勤恳踏实，大胆创新，着力于激发学生的学习兴趣，注重培养学生语文核心素养。多次获学校“科研积极分子”“最美教师”等称号，1999年获区小语青年教师阅读教学观摩赛二等奖，2018年获区教师硬笔书

法组三等奖，2019 年在广东省中小学爱国主义主题征文活动中获“优秀指导老师”称号，2019 年获区“优秀班主任”称号，撰写的多篇随笔、论文发表于《潮安教育》《潮州日报》，所带班级团结上进，多次获得“优秀组织奖”“五星级班级”称号，2019 年所带班级获“湘桥区优秀班集体”称号。

陈培纯老师

荣誉证书

陈培纯 同志荣获 2019 年“湘桥区优秀班主任 ”称号。

特发此证，以资鼓励。

中共潮州市湘桥区委　潮州市湘桥区人民政府

2019 年 8 月 31 日

荣誉证书

幸敏利：2019 年“湘桥区教书育人优秀教师”

小学音乐一级教师，中共党员，学校潮州童谣特长班主要负责老师。参与指导的节目《快乐成长》荣获潮州市首届小学生潮汕歌谣吟诵比赛一等奖；指导的舞蹈《红红的中国结》在潮州市第六届中小学生艺术展演活动中荣获艺术表演舞蹈类小学甲组一等奖、在广东省第六届中小学生艺术展演活动中获舞蹈小学组三等奖。

幸敏利老师

荣誉证书

幸敏利 同志荣获 2019 年“湘桥区教书育人优秀教师”称号。

特发此证，以资鼓励。

中共潮州市湘桥区委　潮州市湘桥区人民政府

2019 年 8 月 31 日

荣誉证书

方逸绵：2019 年“湘桥区至善教师”

小学语文一级教师，中共党员，城南小学教导主任，先后被评为“潮州市优秀教师”“湘桥区教育系统名教师”，参与和主持多项课题研究，多篇论文获省、市、区的奖励并在教学刊物上发表。敬业乐教，治学严谨。任教二十一年来，指导多名学生参加潮州市中小学生作文现场赛分获一、二、三等奖。2019 年在广东省中小学爱国主义主题征文活动中获“优秀指导老师”称号。

方逸绵老师

荣誉证书

陆芳：2019 年“湘桥区至善教师”

小学音乐一级教师，本科学历，从教 21 年。“想，要壮志凌云；做，要脚踏实地。”凭着这种坚定的信念，在教育路上默默奉献，辛勤耕耘。担任学校政教处助理，认真负责，敢抓敢管，使校容校貌良好、校风校纪严明；负责学校仪仗队训练，为学校培养了一批批优秀的、高规格的仪仗队员。她将继续用千百倍的耕耘，换来桃李满园香。

陆芳老师

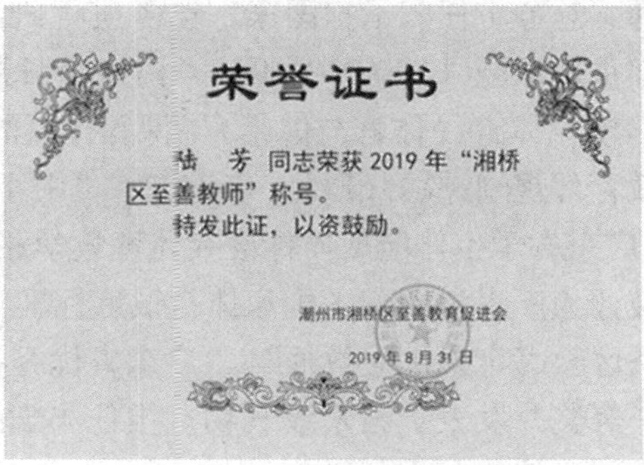

荣誉证书

谢惠莹：2019 年“湘桥区德育标兵”

从教 19 年来，全心全意地带好每一届学生，以爱为桥，倾心教育，钻研业务，爱岗敬业。任课班级成绩始终位于同年级前茅，在 2015—2016 学年度所带的 402 班获得“湘桥区文明小天使”荣誉称号；在 2017—2018 学年度所带的 410 班获得“湘桥区优秀班集体”荣誉称号，受到了学校老师、学生及学生家长的好评。一路艰辛一路歌，在未来的工作生活中，将继续以自己的诚心、爱心和信心为教育事业贡献自己的微薄之力！

谢惠莹老师

荣誉证书

谢惠莹 同志荣获 2019 年“湘桥区德育标兵”称号。
特发此证，以资鼓励。

潮州市湘桥区至善教育促进会
2019 年 8 月 31 日

荣誉证书

庄鸣：2019 年“湘桥区德育标兵”

小学体育一级教师，中共党员，本科学历，田径一级裁判，省体育骨干教师，总务主任。承担国家、省多项科研课题：全国教育科学“十五”规划教育部重点课题（DLA010369）“构建全日制义务教育、普通高级中学国家、地方、学校‘体育（体育与健康）’课程体系的研究”、全国教育科学“十一五”规划教育部规划课题（FLB—060422）“中小学生体质健康管理与促进研究”子课题（广东省学生体能素质标准和体育教学相结合的研究），后一课题被评为一等奖。被评为广东省实施《国家体育锻炼标准》先进工作者、“潮州市优秀教师”、“湘桥区教书育人优秀教师”、“广东省优秀社会体育指导员”。多篇论文获国家、省一等奖并发表于国家级刊物。担任小学新课程《体育优秀教学设计与案例》一书副主编。

庄鸣老师

荣誉证书

庄 鸣 同志荣获2019年“湘桥区德育标兵”称号。

特发此证，以资鼓励。

潮州市湘桥区至善教育促进会

2019年8月31日

荣誉证书

获得嘉奖的老师们纷纷表示，将不忘从事教育工作的初心，牢记立德树人的使命，一如既往地做到爱岗敬业，争当“有理想信念、有道德情操、有扎实学识、有仁爱之心”的“四有”好老师，为擦亮城南百年名校的招牌，实现“优质·常态”的办学目标而努力奋斗！

城南小学教师获奖喜讯

✲我校陈萍老师参加首届广东省中小学青年教师教学技能大赛获得三等奖。

✲我校郑桂媛老师代表湘桥区参加潮州市小学语文教师阅读教学观摩比赛获得一等奖。

✲在潮州市中小学音乐、美术教师基本功比赛中，我校林雪青老师获美术小学组手工单项第一名，综合一等奖；周琳老师获器乐单项第三名，综合二等奖。

✲在潮州市小学数学教师计算专题教学说课比赛中，我校何洁丹老师脱颖而出，精彩的说课赢得评委的一致好评，喜获一等奖！

✲广东省教育厅、广东省语言文字工作委员会公示了第十一届广东省规范汉字书写大赛获奖名单，潮州市总共有 27 名老师获奖，其中我校孙玉瑶老师获得硬笔书法一等奖！

✲由湘桥区教育局主办，潮州市恒大城承办，湘桥区阳光实验学校协办的“不忘初心　牢记使命　共筑中国梦”——湘桥区 2017 年教职工文艺汇演在湘桥区阳光实验学校举办，城南小学选送的节目《不忘初心》获得金奖。

参赛师生合影

陈萍老师

郑桂媛老师（右三）

林雪青老师

周琳老师

何洁丹老师

孙玉瑶老师

挥洒汗水，歌声飞扬

——祝贺我校合唱队获得潮州市中小学生庆祝国庆合唱比赛一等奖

为深入学习贯彻习近平新时代中国特色社会主义思想和党的十九大精神，热烈庆祝新中国成立70周年，潮州市教育局特举办了2019年市中小学生庆祝中华人民共和国成立70周年——“我和我的祖国”合唱比赛。

荣誉证书

CERTIFICATE OF HONOR

湘桥区城南小学的合唱《东方绿舟》、《年少的味道》参加2019年潮州市中小学生庆祝国庆合唱比赛，荣获小学组 一 等奖。

特发此证，以资鼓励。

指导老师：陈惠玲 杨琳烁 高斯钊

潮州市教育局

二〇一九年九月

荣誉证书

比赛现场

本次比赛竞争激烈，我校合唱队53名队员在高斯钊副主任、陈惠玲老师、杨琳烁老师的精心指导下，演唱了《东方绿舟》和《年少的味道》。比赛舞台上，合唱队队员在陈惠玲老师用心用情的指挥下表现出不俗的演唱水平，在钢琴伴奏杨琳烁老师的指尖下，也流露出一个个灵动的音符，他们精神饱满，配合完美，赢得了全场热烈的掌声，最终荣获小学组一等奖的喜人成绩！

收获幸福的背后总是藏着辛勤的汗水，更离不开学校领导的大力支持！学校傅小莺校长高度重视艺术教育，通过营造浓厚的校园艺术氛围提高学生的艺术素养，打造城南艺术特色，并多次到合唱队亲临指导；接到比赛通知时，音乐组负责人庄溯澜副主任和合唱队负责老师多次交流，并做了详细的合唱比赛工作方案；赛前，方逸绵主任召开了赛前筹备会，学校各部门各线条全力配合合唱队做好参赛准备。合唱队负责老师全身心投身于合唱队的训练工作中，在短短几个月，三位老师齐心协力，全力以赴，细致入微地指导训练，合唱团师生鼓足干劲，放弃大量休息时间，专心投入高强度训练，认真勤奋，不怕艰辛，最终不负众望，获得一等奖！

一分耕耘，一分收获。认真努力的合唱队师生，赢得了家长和老师们的认可点赞，也让大家看到了城南师生的风采！

点赞！热烈庆祝我校李灏宇同学荣获广东省第三届最美南粤少年

李灏宇同学

美德少年争做新时代的好队员，勇做“中国梦”的缔造者。祝贺我校李灏宇同学，于2018年5月荣获广东省第三届“最美南粤少年”称号，并荣登“美德好少年”榜首，成为新时代好队员的典范。

提到“00后”“10后”大家印象都是怎么样的？

个性张扬？二次元控？王者铂金？

但城南小学这位“00后”可能跟你想象的完全不一样哦。

广东省第三届最美南粤少年于日前出炉，快来看看咱们城南小学入选的这位学子吧！

李灏宇同学是一个活泼可爱、诚实正直、健康快乐的小学生。她博览群书，上幼儿园就喜欢编故事、说童谣，2012年参加了广东省文明办主办的“广东省优秀童谣征集活动”，她创作的童谣《一家乐陶陶》获得少年组一等奖。李灏宇生活在一个温暖、有爱的家庭里，在爸爸妈妈的影响下，她从小乐于助人，4岁时妈妈带她一起到潮州市颐养院做义工，在她心中播下爱的种子。2013年7月，李灏宇参加了团省委“关爱河源市龙川县廻龙镇罗西村留守少年儿童行动”，用压岁钱资助春花姐姐至初中毕业。

习近平总书记指出，学习贵在勤奋、贵在有恒；既要惜时如金，又要做到又博又专。在学校，李灏宇尊敬老师，团结同学，学习成绩一直名列前茅，年年被评为“三好学生”“优秀班干部”。她爱好广泛，喜欢唱歌、拉小提琴和书法，参加了潮州市合唱比赛并获得了特等奖，小提琴也通过了八级……

获得“最美南粤少年”殊荣后，李灏宇同学将更加努力学习，奋力前行！

最美少年心向党，星光熠熠耀城南

为深入贯彻落实习近平总书记系列重要讲话精神，在青少年中培育和践行社会主义核心价值观，2017 年 3 月，根据团省委、省教育厅、省文明办、省学联和省少工委《关于开展 2017 年第二届寻找“最美南粤少年”活动的通知》（团粤联发〔2017〕1 号），城南小学少先队大队部在校园掀起了寻找“最美少年”的热潮，学校荣获广东省 2017 年寻找“最美南粤少年”活动优秀组织奖，校园里涌现出一大批优秀少年典型。

学校少先队组织将发挥“最美少年”榜样示范作用，通过开展系列宣传活动，充分利用传统媒体和新媒体等平台，在青少年中培育和践行社会主义核心价值观。

光荣榜

获得广东省“优秀少先队员”称号

林楷航　潮州市湘桥区城南小学 504 中队
黄　涵　潮州市湘桥区城南小学 610 中队

获得潮州市“十佳优秀少先队员”称号

丁金昊　潮州市湘桥区城南小学 410 中队

获得潮州市“优秀少先队员”称号

丁子容　潮州市湘桥区城南小学 504 中队
林子涵　潮州市湘桥区城南小学 601 中队
张语烁　潮州市湘桥区城南小学 305 中队

获得潮州市“最美凤城少年”称号

智慧好少年

林楷航　潮州市湘桥区城南小学 504 中队

活力好少年

黄　涵　潮州市湘桥区城南小学610中队

获得潮州市“最佳人气”奖

黄　涵　潮州市湘桥区城南小学610中队

获得湘桥区“优秀少先队员”称号（2017）

李思睿　潮州市湘桥区城南小学
肖溢桦　潮州市湘桥区城南小学
谢奇煊　潮州市湘桥区城南小学
陈　楷　潮州市湘桥区城南小学
翁子韧　潮州市湘桥区城南小学
丁　宏　潮州市湘桥区城南小学
曾琳斯　潮州市湘桥区城南小学
李轩沛　潮州市湘桥区城南小学
郑怿轩　潮州市湘桥区城南小学
曾度予　潮州市湘桥区城南小学
陈川子　潮州市湘桥区城南小学
陈子可　潮州市湘桥区城南小学
刘锶樾　潮州市湘桥区城南小学
潘艺嘉　潮州市湘桥区城南小学
陈诗林　潮州市湘桥区城南小学
陈兰格　潮州市湘桥区城南小学

获得“最美湘桥少年”称号（2017）

美德好少年

张语烁　潮州市湘桥区城南小学
曾琳斯　潮州市湘桥区城南小学
陈川子　潮州市湘桥区城南小学
陈子可　潮州市湘桥区城南小学
刘锶樾　潮州市湘桥区城南小学
陈兰格　潮州市湘桥区城南小学

智慧好少年

李轩沛　潮州市湘桥区城南小学
郑怿轩　潮州市湘桥区城南小学
曾度予　潮州市湘桥区城南小学

才艺好少年

丁金昊　潮州市湘桥区城南小学
丁子容　潮州市湘桥区城南小学
林子涵　潮州市湘桥区城南小学
李思睿　潮州市湘桥区城南小学
肖溢桦　潮州市湘桥区城南小学
谢奇煊　潮州市湘桥区城南小学
陈　楷　潮州市湘桥区城南小学
翁子韧　潮州市湘桥区城南小学
丁　宏　潮州市湘桥区城南小学

活力好少年

潘艺嘉　潮州市湘桥区城南小学
陈诗林　潮州市湘桥区城南小学

最美少年

美文如画，诵读如诗

——我校在潮州市小学生美文诵读比赛活动中获佳绩

为了提高学生的语言表达能力，激发学生们朗读的兴趣，养成良好的朗读习惯，让学生从优秀的作品中受到美的熏陶，奠定人文底蕴，5 月 18 日，潮州市小学生美文诵读比赛在湘桥区城南小学举行。

“最是书香能致远，腹有诗书气自华!”美文如画，诵读如诗。美文是心灵的翅膀，诵读是吟咏的升华！为更好地传承文化，营造书香校园，使小学生变得知书达理，潮州市教育局教研室联合潮州市语言文字工作委员会在潮州市湘桥区城南小学举办美文诵读比赛。活动特地邀请韩山师范学院文学与新闻传播学院副院长、国家级普通话测试员童效杰教授等担任评委。

比赛现场

本次比赛共有 20 位选手（其中低年级 4 名同学，中、高年级各 8 名同学）同场角逐。比赛分自选课内课文和现场抽取课外文章两个环节。参赛作品内容丰富，形式多样，伴随着优美动听的旋律和 PPT 的辅助展示，孩子们或吟或诵，声情并茂，将一篇篇脍炙人口的美文演绎得淋漓尽致，充分展示了美文独特的意境，诠释了中华文化深厚的底蕴，博得了同学们的阵阵喝彩，同学们也都被他们的激情感染。

评委点评

童效杰教授在比赛结束后为选手们做了点评。童教授在充分肯定参赛选手表现的同时也提出自己的建议。她指出，音乐、背景和服装固然可以为比赛增色，易与听者产生共鸣，但更重要的是要正确区分朗读和朗诵的概念，以便确立腔调，再者还要培养良好的朗读和诵读习惯，做到“眼中有物”和真情流露。

经过角逐，湘桥区城南小学曾睿、城南中英文学校谢嘉彤、饶平师范附小黄海等同学荣获一等奖；新桥路小学曾丰泽等同学荣获二等奖。

本次活动，给爱好朗读的学生搭建了一个展示自己的平台，引领学生走进美文，丰富语感经验，促进了学生朗读水平的提高。

曾睿同学获一等奖

素质教育传喜讯，城南学子展风采

2018 年 7 月 26—27 日，我校钢琴四手联弹《拉德斯基进行曲》和舞蹈节目《红红的中国结》参加潮州市第六届中小学生艺术展演活动。喜讯传来，舞蹈节目《红红的中国结》以真挚的情感，极佳的舞蹈表现力，获得艺术表演舞蹈类小学甲组一等奖。钢琴四手联弹《拉德斯基进行曲》喜获艺术表演器乐类小学甲组二等奖。

成绩的获得，与同学们的努力以及老师的辛勤付出是分不开的。展演前，舞蹈队的老师和孩子们放弃暑假休息时间刻苦训练、反复打磨节目，比赛中孩子们尽情发挥、努力展现自我，把最好的艺术表演状态呈现给了观众。钢琴四手联弹郑咏臻和谢楷臻两位小同学接到比赛任务，训练时间短、曲目难度大。他们不畏艰难，刻苦训练，背谱而弹。他们在舞台上淡定自若，沉稳自如地演绎好乐曲。郑咏臻同学是乐器组最小的参赛选手，台下观众都为他们的精彩表演而送出热烈的掌声。

“宝剑锋从磨砺出，梅花香自苦寒来。”展演节目喜获佳绩，凸显了我校对艺术教育的重视，同时展示了学校学生的艺术才华，我们定会在此次活动的基础上，继续开拓创新，不断丰富孩子们的课内外生活，使他们的明天更加灿烂多彩！

荣誉证书

舞蹈《红红的中国结》

钢琴四手联弹《拉德斯基进行曲》

我校荣获 2018—2019 学年度潮州市中小学生、幼儿健美操啦啦操比赛特等奖

2019 年 1 月 4 日，由潮州市教育局、潮州市体育局联合主办，潮州市金山中学、潮州市健美操协会承办的 2018—2019 学年度潮州市中小学生、幼儿健美操啦啦操比赛于 2019 年 1 月 3 日至 4 日在潮州市金山中学体育馆举行。本次比赛，全市中小学、幼儿共有 36 支队伍共 700 多人参加，比赛中各个参赛队伍都赛出风采，赛出成绩。

由翁奕霞老师和易贵老师带领的健美操队参加了此次比赛。在比赛中，孩子们沉着应战，稳定发挥，体现出优秀的团队协作精神，最终获得啦啦操自选动作小学甲组的特等奖。她们青春的舞步、明媚的笑脸、饱满的精神、飒爽的身姿给观众留下了深刻的印象，同学们用自己的热情与汗水释放青春的活力，绽放青春的风采，活力四射，青春洋溢。

本次比赛充分展现了我校学生青春洋溢的精神风貌、昂扬向上的进取精神以及精诚合作的团队意识，对丰富校园生活，提高学生身体素质，提升学生艺术素养都将起到积极的推动作用，也充分展示出了我校艺术素质教育的优良成果。

比赛现场

获奖学生

颁奖现场

星河书画谱新篇，美术组再创佳绩

——我校学子在第十一届 “星河杯” 潮汕青少年现场书画比赛中获佳绩

刚刚获悉，在潮州市高级实验学校举行的第十一届“星河杯”潮汕青少年现场书画比赛潮州赛区选拔赛成绩公布了。全市135名优秀选手参与此次角逐。在此之前经过全市初赛，我校三年级的卢圻泓，四年级的苏凡越同学代表城南小学进入了此次赛区选拔赛决赛，两位选手不负众望——

为比赛做准备

四年级的苏凡越同学获得高年级绘画组特等奖。

三年级的卢圻泓同学获得低年级绘画组一等奖。

为深入学习贯彻习近平新时代中国特色社会主义思想和党的十九大精神，热烈庆祝中华人民共和国成立70周年，潮州市教育局特举办了“2019年市中小学生庆祝中华人民共和国成立70周年——星河杯现场书画比赛”。

孙玉瑶老师悉心指导参赛选手

本次比赛规格高，竞争激烈，在学校领导的关怀和支持下，学校美术组老师们早准备，早行动，在组长孙玉瑶老师的带领下，对参赛选手进行了长达一个月的强化训练。老师们踏踏实实以专业的修养，充分调动参赛选手的积极性，根据选手们的个性和特长，因材施教，最终取得优异成绩，创历年来同项比赛的新高！

点点滴滴付出和积累，师生共同努力，让我们收获了荣誉，收获了喜悦。我们将以此次获奖为新起点，继续努力，再攀高峰。

陶塑锦绣中华·艺献七十华诞

——记城南小学参加第三届广东省中小幼陶艺教育教学成果展示活动

由广东教育学会主办的第三届广东省中小幼陶艺教育教学成果展示活动在佛山市罗村实验小学举行。本次活动吸引1 200多人参赛，经过初赛选拔，有280余人进入省级现场评选。本次陶艺展示主题是“陶塑锦绣中华·艺献七十华诞”。

学生作品1

学生作品2

（2019年）6月22日上午，来自全省各地的280多名中小学生们用泥巴展示他们的奇思妙想，其中，就有我校陶艺特长班入选省赛决赛的六位选手，为祖国七十周年华诞献礼。现场除了选手，还有带队老师和家长，气氛热烈，入选孩子们一个个踌躇满志，信心满满，35度高温的天气丝毫不影响孩子们的创作热情。看到汗流浃背的孩子们专注细心地创作，我们都被孩子们对陶艺的热爱和这一份匠心精神深深打动。孩子们，你们都是最棒的！

比赛历经两个多小时，最后是颁奖仪式，我校六位选手获得1个银奖、2个二等奖、3个三等奖，我校被评为“最佳组织单位”，陈雪香老师被评为“优秀指导老师”。

这是我校第二次组织外出参加省级陶艺比赛。这次比赛不仅开阔了孩子们的眼界，对孩子们来说更是难得的一次经历。正如颁奖仪式上广东教育学会会长李学明所说：“陶艺展示不仅是陶瓷艺术本身，也是培养学生德智体美劳全面发展的一项活动。”诚然，人生中宝贵的阅历就是最好的收获！加油，孩子们！期待你们在阅历中收获经验与快乐，健康成长！同时，感谢各位家长对学校陶艺活动的支持，感恩！

我校曾睿同学获第二届中国青少年雕塑大展最佳制作奖

2019 年 8 月 11 日，由中央美术学院、中国美术家协会雕塑艺委会、大同市人民政府主办的第二届中国青少年雕塑大展在大同中国雕塑博物馆开幕。

第二届青少年雕塑大展自征集以来，受到了广大青少年朋友的热烈响应，收到来自国内外 100 多个城市 3 378 位作者的 7 269 件/组报名作品，经过初评遴选出 454 位作者的 516 件/组作品入围参展。

此次展览的评审委员会由全国各大美术学院雕塑系教授及批评家组成，中央美术学院美术学研究所副研究员刘礼宾担任策展人。8 月 9 日，评委们秉着公平公正的原则，经过数轮投票和学术讨论，从参展作品中选出了 60 件提名作品，并在提名作品中评选出最佳制作奖、最佳造型奖、最佳创意奖共 36 件。

我校曾睿同学的作品《三英战吕布》获最佳制作奖，获得奖励金 3 000 元。

“少年强则国强，少年智则国智。”青少年是祖国的希望，他们将伴随中华民族的伟大复兴而成长，成为中国社会全面发展的中流砥柱，成为未来世界的塑造者。中国青少年雕塑大展的举办，将促进青少年三维造型和审美意识的培养，点燃他们最美好的想象，激励他们最梦幻的创造，展现新时代中国青少年的风采！

曾睿作品《三英战吕布》获最佳制作奖

居家锻炼强体魄　齐心协力防疫情

——记城南小学“停课不停学，我们有行动”研学活动之体育课

新型冠状病毒肺炎疫情凶猛来袭，我们被迫延期开学，但我们停课不停学。宅家中，除了学好文化科知识，孩子们活泼好动的天性促使他们渴望体育运动。学习也需要劳逸结合。响应学校的号召，城南小学体育教研组精心准备了丰富多彩、趣味盎然的居家运动课程，带给学生科学健康的锻炼指导，保证了学生每天的运动时间和运动量，让学生身心健康发展，有强健的体魄，这也是在为防控疫情出一分力。

体育锻炼讲究张弛有度，收放自如，学生们遵循老师的要求，做好拉伸活动。虽然没有宽阔的场地，但是一张柔软的瑜伽垫，就能带来运动的快乐。虽然没有专业的健身器材，但是家里一些小物件，学生们都能充当运动器材，运动得不亦乐乎。

一个人锻炼不过瘾，带着爸爸妈妈一起锻炼才更有意思。亲子体育游戏既锻炼了学生们的反应能力，也加深了家庭成员间的感情。

停课不停学，锻炼促成长。科学合理的课程编排，及时到位的教学指导，满足了学生每天的运动需求，促进学生不断提高身体素质，在这场抗击病毒的战斗中，学生成长为拥有强健体魄和刚健精神的小战士。

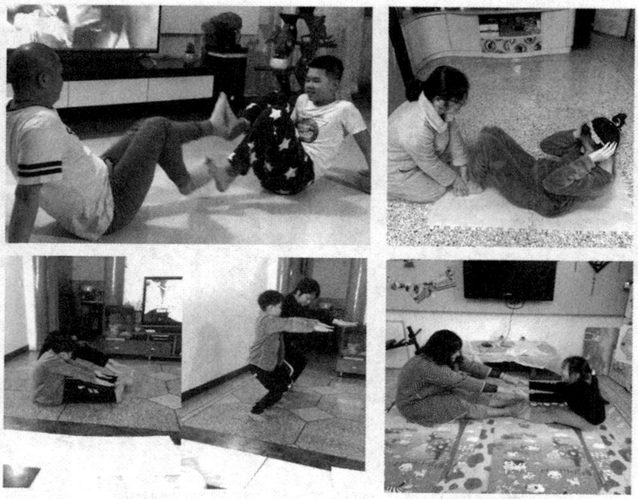

亲子运动

同学们居家运动

格物致知，静待花开

——记城南小学 “停课不停学，我们有行动” 研学活动之科学课

果蔬鸡蛋的秘密

我们每天吃的水果蔬菜是什么样子的？鸡蛋又是什么样子的？你有没有仔细看过？

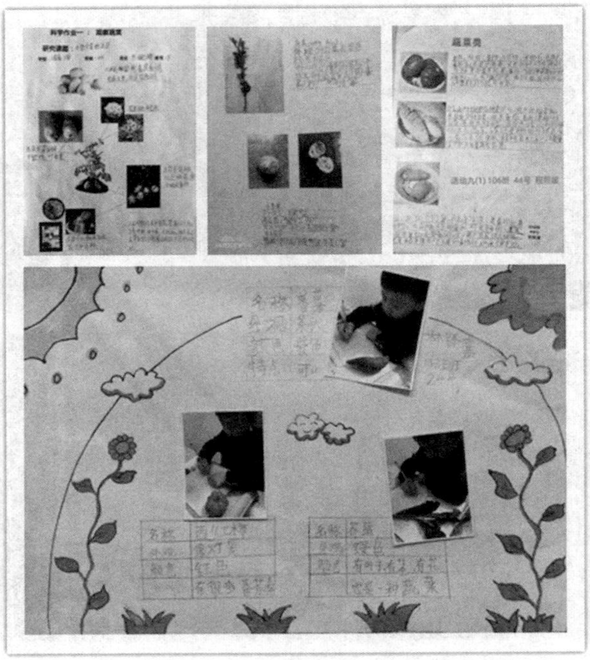

同学们写的观察日记

“开”花

花朵是什么样的？里面的结构是什么样的？想知道吗？简单，切开来看就知道了。

动手解剖花朵

镜子里的世界

镜子里是一个倒过来的世界，正正反反，反反正正，到底有什么秘密呢？

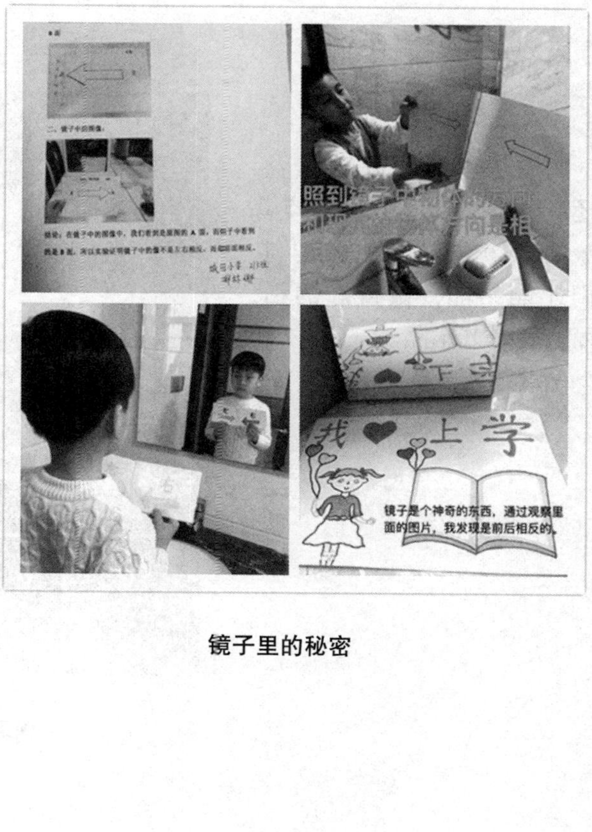

镜子里的秘密

天气记录

天气每天都在变化，风起云涌，阴晴不定，记录下来，看看是气象台准确，还是你准确？

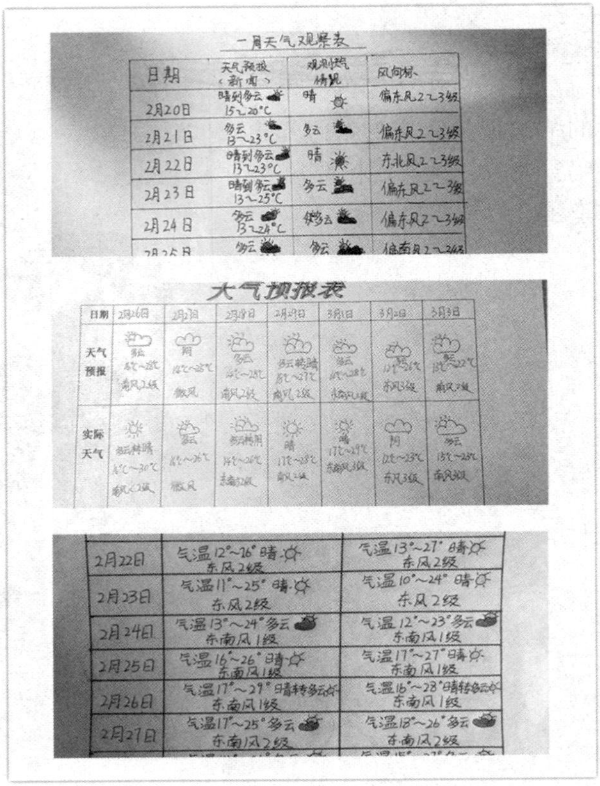

观察天气做好记录

结　晶

厨房里除了锅碗瓢盆，还有盐、糖，它们能装点寡淡的食物，还能做什么？它们还能结晶，做得好的话，简直就是艺术品。

糖溶解、结晶小实验

月有阴晴圆缺

科学探究是一个漫长的过程，并非一朝一夕之功，来试试追着月亮观察半个月，你能坚持下来吗？

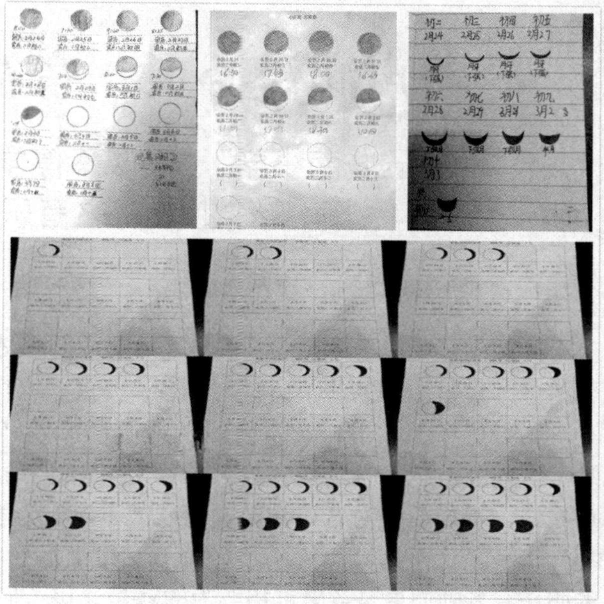

观察月亮做记录

期待春暖花开

一片叶子要多久才能长大？一朵花要多久才能开放？我们还要在家宅多久？坚持下去，期待春暖花开。

自然界并非只有冠状病毒
奥秘还有很多
等待同学们的探索
尊重自然
才能和谐共处

歌声润泽心灵，音符串起课堂

——记城南小学 “停课不停学，我们有行动”线上教育之音乐课

按照学校延时开学教学工作方案，在学校校本教育科研中心的指导下，音乐组的老师经过前期的线上讨论与准备，开展了有序的线上教学工作。

为做好线上教学，音乐组的老师们积极做好课前引导、课中辅导、课后互动。课前及时把精选的课程视频推荐给孩子，在孩子们上课期间，音乐组老师全员在线，引导学生对音乐作品进行欣赏学习，为学生答疑解惑，保证全体同学掌握知识，最大限度减少疫情给教育教学带来的影响。为了活跃气氛，打消同学们的胆怯，老师们更是各出奇招，为的就是让孩子们在课堂上大胆唱出来、跳起来、奏起来。在老师的带动鼓舞下，音乐课线上互动热火朝天，也可能是太久没有一展歌喉了，有的班级像是举办演唱会唱得根本停不下来。虽然是隔空教学，但每位音乐老师都深深感受到孩子上课的热情，课堂气氛非常活跃。

为了落实音乐线上教学内容，每堂课结束以后，结合音乐科的特点，老师们都会留下适量的课后作业，有唱的、有跳的、有弹的、有写的、有读的、有创编的、有找资料分享的，多种选项让孩子们自选完成，大大激发了孩子们的兴趣，也让孩子们的十八般武艺得到展示。课后交上来的作业有自弹自唱的，有边唱边舞的，还有亲子齐上阵的，从孩子们的表现来看，他们对每节课音乐知识的掌握是牢固的。

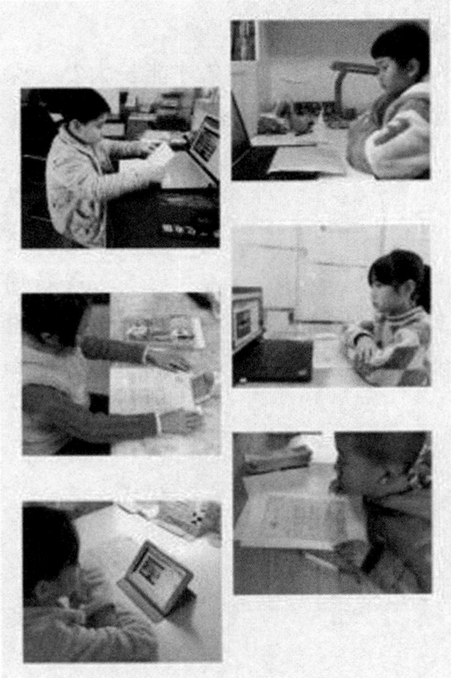

同学们参与线上音乐课

没有宽阔的舞台，没有明亮的教室……虽然在特殊时期同学们暂别校园，隔离病毒，但不会隔离同学们学习的热情。让我们用歌声润泽心灵，用音符把心串起来，把家变成音乐课堂，把家变成音乐舞台，感受别样的学习模式，收获同样的快乐、同样的幸福、共同的爱！

教师线上巧引导，学生线下收获多

——记城南小学“停课不停学，我们有行动”线上教育之道法课

2020 年春节，一场突如其来的新冠肺炎疫情席卷神州大地。在本是春暖花开的开学季，因为病毒的肆虐，大家都未能到校正常开展教育教学工作。为进一步贯彻省教育厅 2 月 25 日《关于线上教育安排的通知》及 2 月 13 日《延迟开学期间中小学线上教学工作指引》，我校从 2020 年 3 月 4 日起，启动各年级学生线上课程学习活动。

根据学校统一部署，道法学科教研组成员开展线上集中备课，通过国家教育资源公共服务平台精品课中遴选出线上教学课程内容，精心设计每节课的导学及形式多样的作业。

有了详细的教学计划，道法任课教师以及在家的学生就能通过简单的操作，实现线上教学和学习。

每节课，老师都会提前 15 分钟进入班群推送导学、学习准备及课程学习内容链接。

看，孩子们学得多认真啊！低中年级的同学在父母的陪同下认真观看视频，高年级的同学在老师的指引下边学边做笔记。

同学们参与线上道法课

老师正和孩子们在线上互动

课间，老师还引导学生进行互动，话题贴合教材内容和学生年龄特点，虽说隔着屏幕，但也能感觉到气氛的热烈。在老师的引导下，同学们在互动中对课程内容理解得更透彻了。

课后，各年级的同学通过各项实践作业，加深认识，学有所得：

一年级的小朋友通过学习，了解“整洁”的重要性，懂得讲卫生、爱整洁的孩子最受欢迎，线下进行“整理房间”活动，在活动中孩子不仅加深了对课程的认识，同时提高了动手能力。

二年级的同学通过学习，懂得了要勇敢挑战新鲜事物，在挑战中获得成长。课后，发挥自己的创意，用自己的方式画一画“我的第一次”。画作色彩明丽，有的同学还配上文字。

三年级的同学不仅认识到了每个人都是独一无二的，还想象自己拥有神奇的魔法，用文字记录下自己想变成的样子。

四年级的孩子们不仅学会了交友的标准，课后还精心制作心愿卡，表情谊；录视频，表达对朋友的想念，从中看出孩子们对“朋友”这个名词有了更深刻的理解。

五年级的同学正处于青春期，在成长的过程中，心理也逐渐发生了变化，很多事情有了自己的想法。在这次课程学习中，孩子们在老师的引导下试着了解长辈的想法，相互理解，主动与家人交流，纷纷用自己的话表达出对父母的感恩、理解和爱。

六年级的学生通过学习，认识到“尊重他人就是尊重自己”，因为一个人唯有懂得尊重别人，才能受到别人的尊重，而赢得别人的尊重，也能让自己活得更加快乐。课后还跟家人、朋友讲了身边值得尊重的人的故事，有的同学还把故事写下来。

课程结束当晚，老师们及时通过小程序评改学生作业，给予鼓励性的评价或指出不当之处，体现了教师对学生的专心、用心、爱心。

“一切为了孩子”，老师、家长、学生紧密联系，在这个特殊的时段，我们一起携手，让学生“停课不停学”真正落到实处，待到春暖花开之时，我们再相聚！

一起守护生命安全

——记城南小学“停课不停学，我们有行动”线上教育之主题教育课

庚子新年伊始，新冠肺炎疫情肆虐湖北武汉，蔓延全国各地，每个人都感受到了生命的脆弱和短暂。举国上下同心同力，守望相助，汇聚起强大力量，与病毒作战。

在防疫特殊时期，我们停课不停学，开展防疫教育，通过生命安全教育引导孩子们了解、敬畏自然，珍爱生命；带领孩子们以各种方式致敬抗疫一线的英雄，心怀感恩；特别是注重心理健康教育，引导孩子们自我调节，以积极向上的心态，健康成长。

老师们在进行主题教育线上活动

一、生命安全教育系列

生命安全教育之一：敬畏自然，珍爱生命

新冠肺炎疫情的传播，再一次向人类敲响了警钟：人与自然是生命的共同

体，尊重自然，保护自然，合理利用自然资源，敬畏自然就是敬畏生命，促进人与自然的和谐统一，山河无恙，我们方能安好！

同学们认真地学习，许下自己的心愿。

生命安全教育之二：以爱之名，向阳而生

在这场没有硝烟的战争中，防疫工作者冒着生命危险坚持工作，为全国人民撑起一片安全的蓝天，他们用自己的行动诠释了生命的价值，他们是时代的英雄。他们以爱之名，让我们向阳而生，同学们以不同的方式致敬英雄。

孩子们用手中的画笔、制作的卡片、文字和行动表达自己的爱。

生命安全教育之三：食品安全，关系你我

食品的安全关系着所有人的身心健康，我们每天都会食用大量食品，哪些食品会危害健康？哪些食品是健康食品？

来看看同学们怎样识别垃圾食品！同学们提出倡议，号召大家关注食品安全。

一年级的小朋友提出倡议，号召大家关注食品安全

生命安全教育之四：警惕网络“陷阱”

由于疫情的影响，师生开始了线上教育，网络既带来方便，也带来一定的危害，同学们只有学会识破网络上的陷阱，避免这些陷阱，才能更好地保护自己。

二、防疫教育：防疫常识

防疫是每个人应尽的义务，同学们通过防疫常识的学习，知道了注意讲究个人卫生、养成良好卫生习惯的重要性。同学们的防疫小技巧可多了：保持空气流通，保证充足的睡眠，还有定时消毒等。

三、心理健康教育：与家长有效沟通，提升情绪免疫力

同学们合理规划自己的学习生活，正确认识疫情，调试心态。居家的日子主动与家人沟通，定期与同学朋友交流，多向老师请教，与外界保持有效互动，与家人和邻居互帮互助。心理健康教育有利于同学们在特殊时期以健康的身心、饱满的精神状态投入到学习和生活中去。

主题教育丰富了同学们疫情期居家的学习生活，拉近了师生距离，帮助同学们坚定信心，平稳心态，为后续教育教学工作的开展奠定了良好的基础。我们相信：疫情会过去，万象会更新。春天也许会迟到，但永远不会缺席，愿我们平安回校，武汉加油！中国加油！

后 记

苏联革命家捷尔任斯基说过："为别人照亮道路，自己必须放出光芒——这就是人的最大幸福。"城南小学校本教育科研中心在各级教育行政部门的大力支持下，依托与韩山师范学院的共建教师专业发展学校、专家工作室以及湘桥区郑桂媛语文主题学习名师工作室等平台，融汇各方资源，实施教师校本教科研，朝着"优质·常态"的发展目标，全方位探索教师的专业成长之路，以打造一支"四有"好老师队伍为抓手，为学校教育的长足发展、学生的健康全面成长所需的高质量师资供给，提供可靠有力的保障。

本书的出版，是城南小学校本教育科研中心建立以来积极探索的阶段性成果，这对于学校如何加强"好老师"专业成长的培养有一定的理论指导意义和实操价值。这本书凝聚了学校广大教师的心血，得到了韩山师范学院的大力支持。韩山师范学院教育科学学院院长王贵林研究员作为我校校本教育科研中心的顾问，多次到校指导该书的编撰并欣然为书作序，韩山师范学院教育发展研究院副院长林浩亮研究员为本书出版建言献策，使我们深受鼓舞。学校老师们积极参与本书的编撰工作，为本书认真供稿，让我们深切感受到这支队伍的进取和团结。

促进教师专业成长、培育中国好老师，是我们光荣的使命和义不容辞的责任，我们将以城南小学校本教育科研中心为依托，在各级领导的支持和专家指导下，以更加先进的理念、更加系统的组织、更加专业的方法、更加长效的机制促进教师专业发展，让百年名校城南小学成为师德高尚、业务精湛、充满活力的高素质专业化教师队伍成长的摇篮，为潮州教育加快全面实现教育现代化作出积极贡献。

在此，谨向为本书的出版付出心血的诸位同仁表示衷心感谢！本书所录，多是我校一线老师们的心得、案例，难免有不足之处，恳请专家、读者提出宝贵意见，批评指正。同时，本书在编写过程中参阅引用了一些公开发表的论文和专著的研究成果，一并致谢！

编　者

2020 年 7 月